齐齐哈尔市老区建
设促进会副会长王玉、
副会长兼秘书长王天才
看望当年抗日儿童团团
长谭永良老人

　　摄影：何静

省老区建设促进会
会长于万岭等看望当年
抗日骨干赵凤江老人

　　摄影：何静

讷河市老区建
设促进会会长张宝
昌与老区农民交流
老区情况

　　摄影：范中惠

向老区富乡村村
民赠送《讷河老区革
命故事》

　　摄影：范中惠

2014年7月，齐齐哈尔市老区东片区现场会在讷河召开，与会县区领导在讷河市委副书记陪同下观看《讷河老区之光》大型综合艺术展

摄影：范中惠

齐齐哈尔市老区建设促进会领导与东部县区老区建设促进会领导参观龙河镇永胜大榆树抗救会活动遗址

摄影：范中惠

2014年10月，慈善台商在讷河市副市长和老区建设促进会会长陪同下，考察通南镇中心小学和同心乡中心小学

摄影：范中惠

讷河市老区建设促进会邀请县处级老干部参加"重走抗战路"活动，参观龙河镇永胜抗救会大榆树活动遗址

摄影：范中惠

马铃薯种薯外运
　　摄影：范中惠

中共讷河中心县委
遗址揭碑仪式，市委副
书记韩枫致辞
　　　　摄影：范中惠

雷锋生前战友梁
友德为老莱中心学校
同学签字留念
　　　　摄影：范中惠

中小学生参观民间
艺术品展览
　　　　摄影：范中惠

姑娘丰收
　　摄影：任延卿

大棚里的春天
　　摄影：任延卿

毛葱丰收
　　摄影：任延卿

甜菜大王讲甜菜
　　摄影：任延卿

龙河镇永胜抗救会
大榆树活动遗址
　　摄影：范中惠

金秋富源
　　摄影：范中惠

金城遗址
　　摄影：孙卫国

兴旺之光
　　摄影：胡玉才

蕴势腾升　摄影：范中惠

银湖冬韵　摄影：张玺江

小城夜色　摄影：赵臣基

雾娆讷河　摄影：于晓军

收获　摄影：于晓军

小城群雕　摄影：于晓军

讷河市革命老区发展史

讷河市老区建设促进会　编

黑龙江教育出版社

图书在版编目（CIP）数据

讷河市革命老区发展史 / 讷河市老区建设促进会编
. -- 哈尔滨 : 黑龙江教育出版社，2021.5
ISBN 978-7-5709-2220-8

Ⅰ．①讷… Ⅱ．①讷… Ⅲ．①讷河—地方史 Ⅳ．
①K293.54

中国版本图书馆CIP数据核字(2021)第078454号

顾　　　问　　于万岭
丛书主编　　杜吉明
副 主 编　　白亚光　　张利国　　李树明　　李　勃

讷河市革命老区发展史
Neheshi Geming Laoqu Fazhanshi

讷河市老区建设促进会　编

责任编辑	高　璐
封面设计	朱建明
责任校对	杨　彬
出版发行	黑龙江教育出版社
地　　址	哈尔滨市道里区群力第六大道1305号
印　　刷	哈尔滨博奇印刷有限公司
开　　本	787毫米×1092毫米　1/16
印　　张	17.25
字　　数	210千
版　　次	2021年5月第1版
印　　次	2021年5月第1次印刷

书　　号　　ISBN 978-7-5709-2220-8　　　定　价　　38.00元

黑龙江教育出版社网址：www.hljep.com.cn
如需订购图书，请与我社发行中心联系。联系电话：0451-82533097　82534665
如有印装质量问题，影响阅读，请与我公司联系调换。联系电话：0451-51789011
如发现盗版图书，请向我社举报。举报电话：0451-82533087

《讷河市革命老区发展史》 编纂领导小组

组　长　周　巍　讷河市委副书记
副组长　张宝昌　讷河市老区建设促进会会长
委　员　讷河市委宣传部
　　　　讷河市党史办
　　　　讷河市档案馆
　　　　讷河市教育局
　　　　讷河市文体广电旅游局
　　　　讷河市总工会

《讷河市革命老区发展史》 编委会

主　任　张宝昌
成　员　魏然斌　赵宝祯　姜亚刚　洪加才
　　　　邓国华　范中惠　何　静

———————《讷河市革命老区发展史》———————
编纂办公室

主　任　范中惠
副主任　何　静
编　辑　温学进　张玺江

总 序

在举国欢庆新中国成立70周年前夕，中国老区建设促进会王健会长请我为《全国革命老区县发展史》丛书作序，作为一名在老区战斗过并得到老区人民生死相助的老兵，回首往事，心潮澎湃，感慨万千，深感义不容辞，欣然应允。

中国革命老区，是以毛泽东为代表的中国共产党人在领导人民推翻帝国主义、封建主义和官僚资本主义三座大山，争取民族独立和人民解放伟大斗争中建立的革命根据地，在这片红色的土地上，诞生了无数可歌可泣的革命英雄儿女，为后人树起了一座不朽的丰碑。她是新中国的摇篮，是党和军队的根。

在艰苦卓绝的战争年代，老区人民把自己的命运与中华民族的命运紧紧地联系在一起，与中国共产党和人民军队的命运紧紧地联系在一起，他们生死相依，患难与共。我曾亲历过战争年代，并得到过老区红哥红嫂的救助，切身感受到发生在身边的一幕幕撼天动地的革命故事，在那极其艰难的条件下，老区人民倾其所有、破家支前，不怕艰难困苦，不怕流血牺牲。"最后一碗米送去做军粮，最后一尺布送去做军装，最后一件老棉袄盖在担架上，最后一个亲骨肉送去上战场"，这是当时伟大的老区人民为建立新中国做出巨大牺牲的真实写照，它将永远镌刻在中国共产党、中国人民解放军、中华人民共和国的历史丰碑上。他们的光辉业绩永载史册，他们的革命精神必将影响一代又一代的革命新人，造就一代又一代的民族脊梁。

在社会主义革命和建设时期，革命老区和老区人民响应党的号召，面对落后的面貌、脆弱的经济、恶劣的生态环境，他们本色不变，精神不丢，自力更生，艰苦奋斗，干一行爱一行。始终坚持"革命理想高于天"，自觉做共产主义远大理想的坚定信仰者和忠实实践者，勇于向恶劣的自然环境和贫穷落后宣战，他们在各条战线上为国建功立业，用平凡的双手创造了一个又一个不平凡的奇迹，彰显了老区人的崇高精神和人格力量。

在改革开放的伟大进程中，老区人民解放思想，勇于创新，发奋图强，攻坚克难，老区的经济社会建设取得了辉煌成就。特别是在改变中国的面貌、中华民族的面貌、中国人民的面貌、中国共产党的面貌的伟大实践中发挥了至关重要的作用。老区人民既是改革开放的参与者，也是改革开放的推动者。

艰苦练意志，危难见精神。老区人民在近百年的革命战争、社会主义建设和改革开放的伟大实践中，孕育形成了伟大的老区精神：爱党信党、坚定不移的理想信念；舍生忘死、无私奉献的博大胸怀；不屈不挠、敢于胜利的英雄气概；自强不息、艰苦奋斗的顽强斗志；求真务实、开拓创新的科学态度；鱼水情深、生死相依的光荣传统。这是党和人民宝贵的精神财富、丰厚的政治资源，是凝心聚力、振奋民族精神的重要法宝，也是社会主义核心价值观的重要内容。

中国老区建设促进会怀着强烈的政治责任感和历史使命感，组织全国各地老促会人员克服困难，尽心竭力编纂《全国革命老区县发展史》丛书，记录老区的光辉历史和辉煌成就，传承红色基因，弘扬老区精神，是功在当代，利及千秋的一件大事。手捧这部丛书的部分书稿，读着书中的故事，倍感亲切，深感这部丛书具有资政、育人、存史的社会功能，有着重要的时代和历史价值。它是不忘初心、牢记使命的源头活水，是赞颂共产党、讴歌老区人民的一部精品力作，是弘扬老区精神、传承红色记忆的丰厚载体，是一项继承优秀传统文化、弘扬革命文化、发展社会主义先进文化，坚定"四个自信"的宏大文化工程。它必将成为一种文化品牌，为各界人士了解老区宣传老区支持老区提供一部有价值的研究史料。希望读者朋友们能从中了解并牢记这些为党和民族的利益不断奉献的老区人民，从中得到教益，汲取人生奋斗的精神动力。

新时代赋予新使命，新起点开启新征程。让我们更加紧密地团结在以习近平同志为核心的党中央周围，坚持以习近平新时代中国特色社会主义思想为指导，增强"四个意识"，坚定"四个自信"，做到"两个维护"，弘扬老区精神，铭记苦难辉煌。为实现"两个一百年"奋斗目标，实现中华民族伟大复兴的中国梦做出新的更大的贡献！

迟浩田

2019 年 4 月 11 日

编写说明

2017年6月，中国老区建设促进会组织全国各地老促会启动编纂《全国革命老区县发展史》丛书，按照"建立中国共产党、成立中华人民共和国、推进改革开放和中国特色社会主义事业"三大里程碑的历史脉络，系统书写革命老区百年历史，深入挖掘革命老区红色文化资源，这对于充实丰富中国革命史籍宝库、在新时代传承红色基因、弘扬革命精神、强根固本，对于激励人们在新的历史条件下夺取中国特色社会主义伟大胜利，实现中华民族伟大复兴的中国梦具有重要意义。

丛书编纂以习近平新时代中国特色社会主义思想为指导，以《中国共产党历史》《中国共产党的九十年》等重要文献为基本依据，以党的领导为核心，以老区人民为主体，以老区发展为主线，体现历史进程特征，突出时代发展特色，坚持辩证唯物主义和历史唯物主义相统一、历史真实性与内容可读性相统一的原则，书写革命老区从站起来、富起来到强起来的光辉革命史、不懈奋斗史、辉煌成就史，把老区人民的伟大贡献、伟大创造、伟大成就、伟大精神充分展示出来，形成一部具有厚重历史特征和鲜明时代特色的精品力作。这是一部培根铸魂、守正创新，既为历史立言，又为时代服务，字里行间流淌着红色血脉、催生着革命激情的传世之作。丛书的编纂出版将成为讴歌党讴歌人民讴歌时代、传播红色文化、为革命老区和老区人民树碑立传的重要载体。丛书按照编年体与纪事本末体相结合、以编年体为主的编写体例确定框架结构；运用时经事纬、点面结合的方式记述史实；坚持人事结合、以事带人的原则处理人与事的关系；采取夹叙夹议、叙论结合以叙为主的方法展开内容。做到史料与史论、历史与现实、政治与学术统一，文献性、学术性、知识性相兼容。

为编纂好《全国革命老区县发展史》丛书，打造红色文化品牌，中国老区建设促进会认真组织积极协调，提出政治立场鲜明、史料真实准确、思想论述深刻、历史维度厚重、时代特色突出、编写体例规范、篇目布局合理、审读把关严格、出版制作精良的编纂出版总要求，力求达到革命史籍精品的精神高度、思想深度、知识广度、语言力度，增强丛书的权威性和社会影响力。各省（区、市）、市（州、盟）、县（市、区、旗）老促会的同志，以强烈的使命感、责任感和紧迫感，勇于担当，积极作为，认真实施，组织由老促会成员、专家学者等参加的十余万人编纂队伍。编纂工作主体责任在县，省、市组织协调、有力指导、审读把关。各方面人员以高度负责的精神和科学严谨的态度，满腔热情地投入工作，为丛书编纂出版做出了重要贡献。丛书编纂工作还得到了党和国家有关部委、地方各级党委政府及有关部门的大力支持和积极参与，社会各界也给予了热情帮助。中共中央政治局原委员、中央军委原副主席、原国务委员兼国防部长迟浩田上将，对老区人民怀有深厚感情，对革命老区建设发展十分关注，欣然为《全国革命老区县发展史》丛书作总序。

　　丛书由总册和1 599 部分册（每个革命老区县编纂1部分册）组成，共1 600 册。鉴于丛书所记述的史实内容多、时间跨度长和编纂时间紧，不妥之处，敬请批评指正。

中国老区建设促进会

目 录

序言 ·· 001

第一章 革命老区讷河的概况 ···················· 001

第一节 讷河的自然概况 ····················· 001

第二节 讷河的历史简述 ····················· 003

第三节 驱逐日军光复讷河，人民政权绘制新图 ···· 006

第四节 钟灵毓秀人才济济，文韬武略英雄辈出 ···· 007

第二章 讷河抗日星火在讷嫩平原呈燎原之势 ······ 010

第一节 第一次有组织的大规模反击点燃讷河抗日烽火 ·· 011

第二节 山林队奋起抗击日军英名垂千古 ········· 014

第三节 讷嫩平原抗日游击区成为西北部地区抗日主战场 ·· 016

第四节 组建以讷河为中心的省委特别支部，播撒抗日火种 ·· 038

第五节 建立中共讷河中心县委，领导周边县区的抗日斗争 ·· 039

第六节 老区讷河为民族解放大业建功勋 ········· 050

第七节 战火硝烟孕育出的革命精神薪火相传 ······ 057

第三章 兵民合力剿匪保卫新生政权 ·············· 060

第一节 迅速开展剿匪斗争 ··················· 060

第二节　剿匪斗争的形式及重要战事 ················ 062

第三节　取得的主要战果 ···························· 065

第四节　讷河著名剿匪战事和英烈 ················ 065

第五节　热血青年纷纷参军参战保卫胜利果实 ···· 066

第六节　讷河人民为保卫新生红色政权参军支前慷慨付出 ··· 069

第四章　为维护祖国尊严奋起抵御外来之敌 ············ 073

第一节　支援抗美援朝战争 ······················ 073

第二节　支援对越自卫反击战 ···················· 076

第三节　支援前线甘于无私奉献 ················· 078

第五章　经济恢复和社会主义建设时期 ············· 081

第一节　全民齐心协力建设黑土粮仓 ············· 081

第二节　人民当家作主　工业发展向好 ·········· 085

第三节　科教文卫综合发展 ······················ 088

第六章　改革开放以来讷河的发展 ···················· 099

第一节　产粮大县全国百强 ······················ 099

第二节　改革开放工业振兴 ······················ 103

第三节　综合发展全面振兴 ······················ 109

第七章　革命老区讷河的产业资源优势 ··············· 138

第一节　讷河老区设立及老区工作 ················ 138

第二节　雄厚的农业产业优势 ···················· 141

第三节　丰富的林业资源优势 ···················· 150

第四节　丰富的水利资源优势 ···················· 161

第五节　传统的畜牧业资源优势 ················· 171

第六节　强大的农业机械化资源优势 ············· 178

第七节　丰饶的副业经济资源优势 ················ 180

第八章　革命老区讷河的自然资源和文化资源 ········ 187

第一节　淡水生态湿地保护区野生物种资源基因库 ···· 187

第二节　讷河旅游资源 ·················· 191

第三节　讷河红色文化资源简介 ·················· 194

第四节　讷河精英人物简介 ·················· 199

第五节　革命老区讷河历史文献选粹 ·················· 211

第六节　革命老区讷河近代大事简记 ·················· 224

后记 ·················· 246

序 言

讷河，齐齐哈尔市的农业大县，革命老区。抗战时期，在中共北满省委的领导与中共讷河中心县委的带领下，讷河人民配合东北抗联打击日军，抗日烈火燃遍周边县区。在全国解放战争和抗美援朝战争、对越自卫反击战等战争中，讷河儿女踊跃参军参战，赴汤蹈火，英雄辈出，可歌可泣，舍小家为大家，无私支前。新中国成立后，讷河的面貌日新月异，气象万千。党的十一届三中全会后，县域经济成就卓越，时代印记独有。

抗日战争时期，中共讷河中心县委是北满民众反满抗日的领导核心；讷河成为北满西北部群众抗日活动最活跃的地区和抗日主战场之一；抗救会组织延伸至克山等县；拥有地方武装——讷河人民抗日先锋队。新中国成立初期，农业生产互助合作成绩显著，平房、双泉、五福三个村的合作社得到了毛主席的肯定。"北国粮仓"闻名遐迩；"五朵金花"香飘塞北；"两豆一麦水稻甜菜"享誉内外。改革开放40年，市域经济发展位列全省第一梯队，相继获黑龙江省"十强"县、"十小龙"和经济综合实力"十四强"县；被命名为"中国马铃薯之乡""中国甜菜之乡""中国民间文化艺术之乡""全国卫生城"。红色之城讷河，大气典雅、尽展人文历史和红色文化气息与北方明珠风采。

"我们要铭记光辉历史、传承红色基因，在新的起点上把革命先辈开创的伟大事业不断推向前进。"讷河人民牢记习近平总书记的谆谆教导，传承红色基因，弘扬老区精神，促进讷河红色文化与特色经济的融合发展，同心协力，砥砺前行，奋进新时代，再造新讷河。

讷河老区的光辉业绩将载入史册，彪炳千秋，永放光芒。

《讷河市革命老区发展史》编纂委员会

第一章 革命老区讷河的概况

第一节 讷河的自然概况

一、优越的地理位置，优秀的社会构成

讷河市的地理形状犹如一品桑叶，黑龙江省地理形状宛似一只美丽的大天鹅，讷河就是天鹅项下的一颗闪亮的明珠。

讷河市位于黑龙江省齐齐哈尔市西北部，松嫩平原北端，大小兴安岭南缘，嫩江中游左岸，因讷漠尔河横贯境内而得名。讷河一名，来源于境内的讷漠尔毕拉。讷漠尔毕拉，满语。讷漠尔，汉意"嫩"；毕拉，汉意"河"，与嫩江同义。蒙语为"秋"，含秋天或蓝色的意思，是丰腴、富腻、肥美的象征。讷漠尔河，秋天蓝色的河，有清澈、绿碧和美丽、丰满之意，谓"秋天之河"；而今，有人称讷河为秋水之城，演绎而已。历史上这里曾是达斡尔、鄂温克族的聚居地。

全境形若桑叶，南北长百余公里，东西宽80余公里。北与嫩江县为邻，东与五大连池市、克山县接壤，南与依安、富裕县毗连，西与内蒙古莫力达瓦达斡尔族自治旗以嫩江为界，辖区面积6 674平方公里。

讷河市辖老莱、拉哈、龙河、二克浅、学田、讷南、六合、长发、通南、同义、九井镇，孔国、和盛、同心、兴旺鄂温克族

乡和雨亭、通江街道党工委。下设171个村，14个农林牧场。有汉、满、回、达斡尔、鄂温克等25个民族，人口74万，其中少数民族人口2万余人。

二、天赐优异的自然环境，四通八达的便利交通

讷河市境内江、河、塘、泡、汊星罗棋布，黑龙江省著名的"讷谟尔湿地自然保护区"，景色宜人，物产丰厚。讷河是全国著名的"马铃薯之乡""甜菜之乡"和薯豆、水稻、甜菜主产区。

讷河属北温带大陆性季风气候，四季分明，光照充足；土地肥沃，资源丰富；水域辽阔，水质优良。嫩江、讷谟尔河水源无公害无污染，地下水脉承袭"世界四大冷矿泉"之一的五大连池水系。自然泉眼、自喷井富含人类所需矿物质和微量元素，有很高的开发价值。青山绿水和沃野平畴，地灵人杰与民风朴实，讷河人的勤劳与创造，打造出"黑土明珠""北国粮仓""中国民间文化艺术之乡""中国书法之乡"之美誉。

讷河的交通网络密集且四通八达。齐齐哈尔—漠河铁路、G231国道、S19泰来—嫩江高速公路南北贯通全境、讷河—莫力达瓦旗省际公路、鸡西—讷河、讷河—五大连池省级公路；县际公路和通乡公路普及周边。

S19嫩泰高速公路

第二节 讷河的历史简述

一、岁月沧桑，历史长河写就讷河文明

远在一万年以前，讷河市北部沿嫩江一带，清和屯附近的山顶上就有先民在这块富饶美丽的土地上狩猎、打鱼、生息、繁衍活动。

讷河境内历史文化遗产丰厚。多年来，境内相继发现了大古堆墓群、清河屯遗址、龙河城址、二克浅墓群等省级文化遗址和学田库勒浅墓群等市级文化遗址共9处，把讷河地区历史文化向前推移了几千年。已发掘的大量打制石器证实，讷河地区属嫩江流域旧石器时代遗物点。

距今3 000多年的著名白金堡文化类型遗址之一的二克浅镇敖包山，是我们的祖先生活繁衍的地方。商周时期，为秽貊族系生活地区；秦汉时期，为夫余族人居住地区；魏晋南北朝时期，为豆莫娄族人居住地区；隋唐时期，属南室韦和岭西室韦族人居住地区；五代至辽，为辽西北路招讨使治下的突吕不室韦部；金代，讷河境属上京路治下的蒲与路；元代，讷河境先期属帖木哥斡赤斤封地，后归辽阳行省蒲与路屯田万户府所辖；明代，讷河初属北平行都司所辖之朵颜三卫之一的福余卫，三卫南迁后属奴儿干都司纳木河卫。社会经济以渔牧、狩猎为主。

二、移民迁徙开发土地，设立驿站联通南北

清顺治元年（1644年），属黑龙江省盛京将军治下的宁古塔昂帮章京管辖。

1654年，世居黑龙江上游和精奇里江、牛满江一带的达斡

尔、鄂温克、鄂伦春族奉清政府令南迁，落居自然环境比较好、水草丰美的嫩江流域和讷谟尔河沿岸。康熙和雍正时期站丁移入，汉军驻防，开垦土地，揭开了境内土地开发的序幕，全境的经济仍以渔牧、采摘、狩猎为主。

清康熙二十二年（1683年），为反击沙俄的侵扰，清政府在黑龙江城设置黑龙江将军，划讷河地属宁古塔将军所属，西北地区归其所辖。

康熙二十四年（1685年），清政府设由吉林的伯都纳城通往黑龙江城的驿道，其中3个驿站设在讷河境内，即拉哈岗、博尔多、喀木尼喀驿站。

康熙二十八年（1689年），设立布特哈总管衙门，衙署在嫩江右岸的宜卧奇后屯。乾隆年间，布特哈总管为墨尔根（嫩江）副都统所辖。

清光绪二十年（1894年），布特哈总管升副都统，衙署移入博尔多驿站。

光绪三十二年（1906年），撤副都统为总管，以嫩江为界划为东布特哈（讷河）、西布特哈（莫力达瓦达翰尔族自治旗）。

清宣统二年（1910年），东布特哈改为讷河理事通判厅，为直隶厅。

三、民国政府土地清丈南民迁入，官僚圈地占荒民生不济

1912年，属黑龙江省管辖，1913年撤直隶厅建讷河县，属龙江道。

1929年，撤龙江道，讷河县直属黑龙江省。移民垦荒，大量移民迁入。当时政府的土地清丈和移民垦荒政策，促进了土地垦殖。但因军阀政府只管催捐收税，不顾民生，不事农业，天灾频

降，兵匪打劫，土地荒芜，人民生活困苦，垦民被迫返籍。

四、日军铁蹄踏入松嫩，讷河儿女奋起抗击

1931年9月18日，日本驻中国东北地区的关东军制造"柳条湖事件"，突然袭击沈阳，以武力攻击东北，发动了震惊中外的"九一八"事变。

1932年1月，讷河伪县政府成立。7月6日上午，日军进攻县城，第三旅旅长朴炳珊率部反击，午后撤出，日军占领县城。

1934年10月，原黑龙江省中部的18县、2旗与奉天省洮辽7县合并称龙江省，讷河县归龙江省管辖。

五、中国共产党是抗日中流砥柱，讷河中心县委功绩永垂青史

1936年2月，东北各抗日部队统一改编为东北抗日联军。1939年初，中共北满省委派由冯治纲率领的抗联第三军八团、第六军十二团到达讷、嫩地区，开展了广泛持久的抗日武装斗争，有力地配合了中国共产党领导的全国抗战。

1939年8月，中共北满省委建立中共讷河县委，县委机关设在讷河城西任家粉坊屯，以尹子魁、陈静山开办的杂货铺为掩护，开展地下抗日活动。中共讷河县委配合抗日联军打击敌人，牢牢拖住了日本帝国主义扩大侵略战争的后腿，支援了全国抗战。

伪满时期，讷河地域经济十分恶劣，人民饱受官僚资本、地主买办的欺诈压迫、残酷剥削与日本侵略者的欺凌和杀戮。日本侵略者拼命抢占资源，掠夺农副产品，催缴出荷粮、抓劳工、逮浮浪、毁山林，全县土地撂荒严重，民不聊生，饿殍冻卧街头。

第三节　驱逐日军光复讷河，人民政权绘制新图

一、开天辟地人民当家做主，浴火重生讷河展翅腾飞

1945年8月15日，日本侵略者投降。11月14日，中共嫩江省民主政府成立。

1946年2月讷河成立人民政权。原中共嫩江省委、省政府移驻讷河领导土地革命，组织建立人民自卫军，支援东北解放战争。

1947年2月，嫩江、黑龙江两省合并为黑嫩联合省政府，讷河为其所辖。同年9月，撤销联合省，恢复嫩江省建制（省会齐齐哈尔），讷河县归嫩江省管辖。

1949年5月，黑龙江、嫩江两省合并为黑龙江省（省会齐齐哈尔），讷河归其管辖。

1954年6月，黑龙江、松花江两省合并为黑龙江省（省会哈尔滨），讷河县为之所辖。同年9月，设立嫩江地区，讷河县属嫩江地区。

1960年4月，嫩江地区与齐齐哈尔市合并为齐齐哈尔市，讷河属齐齐哈尔市管辖。

1961年10月，恢复嫩江地区，讷河县仍归嫩江地区管辖。

1984年12月，撤销嫩江地区，讷河县复属齐齐哈尔市管辖。

1992年9月2日，撤销讷河县，设立讷河（县级）市，改由省直辖，省政府确定由齐齐哈尔市代管，市政府驻地讷河镇。

二、劳动创造北大粮仓，秀手点金讷河明珠

新中国成立后，讷河人民以秀手装点，用劳动描绘，使讷河

这颗明珠不断放出异彩。解放初期，主产作物"两豆一麦外加甜菜"叫响黑土地。全县粮食产量连年超过4亿斤，被誉为"东北的大粮仓"。1962年，粮、豆、薯总产连续突破7亿和9亿大关。1981年全县实现农业机械化；1983年被国家确定为全国首批50个商品粮生产基地之一。1985年被省委、省政府命名为全省"农业生产先进县"，是全国8个受到奖励的商品粮生产基地县之一。党的十八大以来，在习近平新时代中国特色社会主义思想的指导下，讷河人民努力奋进，精准扶贫，攻坚克难，开创了讷河历史新局面。2018年，全市粮、豆、薯总产245万吨，生产总值实现126.5亿元，全社会固定资产投资完成116.8亿元，年增长6%。

第四节　钟灵毓秀人才济济，文韬武略英雄辈出

讷河人民具有中华民族的勤劳勇敢、朴实仁厚、好学上进和坚毅果敢、不畏艰险和富于革命性的光荣传统。讷河也是地灵人杰、英雄辈出的县份。这里"江山代有才人出"，文韬武略，代不乏人。

御外敌浴血沙场，居高官保稷安邦。讷河历史上，清代官居至将军、都统，二品以上者达30余人。他们爱家、爱国，为了抵御外敌入侵，保卫祖国边疆，率部转战南北，维护祖国的统一，"涉血泊，冲白刃"而义无反顾。

抗日救国义无反顾，民族英雄激励后人。抗日战争时期，讷河涌现出大批抗日志士和英雄。曾经在这块黑土地战斗过的抗日将领有李兆麟、赵尚志、马占山等7人，热血洒在这片热土的冯治纲、尹子魁等英烈和邓文山、刘耀庭等本地抗日英雄

53人。

舍小义取大义中华民族的根本，弃小家为大家讷河人民之精神。在解放战争和抗美援朝战争中，讷河人民舍小义取大义，舍小家为大家。送子参军、筹军粮、晒干菜、出担架队，大批优秀的讷河儿女参军参战。为了保卫红色政权和讷河人民生活稳定，东北抗日联军和讷河民兵武装，剿匪平乱，多次在讷河境内与国民党残余残匪、反动地主武装作战，多人献出了宝贵生命。

苦创业厚积薄发，地灵人杰精英耀世

讷河厚积薄发，人才济济，精英辈出。建国初期至改革开放前期，涌现出国家级劳动模范和先进人物4人，省级劳动模范21人，地市级以上干部和副教授以上高级知识分子50余名。创造了全国著名的红光牌甜菜绵白糖、雪花牌马铃薯淀粉、港进无矾粉丝、讷河老白干酒等著名品牌。

改革开放四十载，老区群星更璀璨

改革开放40年来，讷河更是优秀人才辈出。走出省部级干部4名；中国人民解放军少将以上军官5名；中国海洋石油总公司总经理、全球500强跨国企业SMC的领导者；两次当选全国人大代表；全国劳模、五一劳动奖章获得者、全国扶贫开发先进人物和全国老区先进工作者等。

走进新时代，再造新讷河

讷河市在建设中国特色社会主义的征程中，充满着生机与活力，蕴含着希望和辉煌。得黑土之沃、江河之利、历史之重、人才之灵的讷河人民，在市委、市政府的领导下，以马克思列宁主义、毛泽东思想、邓小平理论、"三个代表"重要思想、科学发展观、习近平新时代中国特色社会主义思想作为行动指南，发扬"团结、拼搏、务实、争先"的讷河精神，进入中国特色社会主义新时代；肩负新使命，开启新征程，谱写新

篇章，改革创新、忠诚担当、真抓实干。为决胜全面建成小康社会、全面推进精准扶贫工作、建设富强民主文明和谐美丽的现代化新讷河而不懈奋斗。

第二章 讷河抗日星火在讷嫩平原呈燎原之势

——讷河在抗日斗争中的历史贡献与地位作用及重大事件

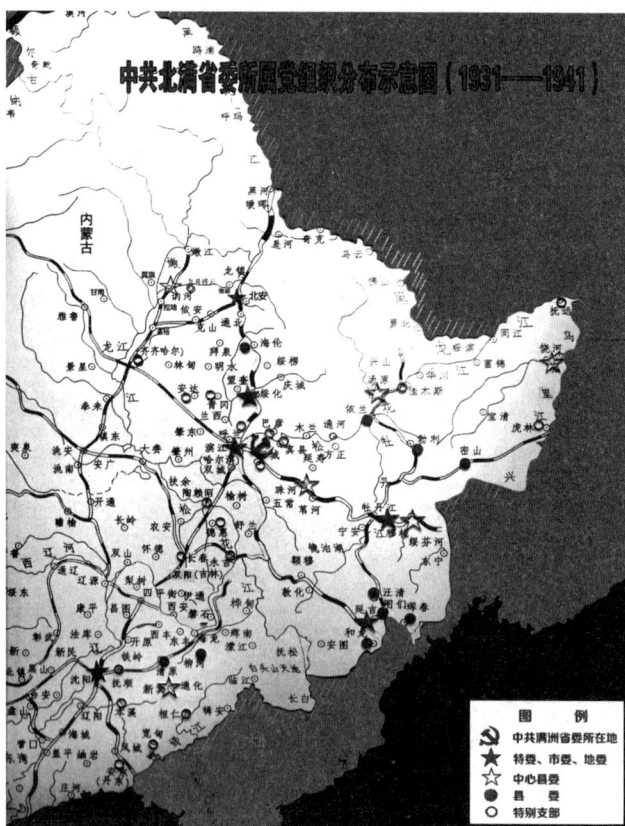

1931—1941年中共北满省委所属党组织分布示意图

日本策划"九一八"事变后，以蒋介石为首的国民党政府实行不抵抗政策，直接导致东北沦陷，人民群众陷入水深火热之中。

在这民族存亡的危难关头，中国共产党领导全民族奋起抗战，直接领导了东北人民的抗日斗争。中共中央先后选派罗登贤、杨靖宇、赵尚志、周保中、赵一曼等一大批优秀干部前往东北组织抗战，成立了东北抗日联军抵抗日军，抗日的烽火燃遍白山黑水之间和讷河这片黑土地。讷河人民在上级党组织及讷河中心县委的坚强领导下，组建了一支精悍的地方武装，全力配合抗联出其不意地痛击日军，攻克讷河城，三战三马架，阻击唐火犁，焚毁古川洋行，夜袭克山县城等。讷河地下党组织与其领导的地方抗日武装、抗联精英及率先抵御日军的东北军、抗日山林队等犹如插入敌人心脏的匕首，令敌人惶惶不可终日，涌现出众多著名抗日英烈，他们用鲜血和生命谱写了一曲曲维护祖国领土完整和民族尊严的正义之歌。他们的英名和功勋永载史册，他们的民族气节和革命精神将激励我们不忘初心、牢记使命，弘扬老区精神，继承光荣传统，为实现"两个一百年"奋斗目标和中华民族伟大复兴的中国梦而不懈奋斗。

第一节　第一次有组织的大规模反击点燃讷河抗日烽火

面对日本帝国主义的入侵，中国共产党最早举起抗日救国旗帜，号召劳苦大众进行武装斗争，把日本帝国主义赶出中国。中国共产党的抗日主张，得到了各个阶层的积极响应。以马占山为首的东北军奋起抗日，血战江桥，打响了中国人民对日本帝国主义第一次有组织的反击。

马占山亲临讷河阅兵 "九一八"事变爆发不久，驻守黑河警备司令兼黑龙江陆军步兵第三旅旅长马占山，于10月10日就任黑龙江省代理主席、军事总指挥，毅然督率龙江军民于泰来江桥阻击入侵日军。

1932年4月1日凌晨，他以检阅部队为名，率卫队部分步兵骑兵携带军政两署关防印信、重要文件和巨款，潜离齐齐哈尔直趋拜泉。3日，会晤李杜、丁超、宫长海、冯占海、李海青诸部代表，共同制定攻取长春、哈尔滨、齐齐哈尔的联合作战计划。4日，马占山由克山至讷河，在县城西北小学举行阅兵式并发表讲话，号召讷河军民奋起抗战、保家保国，坚决把日本侵略者赶出中国。7日，到黑河遂即通电全国。他联合省内各抗日力量成立黑龙江省抗日救国军总司令部，自任总司令。并以黑龙江省政府主席兼东北边防军副司令的名义发电表示："与日周旋，虽马革裹尸，亦所不惜。"5月15日，马占山亲率军队与吉林自卫军向哈尔滨挺进。被赋予"重任"的程志远投敌，吉林自卫军败退富锦、同江，马占山军队陷入重围退至海伦。

东北军讷河阻击日军 7月6日，日军相继占领东北大部地区，日军小泉联队侵入讷河县城。东北军骑兵第四旅在旅长徐宝珍指挥下与日军展开激战，拉开了讷河武装抗日的序幕。因双方实力悬殊日军攻入县城。面对强大的敌人，徐宝珍向日军妥协当上了伪旅长。该旅的张竞渡团长竭力反对降日，率全团官兵撤出县城奔赴嫩江抗日，后参加东北抗日义勇军。

张竞渡、徐子鹤联手围攻县城 8月6日，张竞渡团联合徐子鹤部7 000余人，向讷河县城发起进攻。张竞渡团、徐子鹤部原为东北正规军，现又吸纳身怀绝技的壮士等如虎添翼。张竞渡团负责正面进攻，徐子鹤部负责偷袭敌营，致日伪军腹背受敌，很快攻破县城，击毙伪旅长徐宝珍。8日，张竞渡、徐子鹤率部队撤出讷河。

马占山坐镇讷河指挥　9月，马占山率部再次秘聚讷河，成立抗日联军指挥部，并移省政府于讷河，广招旧部成立抗日义勇军。10月，义勇军先后两次对拉哈警备队发动进攻，击毙日军50多人，占领拉哈街。10月至11月，又与苏炳文谋取齐齐哈尔，终因敌兵强大未果。12月4日，由满洲里退入苏联。

讷谟尔血战围剿日军　1932年10月中旬，按照马占山关于兵分三路会攻齐齐哈尔的命令，集结拜泉东北军旧部朴炳珊、邓文成立黑龙江抗日军共4 000余人，于10月22日在拜泉誓师南征，同各路义勇军会攻齐齐哈尔。首战拜泉县癞马沟，破克山县古城镇，占领依安县泰东、泰安，重创日军高波部队。攻至富裕县富海大泉子的贝子府时，日军调增援部队动用飞机、坦克拦截，义勇军奋起抵抗，战至数日未突破防线。日军又从克山派援兵围攻，朴炳珊部于11月初撤至讷河城南，在讷谟尔河北岸筑工事设防。4日，日军骑兵高波部队等尾随朴炳珊部至讷谟尔河南岸展开激战，朴炳珊率部队多次击退敌人进攻。6日，日军出动6架飞机疯狂轰炸，炸毁民房60余间，炸死居民数十人。战至7日，朴炳珊部顶住了敌人飞机大炮的狂轰滥炸，在时值寒冬恶劣环境下，顽强坚守了四天三夜，终因寡不敌众、接济不利，于8日撤至北安。

李云集、徐子鹤、张竞渡重创拉哈守敌　1932年10月18日，抗日义勇军李云集部会同徐子鹤、张竞渡部3 000余人，对驻守前哨重镇拉哈日军警备队发动总攻。激战至21日，击毙日军18人，击伤多人。23日，日军援兵以飞机为掩护合兵由车站向北突围。义勇军步兵坚守阵地，骑兵发起猛烈反击，日军损失惨重败退。27日，义勇军增援的炮兵部队以17门迫击炮、野炮向拉哈街、车站猛轰，骑兵、步兵攻破日军阵地突入拉哈街内，毙杀日军40余人占领全街。29日，乘胜攻入车站，用迫击炮轰击日军警备队部，残敌退至队部。午后4时30分，日军第十七联队和山炮部队及伪蒙骑兵增援，致义勇军腹背受敌。在与日军激战14天，打退数十次进攻后，于11月1日凌晨撤出阵地。

在14年艰苦卓绝的抗战中，东北军历经艰难曲折坚持抗日斗争，战斗2万余次，毙伤俘日军5万余人、伪军6万余人，给日伪军以沉重打击，涌现出令世人敬佩又让日军胆寒的马占山、张竞渡、朴炳珊等抗日英雄英烈，其英勇抗击日本侵略者的壮烈场景，深深印在这片英雄的热土上。东北军为建立东北抗日武装统一战线和创建东北抗日联军提供了条件和经验，推动了东北抗日斗争的发展，对中国抗日战争的胜利做出了重要贡献，在中华民族抗战史上写下了光辉灿烂的一页。

第二节　山林队奋起抗击日军英名垂千古

抗日山林队在抗日救亡洪流中利用高山密林、青纱帐等天然屏障展开游击战，重创强大的敌人。涌现出以邓文山为代表的民族抗日英雄，他们坚贞不屈的民族气节和视死如归的英雄气概，与兴安嫩水永存。

邓文山独树抗日义帜　1926年，讷河县红花基屯21岁的邓文山为当地群众除掉两恶霸地主后，遂投身绿林"青龙"绺子，立志杀富济贫，除暴安良。1931年"九一八"事变，"青龙"降日当了汉奸。邓文山气愤至极，带自己人马投奔马占山部任骑兵团团长。马占山部失败后，他独树义帜，报号"平康德"，神出鬼没，所向无敌，在讷河、拉哈、讷南、嫩江、克山、德都等地屡歼日伪军，令其闻风丧胆。

1934年4月，伪龙河警察分所警察欺压百姓。邓文山率20余人于一深夜冲进警察所，他双手轮枪大声报"平康德"名号，令其乖乖投降。讷河警察分队长史明华经常抓捕抗日军民，邓文山决心除掉他。20日晨，邓文山带60多人到海城窝棚公开活动，史明华带百余人"进剿"。邓文山率队埋伏其必经之路将其击毙，警察分队大部被歼。7月，邓文山率部到讷南境内宿营。几天后，3个日军带数十个伪警察前来"围剿"，事先接到一农民报信的"平康德"严阵以待，与之激战一个多小时，打死3个日军和伪警察分队长等20多人。8月，在拉哈一带活动的"平康德"，得知老云沟汉奸杜某之子押运7台大车在城里拉货，派部下在其返回途中将其截获，留下部分自用，其余分给当地穷苦人。18日，伪警察局局长带150人"讨伐"邓文山。邓文山部下得信后，率弟兄们隐藏在刘秉山屯外的蒿草深处。当伪警察扑空回撤时，邓文山派人扮成庄稼人向其报信说刘秉山屯有"胡子"。伪警察署署长带50多名警察去搜查，途遭邓文山部下伏击，打死伪警察署署长及大部伪警。1935年2月，邓文山又率队回讷南鲁家窝棚一带活动，日警务指导官带一个中队扑去。邓文山见敌众多，率部分人马掩护大部队转移。骑马冲在最前面的伪警尉刚一露头就被邓文山一枪打落马下，余敌抱头鼠窜。3月一天，邓文山率队行至嫩江南小山岭，与押送军需物资的一排伪军相遇。伪军一听是"平康德"队伍，竟弃几大车粮食和十几支枪落荒而逃。入冬，"平康德"在讷河四区与日伪军激战，歼敌数十人。

他双手打枪本领高强，胆大机智，出奇制胜，"平康德"威名大振，各地山头纷纷投奔，拥立他为首领。1935年下半年，"平康德"队伍发展到千余人。1936年2月应邀赴苏考察，4月回国组建"抗日联军"中陷围败北。年末潜回辽宁原籍继续抗日，后不幸牺牲。

山林队活跃抗日战场 1932年11月18日夜晚，抗日山林队"天下红""天龙""芦明谦"等部五千余人围攻讷河县城，同伪军第四旅及县城防队激战5小时，击毙伪军警数十名后主动撤出。转年7月13日，山林队"老二哥"与伪警察在六区丁马架屯遭遇，击毙伪警士张青山。1934年1月9日，山林队"北侯"与县伪警察大队在通南王家围子发生遭遇战，击毙伪警士施书田。次年8月18日，山林队"天合""北侯"200余人在徐家围子设伏。拉哈伪警察署署长崔振宣接到报警带40名伪警前去"围剿"，至伏击地枪声大作，崔振宣等2人被毙，余者溃散。

第三节　讷嫩平原抗日游击区成为西北部地区抗日主战场

日军的铁蹄踏进东北三省之日起，倍受奴役的讷河人民迫切希望有一支党领导的人民武装队伍，有组织地同侵略者坚持长期斗争。1939年初，东北抗联西征讷嫩平原，冯治纲率抗联第三军八团、第六军十二团部分战士开赴讷河五区建立抗日根据地，进行抗日游击活动。

一、讷嫩平原抗日游击区的创立

1938年，三江平原成为10余万日伪军、兴安军、伪警察的重点"讨伐"区，使抗日根据地党和群众组织以及抗日部队遭受严重创伤。危急关头，北满临时省委于五六月在通河先后召开第七、八次常委会，决定将北满抗联部队向西北海伦远征，开辟新的抗日游击区，在黑嫩平原开展游击战。

10月10日，第三军三师师长许亨植与第六军参谋长冯治纲决定，为开辟德都、讷河、嫩江一带游击区，由第三军三师八团一连38人与第六军一师六团40余人组成"西北远征队"，在张光迪、陈雷率领下，向德都、五大连池一带远征。11月5日，中国共产党扩大的六届六中全会向以杨靖宇为代表的东北抗联、义勇军和全体东北同胞发出慰问电，极大地鼓舞了东北抗日将士与广大群众的抗日热情和斗志。中旬，由北满抗联主要负责人李兆麟率领的第六军教导队和李景荫率领的第十一军一师共300余人组成的第三批西征部队，于12月下旬到达海伦八道林子，与前两批远征部队胜利会师。

二、开辟讷河抗日游击区

冯治纲向李兆麟提出在讷嫩地区创建抗日游击根据地的建议得到其首肯，并派他率所属部队到讷嫩地区与日伪军展开斗争。1939年1月12日，冯治纲率第六军二师十二团80余人在德都田家船口伏击德都县伪警察队，击毙1名日本指导官，重伤伪警务科科长以下4人，俘虏伪警察25人；在谷家窑突破千余敌军包围。28日，北满临时省委召开第九次常委会议讨论和确定依托小兴安岭西麓山区，在讷嫩平原建立根据地开展抗日游击战争。冯治纲率第三军八团、第六军十二团从海伦冲破敌人重重阻击转移到德都、嫩江、讷河交界的朝阳山地区建立密营。一部分开赴讷河五区，利用高山密林等自然条件发动群众，进行抗日游击活动。

东北抗联西征至讷河五区开辟抗日根据地，成为讷河抗日的主力军，并在讷河地下党与抗日武装队伍及爱国群众的积极配合下，同敌人展开平原游击战，大小战斗数十起，歼灭大量敌有生力量，在讷河抗战史上写就光辉一页。东北抗联同日伪军的战斗贯穿于14年抗战的全过程。抗联英勇顽强、不畏强敌、不怕牺牲、奋勇杀敌的英雄气概和在异常艰苦环境下所表现出的革命乐观主义精神，都将成为永恒的红色记忆。

讷河五区筹军粮 1939年初，抗联第三军八团为尽快打开讷河五区抗日工作的局面，团长姜福荣率全团指战员深入附近村屯，广泛接触当地群众，宣传党的抗日救国主张，发动群众参加抗日斗争，并在当地群众的大力支援下有效地打击敌人。

正月初一上午，姜福荣率部队到姜殿阁屯，遇见张禄等农民亮明身份，想请大家帮忙筹集一些粮食。张禄等非常同情并支持抗联打击日军，当即把自己的午饭干粮拿了出来。姜福荣等人盛情难却只好收下，司务长付钱却说啥不收，当解释这是抗联铁的纪律后张禄等人才收下。次日天刚放亮，姜福荣率30多名战士来到此屯，张禄忙领战士们到各家休息安排吃饭。姜福荣又召集全屯群众开动员会，大家都表示支持抗联打击日军。当听说抗联战士每天几乎饿着肚子打仗，很少吃到粮食，就纷纷献粮食，张禄老伴把家里仅有的一斗米也献了出来。姜福荣还向几家大户讲了抗日民族统一战线的意义，他们都表示赞同抗日，均献出了粮食。共筹集500多斤米均按数付了钱。入春一夜晚，姜福荣第三次率部队到姜殿阁屯。周边和村里群众都聚集在姜福荣的屋子里，他向大家讲了八路军与东北抗联前后夹击，很快就会把日本侵略者打垮！号召大家为抗战出力，能参加抗联的上前线打仗，不能上前线的在后方给抗联运粮食、送信件、当向导、探敌情等。当场，30多个挖堡子青年加入了抗联队伍。

打开抗日新局面 1939年2月，李兆麟根据东北抗战发展的需要，依据讷河地处讷嫩平原的重要军事战略地位与得天独厚的地理环境，派原下江特委宣传部长方冰玉到讷河五区开展工作。方冰玉等人随第六军二师十二团来讷河天字二十号东部察拉巴旗山区，结识了山中拉木头的老乡。为便于开展工作，方冰玉与十二团政治部主任王钧委托当地乡亲与梁家庄张振江、天字十九号伪甲长赵连贵相识并结拜为兄弟。方冰玉等深入当地相继结识了三马架原东北军连长刘耀庭、伪自卫团团长张英、倭都台伪村长周介臣等人，为其工作的顺利开展扫清了障碍。

五更夜除高阎王 朝阳山抗联大本营附近的讷河五区天字二十号住约50户人家，慑于地主"高四阎王"的淫威，抗日工作无法开展。抗联曾化装前去侦察，被狡猾的高四察觉，领着百余日军前来搜山。王钧指挥部队与敌周旋，敌人在外围转了几圈一无所获。2月下旬一黑夜，王钧率部分战士悄悄来到高家窑，兵分两路，一路搜索炮台，另一路由王钧带人直奔高四卧室。战士小陈扮作更夫敲开高四卧室的门。狡诈的高四开门后观察门外情况不妙，伸手就往腰间摸枪，小陈见状一刺刀刺进他的小肚子。倒在地上的高四还想反抗，被小陈又补几刀当场毙命。高四阎王之死，震慑了敌人，鼓舞了群众，全县抗日工作由此打开了新局面。

加强领导成效大 1939年4月12日，在省委第二次执委会上，将北满临时省委改为北满省委，金策为书记，李兆麟为组织部部长，冯仲云为宣传部部长；撤销北满抗联总司令部，以抗联第三、六、九、十一军为基础，成立东北抗联第三路军及总指挥部，李兆麟任总指挥，冯仲云为政治委员，许亨植任总参谋长。讷嫩地区第三军八团、第六军十二团划归第三路军总指挥部指挥。统一领导后的东北抗日游击战争，战果喜人。4月末至5月初，第三路军龙北部队在李兆麟、冯治纲、张光迪等指挥下，相继袭击了德都紫霞宫伪警分署、老龙门车站、嫩江日军飞机场及讷河东三合屯等。

雨夜端掉敌窝点 1939年5月初，位于嫩江、讷河交界的三合屯，仅20多户小屯竟驻守了40余名伪警和自卫团组成的一个中队。接到报告后，冯治纲与王钧决定搬掉这块绊脚石。6月7日的风雨夜，冯治纲率百余名战士包围了三合屯。伪中队队长赵海山等20多人住中队部，其余住屯西头民户家。冯治纲下令迅速包围两窝点。伪警尉中队部带班的吴春元利用院内垒起的工事抵抗，冯治纲等劝其投降，他竟端着机枪向战士们反扑，被机枪手当场击毙。屋内伪警察们无力抵抗，只得缴械投降。外边的伪警察与自卫团丁也全当了俘虏被押到中队部。经抗联的宣传教育，有7个无家可归的人毅然参加了抗联。

抗日烽火大榆树 大榆树位于讷河五区倭都台西南、距讷谟尔河北岸百米左右的荒滩上。此树历经三百余载沧桑与抗日烽火历炼，仍傲然伫立。人们赋予它许多传奇和神秘色彩，称之为"神树"。

1939年初，冯治纲率西征部队一路历尽艰辛，开辟了讷河、嫩江、德都等抗日游击区，在察拉巴旗山建立密营，并在讷河茂山、保安及宽余等密林深处建数处分密营。李兆麟又派方冰玉与耿殿君、小林等来讷河五区开展地方抗日工作。经数月秘密串联、宣传动员，时机已成熟，决定8月在倭都台大榆树下召开联席会议。会上，方冰玉传达了中共北满省委给讷河县党组织如何开展对敌斗争的指示，宣布成立青年救国军。强调这是党领导下不脱离生产、夜聚晓散、白天察敌情、夜间袭敌营、与抗联一道打击日本侵略者的地方抗日武装。其为中队建制，下设分队与小队共50多人，孙长山任中队长。讷谟尔河北岸（倭都台、三马架、天字二十号等）一个分队，分队长刘海峰、孙二；河南岸（北兴镇、头站、孙地房子等）一个分队，分队长刘玉芳。成立妇救会，主任刘淑贤。刘耀庭、刘景阳、刘树林报名参加了抗联。刘耀庭作战勇敢，升任抗联第六军十二团代理团长，在唐火犁战斗中牺牲。刘景阳担任讷河人民抗日先锋队队长，带领先锋队配合抗联参加了攻打讷河、唐火犁阻击战等重要战斗，协助中心县委惩罚汉奸、夜夺油印机等。刘树林随部队南北转战，先后参加破讷河、攻克山、巧取北兴镇、智取霍龙门等数次战斗，且作战英勇，表现出色。

大榆树在抗战中发挥了重要作用。在此埋藏、转移枪支弹药，散发抗日宣传单等。地下党组织数次在此举行秘密会议，同抗联暗中研究作战方案等。抗联除奸队在此成立，队长周明禄，先后处死汉奸毕甲长、王林等，惩戒特嫌分子秦景玉，处死日本特务等。倭都台民众多次给抗联送粮食、药品、军衣、军鞋、马匹，义务带路、摆渡等。日伪军恨之入骨，先后在倭都台逮捕孙长林、孙长山、周介臣、周明禄、周有、吕相臣等，任凭敌人严刑拷打终未泄露党组织秘密，周有、吕相臣等被敌人杀害。大榆树成为讷河人民宁死不屈抗击日本侵略者的民族精神象征载入史册。

成立县委显神威　讷河的抗日工作在抗联有力配合下很快打开了局面，先后组建14个群众抗日组织。1939年6月，李兆麟先后派抗联第三路军六军二师政治部主任尹子魁等4人来讷河，与方冰玉等共同开展党的地下工作，于8月建立中共讷河中心县委。11日，第三路军龙北二支队攻克九井伪警察署；15日，再次攻破老龙门车站；同月，王钧率第六军十二团捣毁讷南伪警察署；21日，第二支队袭击讷谟尔河北岸吴家烧锅，俘虏3名伪德都县公署日籍官吏；22日，又攻克北兴镇。9月，王钧率第十二团三战三马架，敌人损失惨重；同月，讷河中心县委将青年救国军改建为人民抗日先锋队，这支地方武装随时配合抗联部队同日伪军作战；18日，中心县委及抗日先锋队配合抗联攻破讷河县城。

捣毁恶魔警察署 1932年，讷南镇因其扼守通往德都、克山两县的交通要道，翌年6月，设讷南"警察署"，警察署媚日欺压百姓。面对讷南镇警察署的恶行，1939年初来五区开辟以讷河为中心抗日游击区的抗联第十二团政治部主任王钧，决定拔掉这颗"钉子"。8月，接到讷河地下党提供该镇伪警察署人员配置与活动等情报，王钧率战士们趁一夜幕进入镇内，伪警察署亮着灯的屋内不时传来嬉闹声。两名战士解决了岗哨，王钧率战士们迅速冲入屋内，收缴了枪架上枪支，不费一枪一弹就解决了战斗。

三战三捷三马架 1939年9月一天，耿殿君、王钧率抗联第六军十二团20余名战士进驻三马架。午后接到情报，伪龙江省治安军第一团团长孙强带百余名骑兵围攻。耿殿君、王钧作完战斗部署约20分钟，敌骑兵分4路冲来。待其进入射程内，抗联机枪、步枪一齐开火，前面伪军纷纷落马。一伪军骑马狂叫着冲了上来，被一枪打于马下。又有几个伪军栽下马，余者拼命往回跑。孙强用机枪督阵，伪军们再次冲上来，面对抗联强大火力又扔下几具尸体败下阵去。孙强调一个排到屯西北小山包顶架机枪向屯里疯狂扫射并驱赶伪军骑兵往前冲。耿殿君、王钧派一连连长带8名战士从小山包背后袭敌成功，用缴获的机枪居高临下朝敌群猛烈射击，伪军落荒而逃。两个多小时激战，毙伤俘敌40余人，缴轻机枪1挺、长短枪30余支、子弹千余发。

1939年9月中旬，耿殿君、王钧率第十二团回三马架宿营。次日晨抓获敌侦探得知日军欲派兵围剿，王钧将计就计放其回去报信。日军立命宪兵一小队与伪军共500多人向三马架进犯。耿殿君、王钧决定将敌引屯后小西山北设伏。午后，敌人一路来到三马架西沟子扎营，向小西山增调人马围而不攻。下午4时许，敌兵增至700余人，其包围圈越来越小。耿殿君、王钧见时机已到，指挥机枪手、神枪手朝敌人密集的地方猛烈开火，山下敌人成排倒下。敌人用迫击炮、野炮向山顶轰炸，抗联隐蔽在岩石下。天黑，敌人用机枪督阵向山上强攻。耿殿君、王钧巧妙地吸引相反方向的敌人互相接上火后，从包围圈缺口处撤出战斗。小西山周围敌人误把对面火力当成了抗联，猛烈地向山顶炮击，持续了3个多小时伤亡百余人。

抗联第十二团又回身反攻，将孙强部一个连全部缴械。

子夜攻克讷河城 1939年夏，为配合诺门罕战役，按照李兆麟指示，冯治纲和王钧决定在9月18日攻打讷河。由当地党组织搜集情报，抗日先锋队配合战斗。

讷河地下党通过设在县城联络站，将侦察搜集的敌军事情报向冯治纲和王钧汇报。攻城前，抗联派副官段景阳与交通员魏永久去县城与地下党组织进一步核实情况。尹子魁将近日敌情详细告知。9月15日，抗联第六军十二团、第三军八团、讷河抗日先锋队和军部教导队250余人从察拉巴旗山出发，于16日来到魏永久家所在大德唐前屯打尖后继续行进。17日深夜至讷河城外一片高粱地待命。18日晨，魏永久与段副官奉命再次进城与地下党联系，以防不测。天黑返回报告，敌情未变。冯治纲依据地下党提供的进攻路线图部署三路进攻县城：一路冯治纲、姜福荣率第六军教导队和第三军八团由段景阳带路攻打北大营；二路王钧率第六军十二团由魏永久带路攻打县公署、警务科、警察署；三路刘景阳率讷河抗日先锋队攻打伪警察训练所，以北大营的枪声为令。夜幕下，三路进攻部队直插各自进攻目标，等待总攻信号。23时，北大营传来密集的枪声，总攻开始。王钧带人攻打警务科，解决了哨兵冲入警务科和警察宿舍，几十个伪警察连同其科长迷迷糊糊地当了俘虏。此刻，伪县公署里仍在喝酒划拳行令。战士们冲到了门口，一刀刺死门岗，屋内敌人顿时混乱不堪。几个负隅顽抗的日本兵被抗联机枪撂倒，日本副县长本多彦次也被乱枪打死，余者均投降。伪警察训练所日本指挥官阪根满郎被枪声惊醒，指挥士兵拼命抵抗。抗日先锋队迂回到日军两侧，枪打、刀刺，最终阪根满郎等4名日军被击毙，除几个逃窜外其他人均当了俘虏。伪警察署、银行等全被拿下。城里和北大营的枪响，吓得家住城内的伪军团长孙承义慌忙带着警卫员和副官跑到警务科打电话求援，被王钧与抗联战士活捉，押到北大营命其对部下喊话。面对易守难攻的北大营，抗联机枪手从侧面搭人梯跃过高墙，迅速用机枪封住敌营房门窗，战士们趁机跳进院内，依靠墙垛、战壕作掩护向敌营房一齐开火，并对伪军喊话。烂醉如泥的伪军们被这突如其来的枪声和喊话声吓得晕头转向，在日本人提枪督战下几次想冲出营房未能得逞。此时，孙承义被押到北大营喊话，伪军军心开始动摇。冯治纲和姜福荣趁机发动猛攻，伪军们纷纷放弃抵抗，还带抗联包围日本兵的宿舍将其全歼。冯治纲和姜福荣率指战员押着俘虏来城里同王钧会合，打开监狱放出难友，他们协助抗联砸开敌人弹药库，将大批军用物资等装车。

此战，击毙日军10多人，俘虏伪军警100多人，缴获机枪5挺、迫击炮3门、步枪300多支、短枪200多支、子弹10万余发、汽车一辆和大批粮食、物资等。击毙了日本副县长，活捉了伪军团长。百余名青年和出狱难友参加了抗联队伍。抗联押着伪军团长和伪警务科长，满载战利品出了城。按照冯治纲的部署，王钧利用伪警官的身份，先后缴了孔国、龙河警察署武器胜利返回驻地。

临危设伏唐火犁 1939年10月17日，王钧率第十二团及抗日先锋队在岳家围子住宿，拂晓转至唐火犁扎营，在屯南山坡挖好工事防敌袭扰。次日晨，日军警备队小泽曹长和伪警务科警务股长广濑纠集30多个日军和50多个伪警察乘4辆汽车前往岳家围子"围剿"，后扑向唐火犁。

岗哨报来敌情，王钧率部队进入战壕严阵以待。约20分钟，敌车队分两组进入视野。前两辆汽车率先闯入抗联伏击圈，距阵地几十米时，抗联神枪手一枪击中头辆汽车司机，王钧一声令下，子弹雨点般地砸向敌人，霎时间汽车着火，日军当场死伤十几人。广濑命令日军与伪警察下车分东西两路，以谷码子作掩护向抗联扑来。东路的几十个伪警察被抗联密集火力压得趴在地上不敢抬头。王钧派一连战士们直扑东路敌阵地缴了伪警察的械。汉奸伪警佐关御拒绝交枪被击毙。西路的日军在广濑指挥下疯狂地向抗联阵地进攻，二连战士凭借有利地形阻击敌人。讷河抗日先锋队及时从敌后兜上来，敌腹背挨打死伤大半。陷于绝境的广濑妄图利用屯外场院突出重围，二连贾连长拦截日军不幸中弹负伤，抗联战士与先锋队向日军猛烈射击，终将敌人火力压了下去。小泽被击中头部阵亡，广濑身中三枪逃回县城次日身亡。

此战，消灭日军32名，俘虏伪警察40余名，烧毁汽车2辆，缴获机枪3挺、步枪63支、三八式步枪30余支、掷弹筒1个、子弹万余发。

以少胜多火烧于屯　1939年初冬一深夜，耿殿君、王钧率120多名战士开进火烧于屯，衣服单薄的战士们在草垛和堡子墙根下休息。百姓得知是抗联队伍，都把战士们让到屋里炕上，取出棉被让其取暖休息；妇女忙着给战士们做饭。屯中于家大院堡子砌成的院墙高且坚固，门前南是场院，外围壕沟宽又深，挖出的土堆砌在壕沟内侧形成一道土塄子，抗联官兵以此大院套作为防御敌人的屏障。

午后3点，300多日军乘10多辆卡车和炮车气势汹汹朝火烧于屯开来，在抗联阵地对过摆开进攻阵势。先用机枪和炮向场院土塄子内射击，几十个日军端着枪慢慢向前靠近。抗联未射击，日军误以为抗联已撤走就壮起胆子来到距抗联阵地百米以内。战士们突然从沟内探出枪来射击，日军死伤10余人败阵；王钧嘱咐战士们把日军放近些再打。日军再次用炮和重机枪向场院土塄子内炮轰射击后发起进攻，抗联一枪不发。当百余名日军端着带刺刀步枪冲过来，抗联仍没动静，日军以为抗联真的撤走了竟大摇大摆地端枪往前走，距抗联阵地仅50米了，抗联的机枪步枪一齐开火，外加手榴弹，前面的日军倒下一片，后面的掉头就逃。战士们跃出战壕一阵冲杀，敌人尸横遍野。恼羞成怒的日军用炮和重机枪向场院里轮番炮轰射击，场院里的秸秆起了大火。抗联决定撤出战斗，王钧率战壕里战士迅速转移屯西大沟隐蔽，据守于家大院的耿殿君率战士以堡子高墙为屏障阻击日军。日军分头把场院和于家大院包围。王钧见大院的队伍没撤出来，率队伍返回打援。日军用机枪封住了于家大院的大门，大院的堡子墙又高又厚，日军只能翻墙而进。大院里的抗联战士就贴在大墙边上，用刺刀扎挑墙顶上露头的日军，有的抄起长杆镰刀对爬上墙头的日军连扫带戳，日军号叫着摔了下去。返回增援的王钧借着火光用机枪和步枪从后面狠扫日军，耿殿君令战士们用大铡刀在堡子西墙上砍出个大豁口，王钧指挥两机枪手掩护耿殿君等安全转移。

此战，击毙击伤日伪军百余人。

李兆麟将军抗日在讷河 东北抗联第三路军总指挥李兆麟，曾多次指挥和率部队来讷河开展抗日活动，与当地党组织及抗日先锋队紧密配合，同讷河民众结下了鱼水深情。

1939年2月，北满各地方党组织相继遭到严重破坏，对敌斗争极端艰苦。根据北满临时省委关于重建党的地方组织和群众性抗日组织的指示。李兆麟派方冰玉、小林来讷河五区倭都台，在爱国绅士周介臣的帮助下，秘密开展抗日宣传工作。他还亲临在讷河东部一带活动的冯治纲领导抗联龙北第二支队视察工作，指挥开展游击战。先后伏击德都县田家船口，生俘德都日本县长，袭击克山县北兴镇，除掉讷河五区铁杆汉奸恶霸地主高四阎王，使讷河及周边县区的抗日工作呈现出新局面。他深入讷河五区宣讲抗日道理的同时，带头给群众担水、背柴、扫院子、干农活等，极大地感染着部队官兵，密切了军民关系。他对冯治纲率第二支队攻陷讷河城予以充分肯定和赞扬；对讷河中心县委和地方抗日组织的工作给予很高评价。10月，他又到讷河一带活动的抗联第十二团指示其寻找战机袭击敌人。袭击了日本开拓团缴战马百余匹，将步兵改为骑兵，成为抗联在讷嫩平原作战的第一支骑兵团。相继攻破了讷南、九井伪警察分署。临近冬季，率军部教导队亲临讷河哈里屯纪家窝棚，向纪凤楼等四家地主及当地群众宣讲抗日救亡的革命道理。强调中国人都有责任和义务支援抗联。他希望四家地主有人出人、有力出力，为抗日救国做点贡献。纪凤楼等四家地主在民众协助下，仅半个月为抗联筹集棉衣、棉鞋、棉帽各160套（双、顶），战士们及时换上了冬装。

屡遭重创的日伪军将龙河、友好一带划为"匪区"，集中力量对抗日群众残酷镇压，对抗联部队疯狂"讨伐"。李兆麟决定部队向克山和依安等地转移，开辟新的游击区。2009年，李兆麟被中宣部、中组部等11部门评选为100位为新中国成立做出突出贡献的英雄模范人物。

攻村打援郭家屯　抗联西征到讷河开展抗日游击战，九井伪警署与自卫团同北兴镇敌人遥相呼应，给抗联活动带来极大威胁。王钧与讷河中心县委商定攻打九井警察署。

1939年11月一晚上，王钧率抗联第六军十二团到倭都台讷谟尔河渡口，讷河抗日先锋队用三只船将抗联队伍摆渡到南岸的柳条通里待命。夜深，部队开始行动，在后谭家窝堡、刘老十屯借了马匹，每个战士配备了战马，战士们策马扬鞭朝九井村飞奔。县警备队和警务科隔三岔五协助日军来九井"讨伐"，晚派双岗轮流警戒。搞得伪警察署的人整天筋疲力尽，晚上都早早睡觉了。深夜，东边一声枪响惊醒了打盹的岗哨，看见东边黑压压的马队上来了，边往院里跑边高声喊着给屋里人报信。睡梦中的自卫团兵听到枪响与喊声，乱成了一锅粥。抗联战士们一面喊话，一面向院里冲去。自卫团未来得及反抗，就都当了俘虏。有几个狡猾的自卫团兵趁大伙缴枪之际，溜到马棚骑马从后门跑了。几名抗联战士随即骑役马边追边鸣枪，团兵们赶紧投降，兵痞出身的团丁刘成信骑着战马逃逸。俘虏伪警察10余人、自卫团兵30余人，缴获枪支50支、子弹数千发。对俘虏进行批评教育后全部释放，部队向德都进发。途径小门郭家屯同兵痞刘成信报信前来"围剿"抗联的日军援兵相遇，王钧指挥战士们下马迎敌，凭借屯前堆满苞米的粮食垛和路边、屯头麦垛同日军展开激战。打一枪换一个地方，火力网连成了一片，日军伤亡很大。战至午夜，王钧率战士们打退了日军又一轮进攻后撤出了战斗。

由点带面硕果丰 1939年10月30日，第三路军龙北部队袭击克山西城镇，击毙日本警官1人、伪警察2人，缴获许多军用物资。11月14日夜，东北抗联雷炎部、王明贵团400余人，攻入讷河县九井村，令睡梦中的日伪军措手不及。击毙日军2人、伪军10余人，余者落荒而逃，抗联缴获很多枪弹。17日，抗联300余人在讷河高益屯与日军田久部队激战，毙敌13人。本月，第三路军龙北部队一部在讷河一举攻克讷南镇，缴枪50余支；在德都花园与伪骑兵第二十二团一部交战，击毙日军官1名、伪军数十人；在凤凰山与配有6架飞机的日伪军"讨伐"队交战，击毙日军大佐及中佐各1名、少佐3名，缴三八式轻机枪5挺、长短枪百余支。

1939年至1940年初，三路军龙北部队与敌人进行战斗40余次，攻袭城镇8处，破坏火车站3个，歼敌250余名，日军占40%，俘虏伪军500余人，缴武器500支、轻重机枪6挺、子弹45 000发，发展队员180名。

三、讷河成为黑龙江西北部地区抗日主战场之一

1940年，敌人继续推行"治安肃正"计划。随着"诺门罕"之战结束，关东军开始集中军事力量对付抗联。同年1月24日至3月19日，中共吉东、北满党代表会议在苏联哈巴罗夫斯克召开，参会代表有周保中、冯仲云、赵尚志等。会议总结了东北抗日游击战的经验教训，确定了东北抗日斗争的策略，形成了《关于东北抗日救国运动的新提纲草案》。1月28日，中共北满省委召开第十次常委会，总结了1939年的北满抗日游击活动，部署1940年的抗日斗争任务，并以第三路军名义发表了《告民众书》《告满军满警书》《告日本士兵书》和《告日本移民团农民书》。3月19日，苏联远东军代表与中共吉东、北满两省委代表周保中、冯仲云、赵尚志进行会谈，双方就东北抗联与苏联远东军工作上的暂时关系等问题达成协议。3月24日，周保中、冯仲云给党中央写信，报告伯力会谈的情况，迫切要求与党中央取得联系并听候指示。日本关东军的军事战略重心再次转移到东北抗联，讷河首当其冲地成为西北部地区抗日的主战场之一。根据中共北满省委开辟呼伦贝尔游击区的战略思想，第三路军冯治纲、王钧率抗联远征军120余人，从讷河抗日游击根据地渡过嫩江进入布西北部，发动少数民族地区的抗日斗争。

冯治纲血洒布西　冯治纲，1908年出生于吉林省公主岭，先后任东北抗联第六军参谋长、第三路军西北、龙北指挥部指挥，

是一位文武双全的优秀指挥官。他率所属部队驰骋嫩江平原，神出鬼没地打击敌人，屡建战功，威震敌胆，深得官兵爱戴。

1939年初，他根据北满临时省委指示，率第三军八团和第六军十二团从海伦转至讷河与德都、嫩江交界的朝阳山区建立密营。1月上旬，他率第六军十二团向讷河转移途经谷家窑遭3 000多名日伪军层层包围。激战中，他发现北面敌人是伪警察和自卫团，于是派人给其带信，使其只放空枪减少了抗联压力。午夜，他率部队趁日军与伪军换防之际悄悄撤出。部队进入嫩江平原广泛发动群众，很快在讷河五区的三马架、倭都台、南阳岗等站稳脚跟，建立了抗日群众组织。9月18日，他率部队攻克讷河胜利返回路上，先后机智地缴了孔国、龙河警察署全员的械。第三路军总指挥李兆麟对其英勇善战精神给予高度评价。上半年，冯治纲指挥部队连续攻破了德都县紫霞宫、日军飞机场、老龙门车站，北安县李桂芳屯、曹乃汶屯，讷河县三合村、吕家烧锅等重要据点。在冯治纲率领的第三路军龙北二支队活动的区域，抗日烈火越烧越旺，日伪惊恐万状，调集大批军警东征西讨。下半年，第二支队与日伪军交战达75次，令敌人损兵折将，对冯治纲更是闻风丧胆。日本关东军宪兵司令部哀叹："最难对付的是冯治纲部队，最活跃的也是冯治纲部队。"

1940年1月，按照北满省委关于开辟呼伦贝尔游击区的指示，冯治纲率抗联第六军教导队和十二团共120余名的骑兵部队深入布西、巴彦、阿荣旗一带开展抗日游击活动。2月4日傍晚，他率部队到阿荣旗三岔河上游的任家窝棚屯后一座无名山附近发现敌情，他命令王钧带领部队做好战斗准备，自己与警卫员裴海峰到南山坡观察敌情。与一批日伪军遭遇，两人当即用驳壳枪射击，裴海峰受伤，冯治纲拾起小裴的枪打死很多日伪军。因日伪军两侧行动，另一侧日伪军已占据有利地势，他向日伪军甩出两颗手榴弹，迅速向王钧所在地方靠拢，不幸被树枝刮下战马中弹壮烈牺牲。他是东北抗联在内蒙古抗日战场上牺牲的最高指挥员，被列入民政部第二批著名抗日英烈名录。

血债要用血来偿　3月中旬，第三路军三支队在王明贵、王钧率领下，攻占克山北兴镇，击毙伪自卫团长，缴枪60余支。3月10日，第三路军直属部队40余人在讷河车站等地袭击日伪军。5月21日，第三支队突袭嫩江四站伪警察署及驻守伪军，俘敌30人，缴步枪27支。本月，第三支队70余人夜袭嫩江沐河镇伪警察大队，俘敌45人，缴步枪40支、手枪5支、轻机枪1挺、弹药5 000发及其他军需品等。6月7日，第三支队袭击嫩江大椅山满拓建筑工地，俘日本工头3人，解放劳工167名。7月15日，第三路军九支队在克山县杜保董村击溃伪军200多人，击毙日本参事官以下18人。8月一夜晚，第三支队悄悄摸进讷南警察署，30多名伪军警被俘。同年，第九支队一部在参谋长郭铁坚率领下，于8月28日从讷河越过嫩江至阿荣旗一带活动。

攻破重镇拉哈街　9月11日拂晓，王钧率第三支队七大队隐蔽在拉哈街外玉米地，侦察员潜入街内侦察敌兵力部署，准备夜攻拉哈街。

入夜，王钧率30余名战士进入拉哈街，攻打日军警备队和古川洋行，七大队队长白福厚率30多名战士攻打警察署。王钧率队直奔警备队，打掉哨兵消灭了冲出来的日军，用火力压住警备队日军，分兵进攻古川洋行。毙伤日军10名，攻克并焚烧了洋行，缴获大量枪支弹药及军需品。警察署日军用机枪封锁大门，白福厚率战士隔着堡墙向内扔手榴弹，趁烟雾机枪手攀人梯登上墙头，向院内敌人猛烈扫射，压住敌人的机枪火力。战士们趁机冲入院内，敌四处逃窜。这时，王钧发出撤出战斗的信号，战士们又向敌人投过几颗手榴弹，翻出墙外。

此战，打死日军第五十联队六十中队曹长官以下十余人。

铁军王钧敌胆寒　在讷嫩平原的抗日战场上，提起东北抗联第六军十二团政治部主任王钧，可谓如雷贯耳，妇孺皆知。王钧，1914年生于黑龙江省汤原县一贫苦农家。他率抗联第十二团纵横讷嫩平原，屡次挫败敌人的"围剿"与"讨伐"，被群众誉为"英雄的十二团""打不败的铁军"。

1939年春，王钧率抗联在讷河的茂山、保安、宽余等密林深处建了多处密营，仅宽余密林就搭建简易窝棚3处，以此在讷河五区进行抗日游击活动。他率第六军十二团先后伏击田家船口，攻克讷河县城，奇袭克山县，炸毁嫩江飞机场等，从而稳固地建立了北安、德都、讷河、嫩江、克东、克山、拜泉、富裕、依安等游击区。在讷谟尔河两岸利用青纱帐声东击西地打击敌人，令日伪军闻风丧胆。5月初，他率抗联第十二团不费一枪一弹，捣毁了三合屯伪警察中队部；袭击了嫩江机场，炸毁日军飞机12架，支援了诺门坎战役。9月，三战三马架令敌人损失惨重；将官幌店、九井等警察分驻所和伪军自卫团全部缴械。10月，抗联进入冬季平原游击战阶段，诸如唐火犁伏击战、火烧于诱敌上钩、讷南生俘伪军警、焚毁日本古川洋行、击毙日军曹长官岛悦、夜袭克山县、烧毁日军后方大量作战物资等，令敌大本营焦头烂额，顾此失彼。

王钧率抗联第三支队在北安、讷河、克山、呼伦贝尔等地同日伪军多次战斗，击毙日军少将两名，在东北抗战史中绝无仅有，被授予"朱可夫"国际勋章。

奇袭重城克山县　克山县与讷河相接壤，是日伪军事重地，也是著名的伪满洲模范县。1940年4月底，李兆麟决定由第三支队智取克山县，戳穿其"不可战胜"的神话。

5月下旬，第三支队队长王明贵请讷河中心县委协办两件事。部队定于8月下旬从讷河渡河，需解决船只和船工；侦察克山县内敌兵力部署等军事情报。在克山平安电影院以看场照座为掩护的小林接此侦察任务，与影院的姜树凯、袁庆云、张思明等抗救会会员，利用职业掩护将克山西大营、伪县公署敌军事部署等摸得一清二楚。克山县城总兵力达千余人。城墙一丈多高，护城壕深宽各八尺。伪县公署设围墙、电网和炮台，大门口用沙袋筑起一人多高的工事。8月下旬一夜晚，部队如约来倭都台秘密联络点大榆树下与讷河中心县委取得联系。中心县委已备好船只和船工，讷河抗日先锋队30余人随抗联部队利用两个晚上渡过讷谟尔河，配合此次行动。按照作战方案，9月下旬攻打克山县城。王明贵与王钧带部队在北兴、讷河、拉哈等地袭扰敌据点，迷惑敌人，最终调动敌人出城分兵多处"围剿"，还把据守克山的日伪军调出四五百人到山区"讨伐"。9月中旬，部队秘密来到北兴镇侯家屯，与再次来部队的讷河中心县委同志确定了行军路线及隐蔽地点。21日晚，路过此地的第三路军政委冯仲云与九支队也加入了此战。冯仲云为攻城总指挥，王明贵担任攻城军事指挥。22日夜，第三、九支队共200余人由小林做向导直奔克山，于25日拂晓前到达距克山县城七里处的高粱地隐蔽待命。王明贵又派小林与一名抗联干部进城侦察，以防城内敌情有变。黄昏回报：敌情未变，一切正常。部队按作战计划向县城进军，趁着夜色的掩护从城西北角缺口进入城内至北二道街十字路口。第九支队队长边凤祥、政委高禹民率队沿着大街直奔伪军团部。两名抗联侦察兵出其不意制服哨兵后，边凤祥率战士们冲入伪军团部大院和营房，敌人目瞪口呆，束手就擒。边凤祥命令打开仓库搬运武器弹药，机枪班留守伪军团部门前。第三支队参谋长王钧、七大队中队长任德福带领一个中队冲进十字街中央炮台，将十多个伪军全部缴械，架起机枪，静候前来增援敌人。第三支队队长王明贵、七大队队长白福厚率七大队由伪职员带路来到伪县公署后门突袭。王明贵指挥战士们搭人梯攀上高墙剪断电网，架起机枪掩护战士跃过院墙，冲向伪警察学校宿舍。敌人慌忙向屋外射击，冲在前面的娄司务长不幸牺牲。战士梁成玉、王福臣当即以手榴弹回击，抗联轻重武器一齐开火压住敌人的火力，迫使院内敌人一窝蜂地向前院逃窜。战斗中，白福厚一枪击毙了日本警长依田准，缴获手枪、战刀各一把。第三支队仅用20多分钟就占领伪县公署。王钧带领部分战士砸开银行，收缴了一些伪币；与王明贵带人攻占了伪县监狱，200多人获得自由，百余人参加了抗联。西大营伪军几次出来增援，均被抗联用机枪给打了回去。日本守备队出动满满两汽车士兵前来增援，行驶距伪团部20多米处，遭埋伏于此的第九支队机枪班的猛烈阻击，敌机枪射手被打死，死伤多人，转攻中央炮台，也被等候战士用机枪击退。日军指挥官命令下车反扑，当距中央炮台10多米处，抗联机枪、步枪一齐开火，日军丢下死尸逃了回去。在任德福带机枪班掩护下，大部队从县城东门顺利出城返回基地。

此役，日军损失惨重，守备队增援的日军大部被打死打伤，击毙1名日本警长，伪警察死伤20多人，俘虏伪军100多人，击毁汽车3辆，缴获迫击炮4门及大量武器弹药，重创了日伪守军，扩大了抗联影响力，成为震惊日伪、闻名东北的典型战例。

孤胆英雄史化鹏 1935年8月，年仅13岁来自黑龙江省汤原县曹家窝堡农家子弟的史化鹏，毅然参加了抗日游击队；1937年成为抗联第六军二师少年连战士；1939年编入第三路军三支队，人称"孤胆英雄""铁孩子"。

1939年初，王钧了解到日军在诺门罕前线全靠飞机运水，决定炸毁嫩江一号机场。派侦察排排长史化鹏通过讷河中心县委设在嫩江联络站负责人王恩荣的协助，以劳工身份打入机场，摸清敌情做内应。混进机场做劳工的他，因干活十分卖力很快被委任为小队长，借机迅速摸清了机场基本情况。为获取详细情报，他装成疯子跳进井旁臭水坑里滚来滚去，躲过了警察搜查，疯疯癫癫地跑进了飞机场，日伪军见状一个个捂着鼻子离他老远，他就机场跑了个遍，摸清其全部情况。将情报通过王恩荣火速传递到部队。战斗打响前，他带领两名已加入抗救会的劳工干掉哨兵，切断电话线，赶到机场东壕外向等候的王钧报告了战前准备情况。战斗打响后，他带领一个班迅速包围了日军守备中队营房，消灭了营房内30名日军。又带几名爆破手炸毁了机场飞机，全歼其守敌。

转年2月的一天，抗联第三支队在阿荣旗三岔河一带与日军作战，史化鹏的马被敌机枪打倒，人也负了伤。迎面又冲上来骑马督战的日军官，举着战刀恶狠狠地朝他头上劈来，他顺势从敌人马肚子底下滚过。日军官恼羞成怒地再劈第二刀，眼疾手更快的他顺过马枪，一枪将其击毙。旁边敌人见状端着刺刀冲上来，他纵身跳上日军官的战马，飞也似的追赶队伍去了。8月，他给嫩江泥鳅口子车站送木炭时，把10多根火柴和沾上汽油的棉花缠在一起放在一个草包里，趁日军不注意将其点着埋在炭堆里，燃起的熊熊大火将日军积存了几年用来制造炸药的木炭烧个精光。1941年3月，他应招修嫩江3号飞机场，睡觉时故意把豆油灯靠近席棚子着了火，他趁救火之机把装有重要物资仓库点着了，把该机场烧得一干二净。1943年春，在讷河西庄与从关内来东北从事地下抗日工作的甄玉山秘密开展抗日活动，鼓动农民藏粮食、抵制粮谷出荷、逃避抓劳工当国兵等。日军投降前夕，他到讷河火车站趁日军休息间隙，对停在站内日军用列车进行破坏，用新买舀猪食铁勺子从路基上舀沙子把火车头右侧所有车轮子大轴上全部灌满，致使火车开动不久被迫停在下一站就再也动弹不得了。

家乡英雄马广荣　马广荣是讷河老莱村褚家窑屯人。1939年春，东北抗联在讷河五区进行抗日游击活动，他毅然参加了抗联第六军十二团当战士。他曾参加唐火犁阻击战、火烧于伏击战、夜袭克山县等重要战斗，作战勇敢，足智多谋，身经百战，功勋卓著。

10月，在唐火犁阻击战中，他与另两名战士坚守距敌不足百米的场院里，打退了日军第一次进攻，日军死伤七个，两名战友相继牺牲。他拿来战友的枪和子弹一口气把冲在最前面的几个日军撂倒，王钧率战士及时包抄上来与马广荣里应外合将其全歼。他随部队先后在北兴镇等地多次同日伪军交手。12月，随部队进入呼伦贝尔开辟抗日游击区。1940年2月，他在阿荣旗忍着双臂受伤的剧痛，奋力甩掉敌追兵，追赶上了部队。4月的一天，抗联得知四站（科洛）驻的一个团伪军大部分外出"讨伐"，决定摧毁这个敌堡垒。部队派马广荣组成冲锋队开路，他与队员们用毯子、麻袋铺到敌营外铁丝网趴在上面，战友们从其身上踏过快速冲入敌营。敌人借助营房负隅顽抗，马广荣从战士们点着的木桦子堆中拿起一块燃烧的木桦子，冒着弹雨从营房窗户扔进屋里，战士们也纷纷往屋里扔燃烧的木桦子，大部分敌人葬身火海。10月，部队在阿荣旗鸡冠山西南白桦林与日军大队人马遭遇，抗联边打边撤。他与战友抓住两个掉队敌兵，缴一挺歪把子机枪。转年9月，他调入第九支队并随队过江到莫旗配合三支队开辟新的抗日游击区。在郭尼屯突围中，马广荣等12人突出重围在阿荣旗等地坚持游击活动。1944年春，他与幸存的5名抗联战友过江穿越讷河寻找抗联指挥部被敌发现，讷河群众冒险相救，最终找到了大部队。

讷河民众在觉醒　北满省委派优秀干部来讷河领导民众抗战，讷河中心县委也播下了革命火种，尤其东北抗联在极其险恶的环境下仍坚持抗战到底的精神，深深地感染了讷河广大群众，激发了人们同日伪统治者抗争的决心。1941年5月中旬，抗联第三路军三支队在五大连池附近消灭讷河伪军一部，击毙伪军连长和日本指导官等18人，缴枪15支。7月，第三支队进入大兴安岭，王明贵等与当地鄂伦春族首领盖山等结拜为兄弟共同抗日。不久，攻克博克图附近日伪怡合公司，缴获粮食数万斤。8月，第三支队袭击阿荣旗威震警察署，毙敌3人，缴枪11支、子弹千余发、伪币3 300余元。敌人十分恐惧，于1944年2月在讷河五区进行了第三次大逮捕，60余名爱国群众被捕入狱，6人被枪杀或刑讯致死，余者皆判刑。面对这血腥镇压，不屈的讷河人民没有被吓倒。同年秋，日军森工队到通南村兔子沟屯残酷拷打农民逼交出荷粮。村民们奋起反抗，当场打死日军森工队队员1名。

四、讷河与东北人民迎来抗战胜利

1945年8月8日，苏联对日宣战。9日，苏联红军分三路对日本关东军发起进攻，东北抗联派出兵力配合苏军作战。同日，毛泽东发表声明，号召中国人民和一切抗日力量进行全国规模的反攻，配合苏联作战。

15日，日本宣布无条件投降。18日，日本关东军司令官山田乙三正式下达日军停止战斗行动的命令。苏联红军于19日进驻讷河县城建立卫戍司令部，实行军事管制。长达14年的抗战以中国人民的胜利而告终。东北抗联与人民群众前赴后继、不屈不挠的艰苦斗争事迹永存史册。

第四节　组建以讷河为中心的省委特别支部，播撒抗日火种

一、中国共产党在讷河的早期活动

1938年初，日军对东北抗日根据地开始了疯狂"围剿"与"扫荡"。3月，北满临时省委所属的哈东特委、下江特委等相继遭到严重破坏，地方党组织几乎全部瘫痪。6月，北满临时省委在通河召开第八次常委会议，决定组织北满抗联第三、六、九、十一军分批西征，在日伪统治相对薄弱的讷河、嫩江平原地区开辟新的抗日游击区，建立新的游击根据地。9月开始，北满抗联第三军八团、第六军十二团从汤原出发西征。转年初，冯治纲率第六军十二团到达讷河、嫩江一带，开辟新的游击区。

根据东北抗战发展的需要，随抗联部队西征的原下江特委宣传部部长方冰玉、指导员欧某，偕战士小林按照北满临时省委负责人李兆麟的指示分别来到讷河、嫩江等地为开辟新的根据地铺路。方冰玉带领小林来到讷河五区，与东部山区天字十九号甲长赵连贵结拜为兄弟，结识了三马架自卫团团长张英，通过他们辗转到倭都台富有爱国思想的伪村长周介臣家。善于敌后斗争的方冰玉让小林化名王树民，认周介臣为义父，吃住在周家。方冰玉化名李相坤，利用周介臣的社会关系到讷河城里、三合屯、头站等地，秘密宣传党的抗日救国主张，联络爱国群众酝酿组织抗日救国会、青年救国军和妇女救国会等群众组织，扩大活动范围。小林利用其干爹的身份，加之自己又是十四五岁的孩子，不易引起敌人的注意，向贫苦农民做了很多抗日宣传工作，播下了抗日救国的种子，给下一步开展党的工作奠定了基础。

二、中共北满省委特别支部诞生于讷河

在艰苦的抗日斗争环境中，有组织有领导地开展党的工作，是北满临时省委负责人李兆麟派干部到地方开展工作的初衷。1939年1月28日，北满临时省委召开第九次常委会议，确定了在讷嫩平原开展游击战，重建根据地的方针。2月，在九井头站建立中共北满临时省委特别支部，欧某任组织部部长，方冰玉任宣传部部长，归北满临时省委直接领导。方冰玉与小林按照北满临时省委指示在讷河秘密开展党的工作。仅3个多月时间，他们先后在天字十九号、倭都台、三马架、头站等地发展10余名抗救会会员，并分别在倭都台、头站成立讷河县抗日救国会，在头站成立妇女救国会，配合抗救会进行抗日活动。讷河初步建起了群众抗日组织，开创了抗日斗争新局面，为日后讷河中心县委的工作铺平了道路。

第五节　建立中共讷河中心县委，领导周边县区的抗日斗争

一、中共讷河中心县委的建立

1939年春，冯治纲将北满临时省委讷河特支的工作情况向北满临时省委作了汇报。北满省委于6月陆续派熟悉地方工作的抗联第三路军六军二师政治部主任尹子魁及六军十二团团长耿殿君、连指导员王恩荣来讷河，与方冰玉共同筹建讷河中心县委。

尹子魁在天字十九号甲长赵连贵家与方冰玉接头，将李兆麟亲笔指示信面交方冰玉。当时，方冰玉在县城西的任家粉坊屯利用开杂货铺掩护地下工作。白天卖货，晚上走家串户组织和发动群众积极抗日，小林负责联络工作。尹子魁接手杂货铺作为地

下党的中心联络站。充分依托杂货铺这一平台，与该屯铁匠李永来、农民杜庆海、赵凤江等10人以结义兄弟为掩护来发展抗日积极分子。讷河境内的倭都台、头站和克山北兴镇等地的抗救会组织发展迅速，并组建了青年救国军这一地方武装。8月，北满省委任命尹子魁为讷河中心县委书记，方冰玉为宣传部部长，欧某为组织部部长，中心县委机关设在任家粉坊屯，受北满省委直接领导。主要任务是秘密发展党的组织，宣传党的抗日政策，号召各阶层民众团结一致与日军作斗争。以讷河为中心，领导德都、克山、嫩江、甘南、依安和布西（内蒙古）、洮南（吉林）等地的抗日斗争。

二、中共讷河中心县委的主要活动

为了进一步指导讷河中心县委的工作，中共北满省委特派员、中共下江特委书记高禹民，于1939年10月28日、11月1日和21日先后致信讷河中心县委。指出要依靠群众，把所有先进人士都团结在我党的周围；加强妇女和青年工作；加强交通联络工作，保持集体领导的优良作风；配合抗联部队在讷嫩地区的活动，争取抗战早日胜利。其中10月28日信中指示：加强宣传、鼓动工作，组织广大群众拥护抗日联军，响应全国抗战；广泛武装群众，组织秘密的抗日农民军自卫队；打进"满军"，建立秘密组织；开展党的工作，培养地方干部尤其青年干部，加强与队伍的工作联系和上级的交通关系。同年11月1日，抗联朝鲜族女战士陈静山带着高禹民给讷河中心县委的指示信来讷河工作，按照省委指示，陈静山与尹子魁假扮夫妻，后经组织批准结婚，留在杂货铺，负责中心县委与省委及抗联部队的联系。同月，中心县委接到李兆麟指示信，对中心县委工作具体作出如下部署：在抗救会会员中发展候补党员；以抗日救国军为骨干组织和武装群众，广泛开展抗日游击活动；动员群众参加抗联；扩大抗救会的力量，不分民族只要同情抗日即可发展；中心县委成立日期尚浅，应积极扩大势力范围；工作要慎重，特别对日满密探的监视不可忽略。

按照北满临时省委的指示，讷河中心县委任命小林为青年部部长，陈静山为妇女部部长，进一步加强了本县的青年与妇女工作。并主要做了六项工作：

一是积极做好党员发展工作。1939年8月，在倭都台、头站发展周明禄、刘纯为中共党员。转年2月，头站抗救会会员吴仲祥被发展为中共党员；4月，方冰玉在克山平安电影院秘密发展小林为中共党员。此后发展的党员还有王子升、王海楼、孙大林、安志福等。

二是建立15个秘密联络站。其分布于讷河县天字十九号、天字二十号、前后倭都台、九井头站、孙地房子、拉哈街、李家窝堡、育才学校、东门里车站；克山县北兴镇、三义和成衣铺、平安电影院；泰安镇东理发店；布西县城杂货铺；洮南县北门外米云伦家。联络站实行单线联系。讷河与克山的联络，由北兴镇联络站魏秉臣（公开身份是伪警察）负责；甘南与布西的联络，由九井头站刘纯、吴仲祥负责；讷河与洮南的联络，由在米云伦家魏廷德负责。1940年9月，方冰玉在北兴镇建立克北工作委员会，小林为会长，魏秉臣、杨景山为会员。克北工作委员会实为党的秘密工作站，小林负责克山县与北兴镇的联络。

三是成立群众抗日组织。讷河中心县委成立之前，方冰玉就在倭都台、头站组织成立抗救会。随着抗救会会员的不断增加，分布也越来越广。1939年10月，方冰玉在克山成立三义和成衣铺联络站，发展两名抗救会会员。转年春，小林在克山平安电影院发展姜树凯、袁庆云、张思明3人为抗救会会员；9月，抗救会会员发展到百余人，推选周明禄为会长，刘纯、吴仲祥为副会长。抗救会向群众宣传反满抗日思想，为抗联筹集给养、搜集情报、带路、掩护抗联部队、锄奸除特等做了大量工作，仅一年左右铲除汉奸特务11人。1939年8月，在讷河五区和克山北兴镇组建青年救国军。设1个中队、3个分队、9个小队，共50多名队员，孙长山任中队长，谭德福任指导员，刘海峰、孙二、刘玉芳任分队长。主要任务是为抗联输送兵员、救护伤员、运送给养、带路送信、侦察敌情、反奸除霸，并配合抗联作战，随时打击日寇及其走狗。9月，中心县委与抗联第六军十二团，在讷河四区托拉苏屯将这支地方武装改建为讷河人民抗日先锋队，编成抗联一个分队，全部配齐枪支弹药，刘景阳任队长，配合抗联第六军十二团活动，成为讷河县第一支成建制的地方抗日武装。1939年夏，在头站成立妇救会，由刘纯负责，发展3名会员。其任务是宣传党的抗日主张，为抗联做军鞋、缝军衣、站岗、放哨，配合抗救会支援抗联部队。6月，小林还在九井头站抗救会会员吴仲祥执教的私塾里，将栾士昌、卢永珍等5名学生组织成立儿童团，搞演讲、学唱爱国歌曲，帮助抗救会印发抗日宣传材料等。

四是加强反满抗日宣传。1940年6月，方冰玉带领抗日先锋队队长刘景阳等5人包抄伪保安村公所，缴获一台油印机，在头站刘纯家建立秘密印刷点。先后翻印了北满省委印发的《中国人民解放的道路》《告北满各界同胞书》等300余份，交给抗联第三支队队长王明贵。方冰玉还多次带领吴仲祥、刘忠卿和刘恒新在刘纯家刻钢板、搞印刷，翻印了大量文件、传单和标语等，由抗联和抗救会秘密散发到讷河、克山、依安等县，激发了当地民众的抗日热情。

五是配合抗联部队开展游击战。1939年9月18日，配合抗联部队取得攻克讷河城的重大胜利。为全力配合抗联此次行动，方冰玉9月初亲赴察拉巴旗山向抗联汇报县城日伪军警的兵力部署情况，地下交通员魏永久数次进城将敌情摸得一清二楚，绘制了县城准确简易地图与进攻路线图。战斗打响后，魏永久等带路，讷河抗日先锋队首次参战表现不俗。转年9月25日，配合抗联第三、九支队夜袭克山县。战前，讷河中心县委予以积极协助配合。派机智果敢的小林负责侦察克山县城内敌兵力部署、重要机关、监狱、银行等情况，帮助攻城部队确定隐蔽地点、攻城路线等。讷河抗救会准备船只于夜间将抗联部队摆渡过河。抗日先锋队也随部队过河配合行动。战斗中派人做向导，引导部队分路进攻城内各要点，胜利攻破克山县城。此战，讷河中心县委做出了重要贡献。

六是分化瓦解敌人。1940年秋，方冰玉得知抗救会会员路环加妻表弟王增生在伪讷河青年训练所当助教，是个有抗日救国愿望的青年人。10月，方冰玉和王增生在五区一大车店里相遇，经争取王增生表示拥护抗日，决心参加革命。王增生在敌内部向黄醒、陈士悦做了反满抗日的争取工作。12月，王增生与黄醒、陈士悦被捕，黄、陈不久释放，王被判刑，日本投降后出狱；中心县委布置候补党员刘纯通过在伪军的侄子刘忠孝做伪军反正工作未果。

抗日先锋队成抗战生力军　1939年的国耻日前夕，刚改建的讷河人民抗日先锋队接到讷河中心县委的指示，配合抗联攻打讷河县城，其任务是拿下伪警察训练所。18日晚，先锋队队长刘景阳带领全体队员，趁夜色迅速包围了进攻目标。派一名队员缴了敌哨兵的枪，紧接着刘景阳带领大家冲进伪警察训练所，击毙日本指挥官等日军4人、汉奸3人，俘虏伪警察数十人，缴获一批枪支弹药和军用物资。

先锋队初次配合抗联部队作战，临危不惧，机智勇敢，胜利地完成了战斗任务，锻炼了年轻队伍，积累了战斗经验。之后的唐火犁阻击战、智取克山县、维护水上交通线和锄奸除特等，均出色地完成了任务。一秋夜，中心县委宣传部部长方冰玉和刘景阳带领几名先锋队队员，趁夜幕来到五区友好屯给日伪军通风报信的吴大赖住的三间草房门前，谎称是龙河警察署的人把吴大赖抓住，逼他带路到屯西头特务王林家绑上王林，押着两人至屯外处死。秋季，日军为割断抗联的水上交通线，将两岸船只全部烧毁。先锋队为送抗联部队过河，接连几个夜晚隐蔽在芦苇丛中，赶制7只小船，将百余名抗联战士分批送过河。

经战火洗礼的先锋队迅速成长壮大并具备了良好的战斗素质，被编入抗联部队转战松嫩大地，走上了抗日主战场。

智勇双全的交通员魏永久　1938年，讷河五区成为讷嫩平原的重要抗日游击根据地。本区的魏家屯地处山边，地形复杂，抗联部队经常到这一带活动。该屯贫困农民后生年方29岁的魏永久，在极其艰苦的抗日斗争环境下倾力为抗联勤奋工作，被发展为抗日先锋队队员，并任地下交通员。他曾多次掩护地下工作者，深入敌营侦察，时常孤身进入县城，为抗联部队购置急需物资等。

转年8月，抗联第三路军决定在9月18日这天攻打讷河县城，以雪耻扬威，并派抗联副官段景阳与魏永久进城侦察。魏永久扮成绅士模样，段副官扮作仆人，进入戒备森严的讷河县城。与地下中心县委书记尹子魁等取得联系获悉，9月18日这天晚上，日本人要为庆祝"胜利"举行酒宴，大部分伪军放假，北大营兵力不足一个营；绘制了一份准确的地图。情况已明，二人随即返回抗联驻地。冯治纲、王钧根据魏永久二人带回的可靠情报和进攻路线图，制定了周密作战方案。9月18日晚，抗联部队按攻击目标分头行动。其中，王钧率第六军十二团、讷河抗日先锋队由魏永久亲自带路进攻城里。进攻部队一举攻克讷河，战果显赫。抗联第六军军长张寿篯（李兆麟化名）为魏永久记大功一次，通报全军嘉奖。

心系抗联的摆渡人巴嘎布　1938年春，西征至朝阳山区的东北抗联以此为根据地，经常渡过讷谟尔河开展游击战。几个渡口的摆渡人都心向抗联，达斡尔族人巴嘎布，就是其中一位。

1939年以来，他经常摆渡抗联部队，积极为抗日出力。深秋一天，王钧率抗联十二团百余名战士，遭数倍于己的日伪军三面包围，被讷谟尔河拦住了退路。在这紧急关头，巴嘎布把部队领到一个水浅的渡口处，跳进齐腰深河中，手绰船杆破冰，把战士们引渡过大河脱险。此事后，日本守备队侦察到巴嘎布经常为抗联战士摆渡，便把他抓到警察署逼讯。巴嘎布佯说抗联用枪逼着他，不给摆渡不行。敌人只好将他放了，但要其回去后在河边堆放一堆柴火，遇到抗联过河时，就点火为号通知警察署，巴嘎布满口答应。回去后，巴嘎布将此情况报告给王钧，王钧决定将计就计，用调虎离山的办法给敌人以打击。一天夜里，巴嘎布点燃了河边草堆，敌人见到火光，以为是巴嘎布通知有抗联部队过河，便倾巢出动前来堵击。此时，部队乘虚而入，一举拿下北兴镇，缴获许多战利品。日伪军被骗上当吃了大亏，恼羞成怒，把巴嘎布抓进伪警察署严刑拷打，巴嘎布几次昏死过去。敌人以为他已死了便扔出城外了事。亲友们收尸时，发现他尚有气息，便抬回家去治愈又获重生，继续为抗日出力。

胆大心细的周明禄　龙河倭都台30岁的周明禄人称"周大干"，1939年3月首个报名参加抗救会，8月入党成为骨干，开启了他抗日传奇之旅。

腊月一天晌午，周大干去龙河打探敌情回村路上，被窜出的两个特务截住，逼其跟他们走一趟。周大干请两位到家喝几盅再跟他们走。他前脚刚迈进屋门槛儿，就大声喊媳妇快去掂兑几个小菜，他哥仨好好喝几盅！周大嫂闻声来外屋一看，来者正是刚才来找丈夫那两个不怀好意之人，只好先笑着答应。周大干与两个特务一边在炕头唠闲磕儿一边寻找着下手机会。见媳妇端上四个小菜，拿擀面杖准备烙饼，便趁帮媳妇找酒的机会，伸手从柜子底角掏出一把"铁公鸡"，转身一步跨到炕前命令两个特务快举起手来！周大嫂顿时醒悟，抢起擀面杖朝两个特务后脑勺子"梆梆"两下子将其全打趴下。周大干与赶来的兄弟将其棉衣服扒下，分别反剪双手捆绑，拿毛巾堵上两个人嘴巴，再用炕席把两个特务各自卷起捆好，大头朝下撮在外面仓房里。第二天一大早，周大干套上马爬犁，把卷着两个冻成僵尸的特务炕席卷用棉大衣盖好，拉到讷谟尔河塞进了冰窟窿里。同年秋，他扮成泥瓦匠到北兴镇，执行除掉警察所"杨二故懂"的任务。"杨二故懂"与其姨丈母娘家寡妇小姨子绰号"大白梨"非常近乎。周大干打听到了"大白梨"住处，以修炕为名将其屋里屋外摸得清清楚楚。两天后的夜晚，"杨二故懂"借着酒劲儿来找"大白梨"，被周大干用一条小细绳儿勒死在房门口。转年夏季，周大干去克山执行任务途中被日伪军捉去，还有八九个青壮年一同被押往县城当劳工。路上途经路旁一大片又高又绿的苞米地时，他猛地将看押的伪军撞得鼻孔窜血、眼冒金花，趁机钻进苞米地脱了险。

机智勇敢的好会员李青山 讷河五区天字十九号抗救会会员李青山，小小的个子，为人憨厚老实，虽已40来岁，抗日积极性却非常高。

1939年秋，为扩大抗日队伍，抗联决定在讷河五区吸收一批有志青年入伍，第三路军六军十二团团长耿殿君将此重任交给了李青山。按其应招要求，李青山在屯里暗中精心挑选了几个青壮年。这些爱国青年早就对小鬼子恨之入骨，听罢他们平日里非常信任并尊敬的李青山悄悄说的此事后，纷纷表达了非常愿意参加抗联打鬼子的决心。次日深夜，李青山将他们安全地送到了倭都台的抗联部队。陆续选送了17名优秀青壮年加入抗联的队伍。

8月中旬的一天，冯治纲找到李青山，说部队要打讷南警察署和九井警察分所急需枪支。隐蔽在倭都台的部队战斗打响前不能暴露，想托他把藏在城北屯砖窑的枪支给运到倭都台。李青山表示一定完成任务。从城北屯砖窑奔倭都台必经天字十九号，鬼子对这一带封锁得很严，还派"讨伐"队驻守。要想从敌人眼皮底下把枪支运走，难上加难。一阴雨连绵之夜，地下联络人史振举帮李青山把25支枪取出来捆成两捆，绑在从屯里借的一辆大轱辘车下面，车上放几捆青草，又铺上一条破被子，套上本屯赵连贵家的大白马直奔倭都台。雨天泥泞难走，到了天字十九号已半夜。两个哨兵听到李青山大声吆喝马声，一个立即拉枪栓，一个忙拿手电筒往李青山脸上照，追问他干什么去。李青山马上回答说家里有人病了，上龙河接先生。哨兵用刺刀挑了挑车上的棉被和青草，又见他个头小，以为是个孩子，也就放行了。鸡叫时辰，他将枪支如数运到了倭都台。

智斗密探的头站汉栾成海　栾成海是头站的抗日骨干。一天过晌，他家来了一自称克山县公署地政科科员，到此查看粮谷出荷契约签订情况。栾成海凭着做地下工作的特殊敏感，断定此人大有来头。决定先稳住他，再寻机探底。栾成海笑脸相迎，叫家人宰只鸡招待客人。起初，客人尚存戒备心理，栾成海带头端起酒杯一饮而尽，客人见状也把杯中酒干了。经栾成海一顿奉承，客人也放松下来，二人推杯换盏且放开了酒量，越喝越兴奋。饭后，栾成海和客人躺在炕上沉沉大睡。栾成海连打呼噜带打把式也没碰醒客人，便借机翻看了其衣兜里小本子又放回兜里。之后，栾成海上了趟厕所回来又睡。二人醒后，他挽留客人多待几天，客人忙说要赶回克山，求其给弄个车送一下。栾成海说明天屯有几个人要到克山看病，正好一起去。次日晨，方冰玉、刘纯、小林护送"病人"来栾家。栾成海套上二马车，众人上了车直奔克山。到了四处无人、长满榛柴棵子的张家店东南沟，方冰玉等处死了客人，从其身上搜出《特务证》，此人为克山县警务科密侦王国宾，小本子上将九井、北兴一带抗救会会员及爱国群众的名单几乎全记上了。

王国宾原伪北安省警务厅特搜班成员。他在抗联活动频繁的九井、北兴镇一带，探听到头站栾成海家有窝藏中共要员的嫌疑，见面后证实了他的推断。栾成海喝酒、醉酒、睡大觉全是做戏。发现笔记本内容后借上厕所之机，同住暗室的讷河中心县委领导人方冰玉会面，方冰玉决定将计就计除掉这个特务，才使两地抗日力量免遭了一场大灾难。

三、中共讷河中心县委被破坏

中共讷河中心县委的抗日活动有力地打击了日伪的反动统治，令其极大地仇视。1939年9月中旬，日伪统治者将龙河一带划为"匪区"，于10月至11月在龙河进行了大逮捕。抗救会会员和爱国群众80余人被捕，其中22人被杀害，余者皆被判刑。转年秋，日寇在讷嫩地区的扫荡越来越频繁，对敌斗争形势越来越严峻，引起省委的高度关注。同年8月，北满省委宣传部部长、抗联第三路军政委冯仲云在克山北兴镇西南的高粱地里，听取了讷河中心县委书记尹子魁和宣传部部长方冰玉的工作汇报。冯仲云指示要把讷河、德都、嫩江作为中心县委的工作重点区，大力发展党员。要在抗救会中组织肃反队，破坏日伪谍报网，以防组织遭到破坏。并拟定中心县委于10月派人去内蒙古巴彦旗搬运无线电台，建立省委对讷河工作的直接指导渠道。

　　10月，抗联部队攻打布西镇时，原第三路军九支队秘书尚连生叛变，密告了讷河中心县委的组织与活动情况。敌人立即纠集齐齐哈尔与北安宪兵队、讷河警察队等百余人，对中心县委成员和抗日爱国群众实行了大搜捕。11月11日，小林在克山北兴镇赵贵屯王发家被捕，押到克山。小林事先就将枪支隐藏起来，什么也不承认，敌人见他只是个十五六岁的孩子，也没抓到任何证据，且见其语气又很坚定，准备取保释放。带领北安日本宪兵队去讷河的尚连生途径克山，在其警务科发现了被关押的小林，密告了日寇。次日，敌人复对其严刑拷打，加之叛徒当面对质与威胁，小林最终供出中心县委主要负责人及联络站等情况。11月28日，中心县委书记尹子魁及妇女部部长陈静山被捕，又逮捕了周介臣等7人。12月8日，宣传部部长方冰玉在泰安镇被捕。日伪当局于12月20日，对讷河、克山两地中共党员、抗救会会员进行大逮捕，制造了"一二二〇大逮捕"事件，相继抓捕中共讷河中心县委成员、地下党员、抗救会会员及抗日群众180余人。1941年9月11日，尹子魁被残忍地绞死，方冰玉被秘密处死。区委书记迟万钧等6人被判无期徒刑，判10年以上有期徒刑33人，10年以下有期徒刑11人。1940年12月，中共讷河中心县委及所属各地抗救会遭到敌人的彻底破坏而停止了活动。

　　中共讷河中心县委从建立到遭到破坏仅一年零五个月。在当时极其艰苦的抗战环境中，在日伪残酷统治和双方实力悬殊形势下，讷河中心县委紧紧依靠北满省委的领导，秘密组织讷河、克山、德都、布西、嫩江、依安、洮南等县的人民，以各种形式积极开展抗日斗争，有力地支援和配合抗联部队的武装斗争，在伟大的抗日民族解放事业中所做出的贡献，将永远铭刻在人民心中。

第六节 老区讷河为民族解放大业建功勋

"九一八"事变后，日本关东军侵占中国东北，霸占家园，民族陷入危难之中。面对凶残的日本侵略者，英雄的讷河人民奋起反抗。他们在地方党组织的坚强领导下，不怕牺牲，前仆后继，积极抗击日寇，支援抗战，踊跃参军参战，争当先锋，以血肉之躯筑起民族脊梁，用生命与鲜血在讷河热土上谱写了一曲曲可歌可泣的英雄赞歌，为民族解放付出了巨大牺牲，做出了重要贡献，他们的名字将永远镌刻在历史的丰碑上。

一、老区讷河为东北抗战做出的贡献

1939年，冯治纲率抗联第六军十二团到达讷河、嫩江一带开辟新的游击区，协助建立中共讷河中心县委，讷河人民群众以及开明士绅，为保家卫国驱逐日寇，纷纷投入到这场波澜壮阔的全民族抗战之中。

为积极配合东北抗联及讷河中心县委的抗日斗争，讷河各界人民群众不分阶层、民族、党派，团结起来，有人出人，有钱出钱，有物出物，竭尽全力支援抗战。参加抗救会的爱国群众踊跃捐献枪支马匹，筹集军粮，除奸防特，搞武装斗争，给抗联部队送粮带路，掩护抗联部队转移等。参加妇救会的妇女姐妹们积极宣传抗日，为抗联战士做军鞋、缝军衣，配合抗救会支援抗联部队。参加儿童团的少年利用人小不易引起敌人注意的优势，深入敌占区搞侦察、摸敌情，承担放哨送信、传递情报等重任。在讷河境内，到处都有爱国群众支援抗战的身影。南有黄大娘冒死掩护于天放脱险；北有叶家父子二人抗日落入魔爪宁死不屈；西有赵凤江17岁参加革命光荣入党，与讷河中心县委书记成拜把兄弟；东有李珍临危不惧机智勇敢为抗联部队送棉衣；中有西门外车站联络员在敌伪统治中心为地下党组织及抗联传递情报。著名的攻克讷河城战斗，就有讷河地下党组织及爱国群众的功劳。在1939年的九一八国耻日之夜，攻克讷河城的前期侦察敌情、搜集情报就是由讷河地下党组织深入虎穴完成的，讷河抗日先锋队参加了这一重要战斗。1939年初，抗联部队西征进入讷河创建游击区初期，战事紧张，后勤又无保障，异常艰苦。当地老百姓得知后，纷纷将平时舍不得吃攒下的一点粮食都拿了出来，给抗联部队解决粮食饥荒。同年正月的一天，抗联第三军八团姜福荣团长带领部队来讷河五区姜殿阁屯，宣传抗联抗日主张，发动群众筹集军粮，当场筹集了500多斤粮食，附近挖堡子30多名青年当即加入了抗联队伍。后来，日军封锁越来越严，粮食送不出去，抗日群众就和抗联约好地点，将饭菜做好，假装给地里干活的送饭骗过敌人，送到指定地方。冬天抗联还穿着单衣，他们就几家合起伙来给抗联做棉衣。没有棉花，把自家被子拆了，想法儿让指战员们穿暖和了。当时中共讷河中心县委负责领导着周边县区的抗日斗争，涉及这些县区抗日活动、战事支援及情报搜集等活动。抗联奇袭克山前夕，讷河中心县委负责参战部队渡讷谟尔河的渡船和船工，负责侦察克山敌兵力部署、重要机关及监狱、银行等位置以及部队在城外隐蔽地点等。讷河抗救会会员给抗联部队送给养，为攻城部队提供后勤保障。讷河抗日先锋队随部队过河配合行动，成为地下党及抗联不可或缺的生力军。许多开明士绅地主也纷纷加入抗日行列。他们表面上为日本人做事，暗中帮抗联工作。讷河爱国群众数次冒险掩护抗联官兵的事儿广为流传。

临危不惧的烈属蔡大嫂　五区蔡家窝堡蔡大嫂的丈夫蔡文章，在给抗联送信返回途中被捕遭枪杀。蔡大嫂化悲痛为力量，继续抗日。

一天，抗联第六军十二团到距敌人驻扎三合屯仅3里地的蔡家窝堡。晚上，抗联岗哨不慎枪走火，部队马上撤至驻地后小山包上。次日，敌人进屯一看马蹄印和其他痕迹，断定抗联来过这里，集中全屯人拷问抗联去向。他们先对蔡大嫂下手，无论怎么逼问，蔡大嫂就是一言不发。特务头子气急败坏地命令狠狠地打，伪警察们用皮带拼命地抽打，边打边继续逼问，蔡大嫂浑身被打得青一块紫一块。任凭敌人皮带抽打，蔡大嫂仍一口咬定什么也不知道。敌人在蔡大嫂这儿一无所获，拷问屯里其他人也同样无果。敌人架起机枪威逼乡亲们，仍没一个人开口。日伪汉奸折腾了大半天也没问出抗联的去向，只好滚蛋了。蔡大嫂忍着剧痛和几个乡亲做好了饭菜，急忙赶着大轱辘车送到山上饿了一天一夜的抗联官兵。

不惧淫威的老支前李珍　孔国包家沟李珍在"外白内红"的叶甲长引导下，走上了革命道路。他不顾个人安危，常为抗联运粮食、送衣服、买东西等。

1939年11月的一天，叶甲长又把给部队送棉衣的任务交给李珍。一大早，李珍将10套棉衣捆成一大捆，用破毯子包上就出发了。约走了十六七里地，在山谷里遇一队骑马的伪警察。李珍一再解释是卖给山东屯跑腿窝棚的，伪警察硬说是给抗联送的，打了他好几个嘴巴，鲜血顺其嘴角流了出来。伪警察将李珍两手绑起来拴在马脖子上，向包家沟跑去。伪警察用鞭子抽打着马跑，一会儿李珍就昏了过去。伪警察到叶甲长家门前下了马，叶甲长赶忙出门迎接，看到一匹马后拖着一个人便猜到一定是李珍。伪警察到屋里把已醒的李珍吊起继续审问，李珍一口咬定是给跑腿窝棚送的。叶甲长忙拿出大烟、端上茶水："老总先歇歇，别跟这穷小子惹气。"并说罚他一下就再也不敢干了。边说边走到李珍跟前骂了几句，给李珍使了个眼色，表示没事了。叶甲长看这帮伪警察抽足了大烟凑上前为李珍说情，最后只罚了10份大烟。叶甲长边给李珍松绑边告诉他，罚10份大烟，由自己先给垫上，以后想办法还。并当着伪警察面儿警告其以后这些事儿少干点，别挣钱不要命。伪警察走后，叶甲长赶忙到李珍家看望，为他包扎伤口赞扬他有骨气。伤好后，将棉衣如数送到了抗联部队。

白皮红瓤的伪甲长助抗战　为做好抗战敌后工作，地下党积极争取那些在敌伪里干事儿，富有正义感的人士，暗中为地下党与抗联提供力所能及的帮助，他们是幕后隐蔽战线的抗日英雄。

讷河五区的赵连贵，是讷河中心县委天字十九号联络站联络人，也是该屯甲长，更是一位我党沉着老练的优秀地下工作者，并且成为抗联与地下党组织的得力助手。1939年6月的一天，讷河特别支部负责人方冰玉在赵连贵家，与北满临时省委派来的干部尹子魁秘密接头，为筹建讷河中心县委共同积极工作。他暗中为抗联、地下党传递情报，掩护抗联干部与地下党同志从事抗日活动。即使在中心县委遭到破坏停止工作仍信仰坚定，直至抗战胜利。

孔国包家沟叶甲长是个有民族尊严的爱国人士，他利用自己的特殊身份为地下党和抗联部队做了大量有益的工作，并帮乡亲们应付鬼子。1939年初，抗联部队到讷河五区开辟抗日游击区，叶甲长全力配合其开展抗日活动，使不少爱国青年与群众加入抗救会、青年救国军等群众抗日组织。秘密组织群众为抗联送物资、运给养、传信件，掩护抗联战士虎口脱险等。被大家誉为"白皮红瓤"的甲长。

众人掩护的七战士终脱险　1944年春，于1941年8月，从江沿郭尼屯上万日伪军包围圈突围出来的孙志远等7人，重返江东寻找指挥部，走到讷河五区包家沟被敌人发现，全屯的男女老少被日伪军逼着在荒野上拉大网，搜捕躲藏的抗联战士。讷河五区是抗联经常从事抗日活动的游击区，当地群众与抗联指战员结成了鱼水深情，十分痛恨日伪军警和汉奸特务们。被敌人强迫拉大网的群众，在一片柳条通里发现孙志远与6名抗联战士，大家不约而同地想尽快帮助其摆脱险境。一姓周的小伙子灵机一动，马上倒在旁边的泥坑子里弄了一身泥巴，随即站起来大声叫喊让大伙儿绕着走，这块有水泡子。众人心领神会，纷纷让开了一个豁口，孙志远与6名抗联战士得以在敌人的眼皮底下临危脱险，并最终找到了周保中、李兆麟率领的大部队，其携带的两挺机枪和其他武器装备均完好无损。老区讷河群众用机智、勇敢和真情保护了抗联战士们。

突遭追捕的李兆麟得民助　1939年冬的一天，李兆麟在讷河城东郊区进行抗日宣传活动时，被城里敌人发现，引来大批日伪军前来追捕。当地群众速将李兆麟藏在村屯边一处与坟丘相邻堆放粪肥的僻静之地，四周又用成块的牛粪伪装得不露一丝痕迹。敌人把整个村子一带翻了个遍，连个人影都没瞧见，只得垂头丧气地打道回府，李兆麟得以脱险。

勇救抗联的黄大娘　六区通南村张大坑屯的黄家大户黄大娘和二儿子黄荣海，暗地里救助牢门脱险的于天放，成为当地佳话。

1945年7月24日晚，从北安越狱左臂挂彩的于天放轻轻地敲响了黄家大门，黄大娘的二儿子黄荣海打开大门。于天放自我介绍，是日伪汉奸要抓的于天放，在庄稼地里躲了两天一宿。黄荣海听说他是抗联，忙让到屋里。黄大娘给他现做了饭菜让其吃饱，又为他伤口清腐敷上红伤药包扎好。黄荣海见于天放鞋子破得没法儿穿，把妻子给自己做的新鞋拿出来给于天放换了。于天放怕连累老乡，吃罢饭赶紧离去到高粱地躲避。在黄大娘、黄荣海等当地群众掩护下，于天放脱险，北上讷河。

二、为东北抗战捐躯的讷河爱国人士

在长达14年艰苦卓绝的抗战中，讷河老区民众在中共讷河中心县委的坚强领导下配合抗联作战，讷河成为周边县区的抗日中心。历经血与火的洗礼，涌现出尹子魁、刘耀庭、李万真等众多杰出的党的优秀干部和抗联指挥员及抗日英雄英烈，他们驱逐日本侵略者英勇献身，如同座座群雕矗立在黑土地上。他们是黑土地的脊梁，讷河人民的骄子。

民众抗日的领头人尹子魁　尹子魁，1909年出生于安东省大东沟石桥村卡伦营。1939年8月，抗联第三路军六军二师政治部主任尹子魁，被北满省委任命为中共讷河县委书记，与女战士陈静山假扮夫妻以开杂货铺为掩护开展党的工作，负责领导讷河及周边县区的抗日斗争。

尹子魁和方冰玉凭借丰富的地下工作经验，很快打开了工作局面。先后建立了15个秘密联络站，组建了讷河人民抗日先锋队、秘密锄奸团，成立了抗救会、妇救会、儿童团等群众抗日组织14个；处决特务、汉奸10余人；发展候补党员10余名。秘密为抗联提供可靠军事情报，配合部队攻克讷河县城；派侦察能手深入克山县侦获敌军情报，协助抗联取得夜袭克山县战斗的胜利；派讷河抗日先锋队配合抗联参加唐火犁阻击战等著名战斗，讷河抗日先锋队编入抗联。讷河及周边县区抗日活动如火如荼地开展。

1940年11月，因叛徒告密被捕惨遭杀害，时年32岁。尹子魁入编民政部第二批600名著名抗日英烈名录。

一心抗日的家族代表刘耀庭　东北抗战时期，讷河五区倭都台屯刘耀庭、刘景阳、刘树林爷仨先后投身于东北抗日队伍，至今传为美谈。

刘耀庭，16岁入东北军当文书、黄埔军校受训后任连长。"九一八"事变后，回倭都台被推为甲长，多次婉拒为日本人干事。李兆麟率抗联第六军部分战士在讷河一带活动，得知其经历后多次亲自登门做抗日动员工作。最终刘耀庭和弟弟刘景阳及自己的次子刘树林与村里20多名年轻人，于1939年春参加抗联，刘耀庭被任命为抗联第六军部副官，刘景阳被任命为抗日先锋队队长，刘树林被分配到第六军十二团一连当战士。刘耀庭家族两代三人参加抗联后其家庭遭了难，妻子被抓到县城殴打；长女在日伪监狱饱受折磨致精神分裂；三子顶替次子之名躲避日伪盘查。但丝毫未动摇他抗战的决心，与日伪多次战斗中，骁勇善战，有勇有谋，赢得了首长的信任，不久代理六军十二团团长，打了好几个漂亮仗。打九井警察分署，以摧枯拉朽之势取得胜利；三马架战斗，将伪军精锐孙强部打得溃不成军；土城沟遭遇战，借夜幕诱使日伪自己交上火，十二团顺利突围。

1939年9月7日，刘耀庭率队在唐火犁战斗中，冲锋时不幸中弹壮烈牺牲。这是一次硬仗，全歼日本守备队。16日，第六军军长张寿篯亲手签发《抗联第六军军部关于召开刘耀庭烈士追悼会的通令》。

宁死不屈的叶子群、叶永胜 一区姚家沟屯长叶子群与儿子父子二人经常为抗联带路、筹粮、做棉衣等，先后牺牲，被称为"叶家双烈士"。

1940年秋一清晨，在讷河一带活动的王钧带战士们到姚家沟附近山上。他得知该屯长叶子群从未欺压百姓，颇有正义感，决定让其给抗联弄点吃的。因屯里情况不明，派两名战士在上山路口观察情况。早饭后，屯里一妇女来山上挖野菜，两名战士亮明身份，待她回去时转告屯长，请他晚上送20人的饭来。妇女回去便告诉了叶屯长，叶屯长连忙吩咐家人做饭。晚上和儿子叶永胜把饭送到山上部队。转年春，他闻讯县北大营的伪军要搜山，忙派儿子上山送信，抗联部队及时转移，敌人扑个空。冬季，他又秘密供给抗联粮食、棉花、套袖等。

1942年8月，因有人告密入狱，受尽酷刑宁死未吐露抗联的秘密，以严重通匪国事犯判刑10年。年底身体不堪折磨，儿子叶永胜替父坐牢，出狱不到半年去世。叶永胜1944年死于狱中。解放后党和政府追认叶子群为革命烈士。

第七节　战火硝烟孕育出的革命精神薪火相传

讷河中心县委肩负着团结一切爱国的各界人士，同仇敌忾，支援抗战，积极配合抗联奋勇杀敌，共同抗击日本侵略者的历史使命。短短一年多时间，抗日的烽火燃遍讷嫩平原，有力地支援了诺门罕战役，为东北抗战的胜利做出了重要贡献。如今，讷河人民坚持继承革命传统，弘扬伟大的抗战精神、抗联精神和讷河精神，以习近平新时代中国特色社会主义思想为指针，在讷河市委的坚强领导下，不负使命，续写老区新篇章！

一、中共讷河中心县委领导的抗日斗争在东北抗战中的历史地位

在战火中诞生的中共讷河中心县委不辱使命，领导讷河及周边县区民众奋起抗击日军。先后在讷河、克山、泰安、布西、洮南等地建立了十几个秘密联络站，与周边县区的抗日组织形成了地下联络网。在讷河、克山等地成立了抗救会、妇救会、儿童团等群众抗日组织，成为抗联的坚强后盾。组建了地方武装讷河

人民抗日先锋队编入东北抗联。成立秘密锄奸团，铲除奸细、密探、狗腿子等10余人。积极扩大党的力量，先后发展候补党员11人。秘密印刷散发抗日宣传单等，鼓舞了当地及周边县区民众的抗日热情，讷嫩平原的抗日形势越来越好。

中共讷河中心县委坚持战斗在敌人白色恐怖的统治区，创造性地开展地下抗日工作，领导讷河人民抗日先锋队全力配合抗联，利用青纱帐、高山密林、江河沟汊等天然屏障，运用灵活机动的游击战术，令敌人处处挨打，惶惶不可终日。讷河中心县委成为周边县区反满抗日的领导核心。

二、党领导下的讷河抗日斗争在东北抗战中所起的作用

1939年1月，北满临时省委在讷河头站建立中共北满临时省委特别支部。8月，组建了中共讷河中心县委，影响力辐射整个讷嫩平原至松嫩平原西部，引起了日伪统治者的极度恐惧。日关东军宪兵司令官亲自发布镇压命令，齐齐哈尔宪兵队纠集大批日伪宪警特，于1940年秋先后两次对讷河县地下党组织、抗救会及爱国群众进行了大规模的逮捕镇压。1944年3月7日，龙江省警务厅特务科"特搜班"、齐齐哈尔警察局特务科50余人，分别对讷河县龙河、保安、九井实行了第三次大逮捕。"讷河事件"使中共北满省委在讷河的地下组织及抗救会组织受到严重破坏，抗日同胞惨遭屠杀。

在中共讷河中心县委的领导下，讷河民众为抗联开展灵活机动的游击战提供了重要保障，有效地牵制了日军东北三省的兵力，有力地支援了全国抗日战争，也为诺门罕战役的最后胜利做出了贡献。

东北老区人民配合东北抗联对日本侵略者作战

第三章 兵民合力剿匪保卫新生政权

日本投降后，国民党反动派网罗伪满残余旧军阀、地主土豪劣绅、地痞流氓等成立"光复军"这一反动武装，充当反共急先锋。一时间，社会沉渣泛起，土匪猖獗，反动武装四处骚扰，新生的革命政权和人民的生命财产受到严重威胁。在中国共产党领导下，讷河人民开展了大规模的剿匪斗争，取得了决定性胜利。巩固了新生的革命政权，确保了人民生命财产的安全和各项事业的发展。

第一节 迅速开展剿匪斗争

1945年8月，于天放从北安越狱成功，来讷河庆源药店与张绍华、周明禄接头，拟建讷河县临时党支部，决定开展反帝爱国宣传工作，筹建"民主大同盟"，后去嫩江。同时，东北抗联第三路军总司令部政治部在讷河建立，地址在北大街伪协和会会址。

8月8日，李兆麟所属王明贵领导下的17人嫩江省小组成员之一的任德福，于12日抵嫩江，同夏凤林、梁成玉3人小组负责接收讷嫩地区。9月上旬，任德福、梁成玉遵照东北抗联党委指示，协助宿野夫、张绍华等人组建民主大同盟讷河县本部，宿野夫为主任。主要任务是：宣传中国共产党的方针和政策，发动和组织群众消灭敌伪残余势力，建立人民武装和人民政权。下旬，讷河人民自卫军建立，任德福任司令员，隶属于嫩江省人民自卫军司令部领导。党中央非常关心讷河老区，从延安派遣干部金钟、张振勋等4人来讷河。根据嫩江省委和嫩江军区的指示，11月初将讷河人民自卫军改建为嫩江军区第二军分区，金钟任司令员，任德福任副司令员兼骑兵团团长，保卫讷河的胜利果实。上旬，建立讷河县民主联合政府，张振勋任县长。成立了县公安局，甄玉山任局长，张绍华任副局长。接收了电信局，梁成玉任局长。组建县妇女联合会，吴一光任主任。打击了反动势力，安定了社会秩序。

讷河县委、县政府根据1945年11月，中共中央东北局委员、北满分局书记兼北满军区政委陈云有关反霸除匪工作的要求，结合讷河匪患的严峻形势，成立了剿匪指挥部，制定了"放手发动群众，组织群众，武装自卫防匪，保卫秋收，反奸清算坏人，减租减息"的方针，发动和组织群众进行反霸除匪。县公安部门在全县各区建立侦查机构与情报点，侦察匪情，掌握土匪的活动规律，主动发现和打击敌人。同时，建立锄奸保卫组，开展秘密斗争。1947年，全县建立秘密锄奸保卫组188个，锄奸员306名；区、乡公安员163名。各区民兵配合区公安分队联防作战，站岗放哨，切断土匪与地方反动势力的联系。讷河县全面开展剿匪斗争从1946年初开始到9月大规模的剿匪斗争结束。年底，全县剿匪斗争大获全胜。

第二节　剿匪斗争的形式及重要战事

讷河县的剿匪斗争主要采取武装打击顽匪、政治瓦解土匪、彻底除掉匪根等形式，均收到了实效。

苏军援助退顽敌　国民党东北党务专员办事处讷河县党部书记尚其悦等人于1945年11月25日夜潜入县城，纠集"光复军"、土匪绺子、大刀会等千余人，分两路向县城进攻。嫩江军区第二军分区在金钟和任德福的指挥下顽强抗击。因军分区内有奸细，激战至27日晚7时许电话线被切断，与省军区失去联系。敌人多势众，任德福被俘，金钟率部被迫突围撤出县城。28日下午在苏军炮火的配合下，击溃敌伪残部，收复县城。

三次挫败"光复军"　1946年1月，活动在合江、龙江、嫩江的"先遣军"第九旅旅长刘山东与国民党"挺进军"一军副军长王乃康、嫩江地区司令关作舟、独立营营长孙云卿等，共聚集千余人攻进嫩江进犯讷河。嫩江军区即命王化一、宋康率警备一旅经两天两夜急行军，比敌人提前一个小时赶到讷河与第二军分区会合。刘山东、关作舟率众匪驻城外伺机进攻。天刚黑，第二军分区与援兵分两路迂回包抄刘山东匪帮，一举围剿歼敌近500人，缴获一批迫击炮及枪械。匪徒伤亡惨重，刘山东等残部逃往黑河。2月12日中午，"光复军"韩炳岐、李英纠集嫩江"光复军"关作舟部3 000余人再次进攻讷河县城，讷河第二军分区指战员沉着应战，从城内东、南、北三面击退敌人数次进攻，北面战斗最为激烈。次日，苏军步兵、炮兵及时增援。李英和关作舟部绝大部分被歼灭，李英只身逃跑，韩炳岐部只剩十几人南逃。第二军分区与苏军乘胜追击，将尚其悦、邢宪章、林喜春等余匪大部分消灭，残部逃往泰安。此战，20余名苏联红军战士牺牲。12月，讷河与嫩江民愤极大的王乃康逃至爱辉被活捉，300余匪被歼。12月21日被押回讷河，由第二军分区军法处审判执行枪决。

追剿残匪捷报传　1946年1月25日，县保安大队包围郭马架子屯。激战3个多小时，"响窑"被攻破，击毙反动地主8人，解放了该屯。转年2月22日，将土匪炮头张子生等70余人围歼于十区杨家馆屯；4月9日，"混天球""逼累"两股匪徒60余人在长发地营子屯被歼；10月8日，土匪"占北方"40余人在孔国村被歼，匪首李万春等5人被击毙；10日，龙河保安队和民兵在南阳岗河边击溃土匪"草上飞"70余人，击毙匪首多明福，打死匪徒12人，伤15人，俘3人，缴马17匹和一些枪支弹药；20日，县公安局保安大队在讷嫩边界将顽匪王乃康部下韩团击溃，抓获10余人，缴马5匹。1948年8月，讷河四、五区的交界靠近山区土匪猖獗。县公安局派县保安大队指导员赫杰带领部分公安人员去四、五区成立联防队，进行防匪侦察。24日，这股土匪在东山里五家子屯一带活动，县保安大队立即组成剿匪小分队经两昼夜伏击，终将其全歼。讷河境内17股较大土匪基本被消灭，剿匪斗争取得了决定性胜利。

福民村围剿顽匪　1946年10月，土匪"天圣"窜入福民村聂家屯打家劫舍。省委土改工作团接到匪情报告，副团长王光伟当即派警卫排战士4人和村武装民兵8人，由警卫排排长沈玉春、区民兵队队长施庆祥带领，兵分两路将其包围。匪首和"炮头"等人凭借屯周围土壕疯狂反扑。沈玉春指挥部队分三路对土匪形成进攻态势，激战3小时，战士们的子弹基本打光，沈玉春不幸牺牲。危急时刻，王光伟率增援部队击溃了顽匪。省委又派一个步兵连与一个炮兵连开往福民村参加剿匪行动。10天后，"天圣"匪首勾结土匪"花蝴蝶""草上飞""天边好"等300余人，窜入徐海、杜喜君、张花等屯，扬言血洗福民村。省委工作团立即出动民主联军200人、民兵自卫队40余人，携机枪17挺、迫击炮3门，直插土匪老巢杜喜君屯，从东、西、北三面包围，并在屯南张花屯设伏阻击南逃匪徒。战斗打响，民主联军用十几挺机枪组成强大的火力网打击匪徒。惯匪们凭借有利地势负隅顽抗，民主联军炮兵瞄准匪徒集中区猛烈炮击，土匪溃不成军逃往张花屯，被埋伏于此的民主联军全歼。徐海屯匪徒在炮火轰击下伤亡惨重。张花屯土匪顽抗到底，警卫排和机炮连集中兵力总攻，"草上飞""天边好"大部被歼，余者溃逃。11月，被讷河、依安、拜泉三县保安联队在张家窝堡全歼。

政治瓦解效果佳 按照东北局关于降匪政策的指示，讷河县开展了一系列宣传活动。宣传党的主张，讲明收降土匪的原则、政策。申明不管有罪无罪，只要主动投降，交出武器，不再为非作歹，一概既往不咎，给予宽大处理。如有立功者，给予奖励，表现好愿意回家生产的发给路费。利用受降的土匪，到其他匪绺劝降。教育土匪家属规劝土匪分子放下武器，改恶归正。在党的政策感召下，许多土匪纷纷向人民政府投降。1946年6月，"老实交"匪首韩升在党的政策感召下向政府投诚，交出迫击炮2门、轻重机枪各1挺及其他武器弹药一批。人民政府给予宽大处理，让其返乡务农成为新人。此事曾在《西满日报》上以"老实交洗手为民"为题给予报道，在讷河引起很大震动。

追挖肃匪除祸根 随着剿匪斗争深入，匪患逐步被清除，但匪根并没有彻底追挖。残匪余孽造谣、破坏、报复性事件仍有发生，土匪、奸特死灰复燃可能性仍存在。根据省委指示，讷河县于1947年2月开始进行深挖土匪根子和窝主，清查漏网"光复军"和土匪头子，挖掘奸特和隐藏枪支的斗争，从根本上清除匪患。全县共挖出汉奸108人，"光复军"、土匪残余130人，蒋特

53人，通匪窝主164人，清查出各种坏分子612人。对上述追挖出的肃匪对象，按照党的政策分别进行了处理。

第三节　取得的主要战果

历经近三年剿匪斗争，彻底肃清了讷河境内"光复军"、土匪和反动地主武装35股，击毙"光复军"、土匪2 340人，缴获枪支两千余支。在这场剿匪斗争中，通过政策攻心分化瓦解匪众，孤立打击首恶等行之有效措施，达到了肃清匪特、捉尽匪首、挖尽匪根、缴尽匪枪的目的。清除了通匪、窝匪的反动恶霸，沉重打击了国民党反动势力和地方反动武装的进攻，切实保护了人民群众生命财产的安全，党和人民政府有了更加稳固的群众基础，巩固了新生的人民民主政权，为开展土地改革和大生产运动扫清了严重障碍，为支援全国解放战争及解放全中国做出了贡献。

第四节　讷河著名剿匪战事和英烈

在复杂和残酷的剿匪斗争中，涌现出了众多可歌可泣的英烈，激励着人们继承先烈遗志，建设好讷河这片红色热土。

剿匪三英雄血染同乐屯　1946年10月，土匪"天圣"300余人到通南福民村聂家屯烧杀抢掠。东北人民自卫军派机炮连和骑兵三连前来追剿。机炮连将窜至杜喜君屯的土匪包围，土匪死伤惨重溃逃；骑兵三连向窜至徐海屯土匪发动攻击，土匪溃不成军；窜至张花屯顽匪大部被机炮连歼灭，余者溃逃。骑兵三连乘胜追剿到同乐屯时，遭遇埋伏于此的残匪反扑。冲在最前面骑兵连长贺天举中弹牺牲，排长沈玉春率骑兵们奋不顾身地冲向土匪，被埋伏在房顶上土匪击中，16岁的司号员李军为掩护连长英勇牺牲。骑兵们最终全歼逃匪，击毙匪首"天圣"。

民兵四壮士誓死战群匪 1946年11月，土匪"天边好""草上飞"残部80余人窜到奎东区张大窝堡屯。十区区委书记霍方侠组织武装民兵40人前往围剿，并派先遣武装民兵傅永明、王志刚、魏玉营、何庆信，前来该屯帮助群众转移和组织阻截围歼土匪。结果刚到屯南头就与放哨的土匪接上了火，陷入二匪首"天下红"包围中。4名武装民兵凭借地形地物进行还击，战斗十分激烈。神枪手傅永明一枪撂倒"天下红"，一些亡命匪徒叫喊着要为二当家报仇疯狂地反扑过来，傅永明、王志刚先后牺牲。何庆信、魏玉营和匪徒展开肉搏战，一连打翻了四五个匪徒，终因寡不敌众被匪徒将其拖进匪首扎营的大院。"天下红"的表侄"西来"，见"天下红"身受重伤兽性大发，用残忍的手段对二人进行肉体摧残后杀害。当夜"天下红"伤重毙命，狡猾的"天边好"连夜逃窜。在武装民兵大队人马咬住其尾巴拼命追击下，余匪窜到李朝阳屯死伤大半，溃至乌裕尔河南岸覆灭。1948年依安县公安机关将"天边好"捉拿归案，2月处决。1967年土匪"西来"在内蒙古阿荣旗那吉屯农场被捕归案，次年3月17日在四烈碑前被处决。

第五节　热血青年纷纷参军参战保卫胜利果实

抗战胜利后，为争取和平，避免内战，在中国共产党的坚持和斗争下，国共两党于1946年1月10日正式签订了停战协定。但国民党于同年6月26日，以30万军队围攻中原解放区，全面内战爆发，全国解放战争由此拉开序幕。讷河的热血青年，积极响应中国共产党的号召，积极参军参战，为保卫胜利果实，打败国民党反动派，解放全中国浴血奋战，奋勇杀敌，展示了老区讷河人民不怕艰难困苦、不怕流血牺牲、坚韧不拔、勇往直前的革命英雄主义精神。

一、为解放全中国讷河好男儿奔赴战场杀敌立功

为了保卫胜利果实、夺取解放战争的全面胜利，讷河的有志青年坚决听从党和政府的召唤，踊跃参军参战，杀敌立功。9月14日，嫩江省委要求10月末，讷河县征新兵180名。任务一下达，全县各区广泛动员，县、区、村三级党政组织层层举办宣讲会、忆苦会，动员青年党员、团员和干部带头报名参军，全县迅速掀起了征兵工作热潮。同时，组织报名参军青壮年及家属进行座谈，宣传党的拥军优属政策，使应征青壮年安心军营生活；对每一批入伍新兵，各级召开欢送会，领导亲自给新兵披红戴花，敲锣打鼓欢送新兵奔赴前线。全县上下形成了"一人参军、全家光荣"的浓厚社会氛围，出现了父母陪儿参军、妻送夫上前线、兄弟争先当兵的感人一情景。仅半个月时间，全县完成了征新兵任务。新兵多数是"土改"积极分子和武装基干民兵，直接补充到民主联军第四师主力部队。

1947年1月至9月，嫩江省委先后6次给讷河下达扩兵任务，全县共有3 150名优秀青壮年补充到主力部队。1948年3月15日，省委要求讷河再动员新兵400人，支援前线，补充主力部队。正值春耕季节，讷河县委积极推进征兵工作，深入做好应征青年的思想动员和广泛开展拥军优属等工作，对军烈属普遍在生活上给予照顾，土地实行代耕制，解决了其生产生活中的困难。从而激发了广大青壮年报名参军的积极性，纷纷应征入伍，顺利完成了

这次征兵任务。为保证上述新兵数量与质量，县委、县政府按照省委的指示精神，在征兵工作中，严格执行征兵条例，采取本人自愿报名、征兵领导小组把关、上级审查批准的办法，分期、分批进行动员。在征兵动员期间，采取普遍性的宣传动员和登门动员相结合，群众消除了思想顾虑，踊跃参军参战。同时，全县各区采取开动员会、表演文艺节目等各种形式，向群众宣传形势和党的政策。广大翻身农民深受教育，思想觉悟不断提高，青壮年参军得到了亲人的积极支持。西满军区副政委邵式平来讷河检查征兵工作，看到青壮年踊跃参军的场面非常感动，他在日记中写道："征兵工作做得最好的要数讷河。"

1946年7月至1949年4月，讷河县共为前线主力和地方兵团输送新兵10 580名。这些优秀的讷河儿女没有辜负家乡人民的期望，在解放东北和全国的战场上英勇杀敌。不少讷河儿女把生命献给了祖国，为中国人民的解放事业立下了不朽的功勋，先后有122人立功受奖。

二、讷河好儿郎战场上尽显英雄本色青史留名

在全国解放战争的战场上，涌现出了一批讷河籍战斗英雄与革命烈士，他们是讷河黑土地培养出的优秀儿女，是讷河人民的骄傲。他们是1万多名讷河籍解放军指战员的优秀代表，他们的卓越功勋永载史册。

讷河一区的朱海春，在战斗中英勇顽强，冲锋陷阵，荣立大功2次，被评为战斗英雄。三区的张永录，1946年奔赴前线火线入党，立大功3次，小功1次。十四区的张勋，1947年2月入伍，1948年4月入党。参加了辽沈、平津、淮海等战役，立大功7次，小功2次。1949年1月4日，在解放天津战役中，他任先头部队尖刀排排长，带领全排战士在我军炮火的掩护下，如猛虎般地冲过

护城河，并用机枪压住了敌人的火力，掩护战友炸毁敌人4个碉堡，第一个把红旗插上了城头。记大功4次，授予金质"毛泽东奖章"一枚；尖刀排被命名为"猛虎排"。

第六节　讷河人民为保卫新生红色政权参军支前慷慨付出

讷河人民响应党和政府的号召，克服一切困难，"有人出人，有力出力，有钱出钱"。总之，支前成为讷河儿女的共同责任，讷河由此成为全国解放战争的坚强后盾，并做出了不可磨灭的贡献。

讷河人民为新中国的诞生与保卫新生的红色政权所作的贡献

战勤服务　讷河人民全力做好战勤服务。1946年6月，随着全国解放战争序幕的拉开，讷河人民一边将自己的亲人送往前线杀敌，一边又担负起战勤支前的重任。先后数次出动担架队、大车队奔向战场，抢救伤员，运送弹药，供应给养，修筑工事，打扫战场，与野战军部队一起战斗，为中国人民解放战争的胜利做出了重要贡献，涌现出无数英雄，事迹感人。

1946年5月，按照省政府的命令，讷河、甘南、嫩江三县担架队、大车队组成战勤第一大队开赴四平前线，历时两个月圆满完成了首批战勤任务。年末，讷河又组织100副担架、400余人和大车的战勤服务队再赴前线。转年县委书记亲自抓战勤，成立支前委员会。凡男年龄在17—50周岁，女年龄在18—45周岁的，一切车辆、船只、畜力都落实战勤任务。家庭经济状况好、车马劳力多的先出多出，出战勤者其土地完全或部分代耕，其家属按军属同等待遇，出战勤者在战场上负伤或牺牲，按战士抚恤条例处理。人民群众积极参战支前，许多党员、干部及贫雇中农表示，只要让自己去，家里的土地不用代耕。至1949年9月，全县承担战勤任务7次，派出干部、民工、医生等22 225人次，大车168辆，马672匹，担架415副。行程3 000余公里，配合解放军直至山海关，参加大小战斗10余次。涌现出许多战勤模范，多次受到前线部队的称赞和表扬。其中，得到东北人民解放军二纵队司令部、政治部通令嘉奖的十区第一名获"军民一家"奖旗；一区第二名获"参战先锋"奖旗；八区第三名获"再接再厉"奖旗。于博海班被授予"模范班"称号，十区61岁老人于博海被授予"老英雄"称号，张俊英等10人被授予特等功臣。在1947年秋冬两季支前中，民工们经受住了炮火与严寒的考验，全力运送物资弹药、转运伤员，得到了省政府的表彰。12月17日，《东北日报》以"讷河战勤队精神好，纷纷研究冬季爱护伤员办法，自动改变组织形式节省人力"为题，全面介绍了讷河战勤工作经验，在全战区推广。

支援前线　不能上前线支前的人们也不甘示弱，积极为前线部队做一些力所能及的事。在"一切为了前线"的口号鼓舞下，前线要啥后方送啥。

做军鞋。解放战争时期，全县广大妇女为支援前方打胜仗、早日解放全中国，踊跃制作军鞋。仅1947年全县妇女制作军鞋累计4 000多双。

捐款捐物。解放战争期间，全县先后为前方捐东北币330亿元，粮食40多万石，柴草400多万斤，干菜8万多斤，猪、鸡、鸭和蛋等物资。

拥军优属　拥军优属是革命老区讷河县的光荣传统。在解放战争期间，每逢年节，讷河地方各级党和政府都组织慰问团，带着慰问品到驻军营地去慰问；为子弟兵慰问演出，为烈军属送"军人家属""烈士家属"光荣牌。机关单位筹集资金，购买慰问品送给伤病员、荣誉复员军人、烈属、军属，表达干部群众对他们的感激之情。妇联组织妇女给前线亲人写慰问信、寄慰问品。对优抚对象在购买物资、子弟入学、治疗疾病、贷粮贷款、招工招干等方面都优先照顾；对在生产上确有困难的烈军属和伤残军人，实行土地代耕或助耕制度，生活上有困难的给予补助。1949年，全县烈军属共5 168户，享受代耕或助耕的达4 136户，占总数的80.03%。

讷河县委、县政府为更加密切军民、军政关系，营造浓厚全社会拥军优属的政治氛围，在前方战士立功受奖时，敲锣打鼓地把立功喜报送上门，挂"功臣之家"光荣匾。切实做好部队伤病员、荣军的接收治疗和安置管理工作。1947年秋，讷河负责接收伤病员2 400名，中转接待赴嫩江的2 000名。讷河县成立以县长为首的荣病军人安置委员会，下设4个组具体负责实施。分别在讷河医院、讷河联中和两处小学及拉哈镇为伤病员准备了生活用品。安排了200名医护人员和工作人员，昼夜为伤病员服务。在讷河火车站设立伤病员接待站，有工作人员84人，大车、快马车120辆，担架80副。组织了接待慰问团、秧歌队，来讷河的伤病员都得到了较好的医疗和护理。为妥善安置好每一位荣复军人，县政府开办了荣军合作总社。办起了荣军旅馆、草袋社和豆腐坊，在沈阳市开办了"龙江服务社"分店，安排了一批荣复军人，解决了优抚资金困难。身体条件不能从事工作、生产的在县城医治疗养，费用由政府补助和荣军合作总社提成中解决；对有一定劳动能力、农村有家、有直系亲属且愿意回乡的由各区、村妥善安排，享受优抚对象的优待政策。

从积极参军参战支援前线到做好优抚安置工作，讷河人民承担了重要任务，付出了很大代价，为全国解放战争的胜利贡献了力量。

为解放战争及保卫新生政权讷河儿女不惜流血　在全国解放战争中，英雄的讷河儿女挺身而出，义无反顾地奔赴战场奋勇杀敌，不惜流血牺牲，表现出讷河儿女不怕牺牲的革命英雄主义气概。

据不完全统计，解放战争期间牺牲的讷河籍烈士204名。这些离开家乡长眠于他乡的讷河优秀儿女，他们的光辉形象永驻人们心中，他们的英雄事迹世代传颂。将激励讷河老区人民弘扬老区精神，继承先烈遗志，坚持以人民为中心，树立新发展理念，上下一心，众志成城，共创讷河更加美好的明天。

第四章　为维护祖国尊严奋起抵御外来之敌

新中国成立后，以美国为首的西方势力不断从周边对中国进行战略挤压，频繁侵扰中国安宁。盘踞在台湾的国民党反动集团，制造两岸冲突，新中国的和平与安全面临严重威胁。为维护国家安全和领土完整，我国先后进行了抗美援朝、中印边界反击战、抗美援越和中越西沙之战、对越自卫反击战等战争，均以胜利而告终。讷河广大青壮年积极参与到这些正义战争之中，维护了国家尊严，做出了自己的贡献。

第一节　支援抗美援朝战争

1950年6月25日，朝鲜战争爆发。9月5日，美国纠集15个国家的雇佣军，打着联合国的旗号在朝鲜仁川登陆，战火燃烧到中国边境城市安东。中国人民响应毛主席"抗美援朝、保家卫国"的号召，组建中国人民志愿军，由彭德怀出任总司令，于10月25日开赴朝鲜前线与朝鲜人民并肩抗击美国侵略军。

一、有志青年赴朝参战全民总动员

美国发动的侵朝战争，讷河各族人民极大地愤慨，纷纷举行集会和游行活动，声讨美国的侵略罪行。讷河县委在全县城乡广泛开展宣传教育活动，对群众进行国际主义、爱国主义和正义战争必胜、侵略战争必败、保家卫国人人有责等教育，激发了民众的爱国热情。

按照全省统一部署，全县开展了扩充新兵工作。广大青年踊跃报名参军，涌现出年迈老人送子、新娘送新郎、兄弟姐妹同参军的感人事迹。1950年12月，全县共1 458人报名参军，体检合格949人，超额完成全县830人的征兵任务。在整个抗美援朝运动中，全县共有1 174名青年参加了中国人民志愿军。省教育厅从县中学选拔一批特殊兵种学员，从小学高年级挑选50名优秀学生参加战地服务；省团委选拔讷河团县委组织部长徐春林赴朝参加志愿军；省公安部队抽调讷河公安队朝鲜族战士金守男赴朝参加武装工作队。全民参军参战，共同保家卫国。

二、保家卫国奋勇杀敌英名永留存

赴朝参战的讷河儿女英勇作战，不怕流血牺牲，屡建战功喜报频传。他们为祖国争得了荣誉，为讷河争了光。在战场上，有315名优秀讷河儿女履行国际主义义务和保家卫国的神圣使命，长眠于朝鲜大地上。

优秀指挥员杨锁柱 讷河县运输公司入伍的杨锁柱，头脑灵活，善于钻研，不使笨招用巧劲，绰号"智多星"。在朝鲜战场上，他面对装备先进的美国兵无所畏惧，带领全连战士巧妙利用地形地物避其锋芒，攻其软肋，痛击美国兵屡建奇功，荣获"猛虎连"连长的光荣称号。

参战老英雄张勋 解放军猛虎排排长张勋，于1950年10月随部队跨过鸭绿江，在惨烈的"上甘岭战役"中，他与战友们所在的十五军与十二军共4.3万余人在3.7平方公里的阵地上，同美军开展了拉锯战。他们冒着美军的狂轰滥炸，在表面阵地上展开了争夺。这位身经百战的老兵带领战友们在美军轰炸期间隐蔽在坑道内，待轰炸一停便带领战友们进入阵地与美军步兵展开激战。战斗越来越惨烈，阵地一天几度易手，每次易手就伴随着翻天覆地的炮击和天昏地暗的拼杀，鲜血染红了高地。为了保持实力，部队进入坑道战。他和战友们克服断粮、缺水、少药等重重困难，利用坑道最后的防御工事，硬是在美军毁灭性的炮火中奇迹般地得以生存。鏖战43天，反复争夺阵地达59次，击退敌人冲锋900多次。他在朝鲜战场上多次立大功受奖。在汉城（今韩国首尔）战役中，他不幸负伤归国。

战地好军医刘世信　刘世信，讷河八区人，21岁毕业于东北民主联军第四后方医院护士学校。1951年2月7日，投身抗美援朝战地救护与战地救治之中。经过一年的实践和磨炼，由普通战地救护人员迅速成长为出色战地军医。1952年初，他回国负责接收老家医务新兵时，动员亲属何国砚、何国昌、何国凡等入伍。7月一天，他所在医疗队送来2名重伤员，需立即护送到5公里之外军部二分院救治，队长派刘世信负责此次护送任务。他与6名担架员带上应急药品和医疗器械及武器等，轮流抬着2名重伤员，冒着29℃高温争分夺秒向目的地奔去。途中，担架员小王脚掌底扎进一块炮弹皮。他就地为其取出炮弹皮处理好伤口又继续赶路，终将2名重伤员安全护送到目的地。返回时担架员刚抵达后方驻地，十多架敌机飞来。他为不暴露后方驻地方位，快速跑向右前方10米外一大片半人高的麦地。敌机群呼啸着飞至头顶上空盘旋着对着麦地俯冲扫射，投下数十枚炸弹，巨大的爆炸声将其震昏。他苏醒过来，发现除了戴在左手腕上的手表被炸飞外毫发未伤。1953年，荣立个人三等功。

第二节　支援对越自卫反击战

1979年2月至3月，中国人民解放军边防部队对在中越边境挑衅和入侵的越南军队进行了自卫反击作战。为了维护和平稳定的国际环境，讷河儿女积极报名参军，为保卫祖国安宁与维护世界和平奉献青春和热血。

一、奔赴前线铺路架桥协力抗越

1978年12月中旬，征兵工作在讷河展开。全县征兵967名。其中，铁道兵一师五团和师直讷河籍新兵403名；铁道兵二师八、十团讷河籍新兵107名均编入湖北铁道兵部队。1978年9月以来，越南在中越边境频繁制造摩擦和武装挑衅。1979年春节前夕，新兵连训练尚未结束，提前授衔进入对越自卫反击战的战场。

2月，遵照中央军委的作战命令，中国铁道兵部队奉命派出第一、二师部队参战。17日，对越自卫反击战正式打响，铁道兵第一师二、五团从云南，铁道兵第二师八、十团从广西分别紧随作战部队前进抢修铁路以及抢运缴获物资等。铁道兵第一师二、五团部队进入对越自卫反击战场的讷河籍铁道兵百人左右，其余驻扎边境。21日，开始抢修被越军炸毁、连接中越边境的著名河口大桥。讷河二克浅籍一师五团战士兰英等，跟随抢修部队冒着敌人炮火夜以继日奋战，提前34小时于25日抢通了这座事关对越自卫反击作战能否取得胜利的重要大桥。每天通过列车3对，汽车1 500多台次。进攻部队直捣河内后，上级命令铁道兵第一师立即炸毁河口大桥。第一师接到命令后，带领所属二、五团按预定时间炸毁了河口大桥，令敌围攻堵截我军企图破灭。作战部队撤回前，按上级命令再次在最短时间内抢通了河口大桥，确保了前线作战部队顺利地撤回祖国。

3月10日，铁道兵部队完成战区铁路保障任务胜利回国。讷河籍官兵在这次对越自卫反击、保卫边疆的作战中，表现出英勇顽强、不怕牺牲的精神，展示了讷河儿女一脉相承的心系祖国、忠于祖国、奉献祖国的家国情怀。

二、同仇敌忾抵御外敌威名扬天下

据不完全统计，自1954年11月1日以来，讷河籍官兵共103人参加了抗美援越、中苏珍宝岛之战、对越自卫反击战以及甘肃平叛、西藏平叛、炮击金门等战斗，他们用鲜血和生命捍卫了祖国的尊严，保卫了边境地区人民群众的生命财产安全，粉碎了西藏上层反动集团的分裂活动。

1965年6月抗美援越战争中，九〇二部队讷河九井籍工程兵李秀生、于国太负责在越南北方筑路，表现优异，班长李秀生受到营奖励3次、连奖励7次，战士于国太受到营奖励1次、连奖励4次。连年被评为"五好战士"的讷河太和籍铁道兵王会祥，所在的广西铁道兵六八三五部队二师五团过境参加抗美援越战争，负责铁路与桥梁的抢修、抢建。当时，越南境内仓河大桥被美军炸毁，铁道兵二师五团立即投入抢修战斗。他作为五团二营八连的副班长率全班战士头顶敌机，脚踩"定时弹"，历经7天7夜抢修该桥提前顺利通行，确保了运输物资送往前线。五十四军一三四师四〇一团二营五连讷河九井籍曲新贵，曾参加1958年下半年甘肃广河县、和政县、东乡县平叛作战及1959年上半年西藏"哲党""林芝"剿匪战役。驻福建六七一一部队三十一军高炮营年仅20岁的讷河二中籍炮手王杰，在1960年六一七、六一九炮战中，出色地完成了炮击任务，受到军区首长表彰，荣立三等功，1962年破格被提拔为副排长。铁一师四团七连班长讷河同义籍李义杰，于1979年2月参加对越自卫反击战，他率全班战士出色完成了战区铁路保障任务。获三等功、团嘉奖1次，被评为"优秀共产党员"。也有讷河籍官兵一腔热血洒在了异国他乡，拉哈籍铁道兵六八三五部队二师五团三营十三连班长李永富，在美军轰炸中为掩护战友英勇牺牲。

第三节　支援前线甘于无私奉献

老区讷河人民在全县城乡大张旗鼓地开展支前工作，真正做到了男女老少齐上阵，全力支援前线，为保卫祖国的安宁和领土的完整做出了贡献。

一、讷河人民为国家安全及领土神圣不可侵犯所作的贡献

战勤服务　1950年6月25日，朝鲜战争爆发，派出2 187名战勤人员赴朝，担任军需弹药、粮秣被服、医药器材、医院转移的运输勤务和抬送伤员工作。组建了拥有600副担架、1 069人的基干担架队，68名汽车司机，共1 137人，随四十军转战朝鲜战场，进行战勤服务。同时，还担负修建战地机场、铁路、公路、桥梁等勤务，有力地支援了抗美援朝战争。

支援前线　输血。随着抗美援朝战争向纵深推进，伤员不断被送到县内。为保证伤病员血液供应，县城干部、工人、中学生等纷纷组成输血队，无偿献血。仅1951年，全县干部群众为志愿军伤病员献血4 540CC。

捐款捐物。1951年6月，全县人民热烈响应全国援朝总会关于"订立爱国公约，捐献飞机大炮，做好优抚工作"的三大号召，迅速掀起了订立爱国公约、踊跃捐钱捐物、努力生产支前的热潮。马庆福农业生产合作社捐献小麦6吨。县淀粉厂厂长王子明大搞技术改造，实现多项创新，一跃成为生产能力翻番的先进企业。县印刷厂车间主任鞠德福革新创造了快速循环上版车盘的新工艺并在全省推广。仅一个月时间，全县人民捐献东北币51亿元，超过原计划34.2%，可购买战斗机3架。

拥军优属　抗美援朝期间，讷河县最直接、最有成效的拥军活动是大力支持解放军第三十六后方医院的建设，搞好后勤保障，为志愿军伤病员做好医疗服务。

1950年10月，省政府决定在讷河建立中国人民解放军东北军区卫生部第三十六后方医院，县委、县政府决定把建院工作当作拥军和支前的头等大事，从财力、物力、人力上全力支持。首先，把县立医院病房、县税务局办公室、县总工会俱乐部全部腾出来，供组建医院使用。除院长、政委等主要领导干部是上级派来外，其余中层干部和工作人员都来自本县。医护人员一部分是从哈尔滨医大、中国医大、沈阳医大、齐齐哈尔市医校等派来的毕业生，其余是县政府从9个医疗单位抽调来的水平比较高的医师、药剂师。医院内设手术室、X光室、营养室、防保室、治疗室、检验科和药房，病床1 100张，全院共有500多名医护和管理人员。发动全县干部群众义务献血，确保医院血液供应。每批志愿军伤病员到达，县委、县政府都组织机关干部组成担架队到车站迎接。在医疗期间，组织各界代表到医院慰问，机关和街道妇女常为伤病员拆洗衣服、被褥。伤病员伤愈出院时组织秧歌队到车站送行。第三十六后方医院先后接收三批伤病员共1 200人，绝大部分伤病员治愈出院后又重返前线作战。1952年4月18日，全县人民热烈欢迎并接待了中国人民志愿军归国汇报团和朝鲜人民军访华团。两个团到达讷河火车站，受到各界群众1万多人的热烈欢迎。19日至20日，代表团向第三十六后方医院的伤病员、县直机关干部、工人代表和中学师生等共3 000多人参加的大会作报告。同时，县委、县政府组织各界给前方写慰问信、邮慰问品。派团县委书记于庆和参加慰问团，代表全县人民到前线慰问。到达朝鲜后，深入前线向志愿军转达祖国人民的问候，极大地鼓舞了志愿军指战员的斗志。

县委、县政府积极开展优抚工作，制定了一系列优抚措施，并逐项抓好落实，切实解除了赴朝作战志愿军和援朝民工的后顾之忧。对烈军属子弟入学优先照顾，生活困难的给予补助。三年间，发放入学补助费东北币4 100万元；农村烈军属和荣复转业军人的土地全部实行代耕，对2 919户烈军属、援朝民工家属实行代耕土地总数达29.32万亩；按有关政策规定及时足额发放各项优抚费东北币6.3亿元和城镇生活补助费2亿元，发放其他物资折款东北币4.1亿元；接收安置408名转业军人。

二、为捍卫祖国尊严而英勇献身的讷河好儿女

为了捍卫祖国的尊严，维护国家的安宁与和平环境，英雄的讷河儿女奔赴硝烟弥漫的战场，不畏强敌，英勇战斗，不惜以身殉国。据不完全统计，仅抗美援朝、抗美援越期间牺牲的讷河籍烈士251名。其中，抗美援朝时期烈士249名，抗美援越时期烈士2名。这些优秀的讷河儿女长眠于异国他乡，他们的英雄事迹将永载史册，代代相传。

第五章 经济恢复和社会主义建设时期

第一节 全民齐心协力建设黑土粮仓

一、开始复苏的讷河农村经济

1945年赶走日本侵略者，1946年东北解放，讷河县建立了人民政权，开始新民主主义改造。初期，土地仍归地主所有，实行减租减息。5月初，县政府没收日本开拓团的土地6 000余垧，分给无地的农民。6月份，嫩江省委、省政府组成省土改工作团，在十一区讷河（同义乡）福民村和六区（讷南镇）进行土地改革试点，宣传人民当家作主，推翻封建剥削制度，把农民开垦的土地从地主手里夺回来，还给农民。斗争了18家500垧地以上的大地主，把土地分给贫苦农民，揭开了讷河县土地改革的序幕。

1947年贯彻《土地法大纲》，全县开展大规模的土地改革运动。按照土地政策和土地占有量划分阶级成分。全县划出地主2 767户，富农1 434户，中农6 312户，贫农14 917户，雇农19 360户。各级人民政府和土改工作队依靠贫雇农、团结中农深入开展"砍大树，挖坏根"（"砍挖"）运动。对坚持与人民为敌的反动恶霸地主，召开群众公审大会，成立临时人民法庭，进行公开审判。没收恶霸地主、官僚资本家的土地和财产，全县共平分土地119 000余垧，占总耕地面积的51.5%。将获得的牲畜、车辆、农具、房屋、粮食、衣物和土地，依据人口和贫困程度，依次分给贫雇农。金银、首饰和现款，由县、区政府集中，兴办学校和其他福利事业。县人民政府给农民发放土地执照，农民真正成了土地的主人。在生产资料不足的情况下，各级政府按照自愿互利的原则，把三五户农民组织在一起，成立"变工组"。开展换工插锄，互助互利，人工换马工，互通有无，秋后以粮换现款合理找价。广大农民在自己的土地上耕种，人和心马和套，促进了生产大发展。

1948年秋后全县粮豆薯产量达4.3亿斤，创历史最好水平。讷河人民用辛勤的劳动开创了历史新篇章。

当家作主的讷河人民，踊跃交公粮、晒干菜、做军鞋。有力地支援了全国解放战争、抗美援朝和社会主义建设。

二、讷河农村经济的发展

1949年10月1日，中华人民共和国诞生、中央人民政府成立。经过土地革命和保卫巩固新生政权的伟大斗争，讷河县的历史从此进入了一个伟大的新时代。

1950年至1956年，将恢复和发展生产放在各项工作的中心位置。同时为了巩固政权维护革命秩序、彻底完成民主革命、实现半封建半殖民主义和资本主义的社会主义改造、建立社会主义制度和生产公有制、迅速壮大社会主义经济力量、发展社会主义事业的目的，在党中央的统一部署下，进行了一系列的生活变革，顺利地完成了第一个五年计划。

1950年，全县农村普遍开展互助合作运动，成立合作组。全县在资源互利条件下，建立互助组9 935个，1952年调整到7 281个，参加互助组的农户达91%。由于劳动力、畜力和农机具在组内调剂，集中使用，合理分工，人和物的潜力得到极大发挥。粮豆薯总产量达6亿斤，比1949年增长41.5%，是历史最大丰收年，被誉为"东北的大粮仓"。

加入农业生产合作社

　　1951年12月，省劳动模范十四区（今老莱镇）向阳村（今胜利村）的马庆福将全村互助组合并，试办了全县第一个农业生产合作社。土地、车马、大型农机具入社做股金，秋后按股分红；劳动力入社按劳计分付酬。对于鳏寡孤独者合作社安排专人照管。翌年春，四区李坤、六区白宝山、十区张殿才等县劳模也相继办起了农业生产合作社。1953年贯彻过渡时期总路线，组织广大农民走合作化道路，以自然屯组建农业生产合作社。年底，全县初级农业生产合作社46个。

三、翻身农民给毛主席写信

　　1955年5月22日，毛主席在《中国农村的社会主义高潮》一书中，选入六区（讷南）平房、双泉、五福3个农业合作社的

《新情况和新问题》调查报告，并亲自写了按语。同年秋，县、区组织大批工作队下乡宣传毛主席在《新情况和新问题》和《关于农业合作化问题》的报告，掀起合作化高潮，将几个初级社合并成一个高级社。土地和其他生产资料为集体所有。劳力按男、女、整、半分组，按劳计分付酬。1956年春，全县755个初级社合并为254个高级社，个体所有制转变为集体所有制，基本完成了农业的社会主义改造。50年代，全县推广良种、新式农具，改革耕种法，使用拖拉机耕地，粮、豆、薯产量逐年提高。

四、人民公社和"大跃进"时期

1958年，实行工农兵学商五位一体，农林牧副渔统一经营，全县42个乡镇合并为14个政社合一的人民公社。农民家养的小家禽、家畜调到公社办"千头畜场""万只禽场"。劳力、车马、物资由公社统一调动，分配以大队为核算单位。生产队的青壮劳力调出修水利、炼钢铁，老弱和二三线妇女在家种地。1959年至1961年，全县连续三年遭受了严重自然灾害粮食减产，人民生活"低标准，瓜菜代"。1961年全县粮豆薯总产量比1958年下降36%。1962年反生产瞎指挥风、浮夸风、共产风、干部特殊风、强迫命令风"五风"，全县农业进行调整。贯彻《农村人民公社工作条例（草案）》，人民公社实行三级核算，大队为基础以生产队为核算单位，恢复了自留地。全县公社由14个划为18个。实行生产责任制和其他承包责任制，由于奖励工分和物资政策稳定，充分调动了农民的生产积极性。1966年全县农业大丰收。

五、"文化大革命"时期

1966年末，"文化大革命"席卷讷河城乡。1969年，全县粮豆薯总产量比1967年下降51%。1972年，贯彻全国农业学大寨会议精神，"以粮为纲，农业大上"。在指导思想上仍实行大批判开路和开展"小靳庄"等活动，农业生产徘徊不前。1975年，全县扩大粮食作物种植，压缩经济作物面积。玉米占农作物种植面积的30%~40%，玉米产量高价格低，全县出现了高产穷队。庭院经济，由于控制种植和养殖的品种及数量，发展缓慢；分配上"出工大帮哄，干活卯子工"，社员劳动积极性受到压抑。

1976年，春干旱秋早霜，全县遭遇严重自然灾害，粮豆薯总产仍突破9亿斤大关。

第二节　人民当家作主　工业发展向好

一、工业从弱到强，发展稳中向好

清初，境内的达斡尔、鄂温克等少数民族利用兽皮、桦皮等缝制衣帽鞋靴，雕刻和制作生产生活用具，除自用外，与汉族人交换其他日用品。汉民迁入，出现了制造铁木农具、家具、烧砖制瓦等手工作坊，有了讷河的工业雏形。民国时期，制酒、铁木、鞋帽多集中在讷河、拉哈等较大的集镇，烧砖制瓦土陶、粮油加工酿造、皮革等在较大的居民点皆有。至1931年，全县工业企业已发展到120家，其中使用机械的4家。

伪满时期，战乱天灾人祸，日伪法西斯统治，工厂歇业倒闭。1935年，全县私营企业只剩28家。1938年，私营企业一律划为企业组合，由日本人控制。

1946年讷河解放，县人民政府对民族工业实行保护政策，鼓励私营工业增加生产，帮助解决资金、产品销售等困难。没收伪满遗留的官办和资本家办的企业，建立国营企业。1950年，全县工业发展到1 197家，其中国营14家。1953年贯彻过渡时期总路线，对手工业实行社会主义改造。1956年，通过公私合营，集股生产等形式将全县所有私营和绝大部分个体手工业作坊组成41家手工业合作社，基本完成对手工业的社会主义改造。1958年，"大跃进"，工业企业"放卫星"，全县建起工厂1 000余家，至年底只剩下七八十家。1962年，对全县工业进行调整，通过关、停、并、转，集中资金和技术力量建设骨干企业。至1965年，全县工业总产值1 442.9万元，比1956年增长46.7%。

"文化大革命"，许多工厂停工闹革命。1967年，全县工业利润比上年下降78.3%。自1971年起连年亏损，到1976年，全县工业亏损66万元。

1978年，实行多种所有制并存，鼓励集体和个人投资办厂。以农副业产品加工为重点的乡镇企业在全县应运而生，日趋发展。进入改革开放初期，工业企业实行承包责任制，职工的劳动报酬与劳动成果挂钩。内外横向经济联合，引进资金、技术、人才和设备，产品质量和经济效益有较大提高。

二、多种工业体制并存，主导讷河经济发展

国营企业　1946年，讷河县人民政府设立实业公司没收接管了伪满遗留的企业，先后成立讷河发电厂和讷河淀粉厂。为全县首批国营企业。先后没收了共同烧锅、新泉油坊、永茂长火磨、拉哈汇海泉烧锅等官僚资本家开设的工业企业，将官僚资本部分收归国有，乡政府派员经营，留用原有人员，按照国营企业对待。成立讷河制酒厂、拉哈制酒厂、拉哈油米厂、讷河榨油厂等。接受西满军区后勤部移交的印刷厂，改成讷河印刷厂，县投资建立地方国营企业人民铁工厂等。1950年，已有国营企业14家，年产白酒475吨、土豆淀粉128吨，年产值222万元，实现利润13.3万元。1953年，实行公私合营，国家派干部到这些企业来

领导工作，国家部分占有了企业的生产资料，生产基本上纳入国家计划的轨道。1955年3月，全县实现了全行业公私合营。1958年，"大跃进"，盲目新建一批工厂。1959年，大上炼铁、炼油、机械、建材、农机等重工业。由于多数企业资金缺乏、设备简陋、生产成本高、废品多，亏损严重。1962年，对工业企业进行关、停、并、转，精简职工，调整到23个。集中了资金、设备和技术力量，产品质量有所上升。1964年，有16个主要产品超额完成计划，其中白酒、型砂、红砖、民用缸等5种产品进入省内先进行列。精制马铃薯淀粉质量超过荷兰名牌风车牌淀粉，打入国际市场。1966年，全县国营工业企业23家。1969年成立讷河电机厂、兽药厂，1970年建立灯泡厂，1972年化肥厂、纺织厂建成投产。1976年，全县共有国营企业36家，从业人员4 662人，年产值2 626万元。

乡镇企业　1956年实行农业合作化后，合作社兴办豆腐坊、粉坊、油坊、酒坊、小烘炉、木工组生产小农具和家具及挂马掌、修农具等服务项目，满足了农村需求。1962年，全县农村社队有铁木、米面加工、编织被服、制酒、榨油等18个行业73家企业。1966年全县有社企12家，镇街企9家，大小队办企业301家。1968年讷河、拉哈两镇办起烘炉、砖厂、药厂、化肥、水泥等五小企业20家。1976年，县成立第三工业科，具体指导和管理社镇企业。是年，有镇街企业14家。1977年，二轻工业下放给社办企业25家工厂，社办企业发展到54家。

民营企业　民营企业以手工业为主体。1946年，全县有私营企业71家，1948年发展到98家。1949年，县人民政府成立工商登记委员会，对全县私营工业企业进行登记挂牌，规定加工范围，制定统一牌价，重要商品属性统购包销。1950年全县私营企业发展到1 183家，总产值295.7万元。1956年，对手工业的社会主义改造基本完成后，仍有70家77名个体手工业者属性个体经营，工商部门对其进行登记，发放营业执照。这些人分散在各个角落，从事编织、修鞋、打麻绳、制罗圈、拧笊篱的制作与销售，填补了市场空白，方便了群众生活。1961年，反强迫命令风，将1958年强行拉进生产合作社的84家手工业者，经过个人自愿退出来，单独成立手工业铺坊、修表、刻字、修钢笔，生产市场短缺的日用家具、炊具，满足了生产生活急需。1978年，有技术专长的人开办风电焊、白铁加工、电器修理等个体服务。

第三节 科教文卫综合发展

一、讷河的文化事业发展

讷河文化底蕴浓厚，人文传承丰富。集白金堡文化、满蒙文化、辽金文化、萨满文化、拓荒文化和抗战文化、延安文化的精华，是松嫩草原文化和兴安山林文化的集成，现代统称其为黑土文化。

文化事业和群众文化

讷河县设置较晚，经济不发达，文化事业落后。清末尚无官办文化设施，文化活动尽在民间。民国初期，每逢年节，民间自发地组织扭秧歌、跑旱船、唱"蹦蹦"（二人转）等娱乐活动。讷河县地处北纬48°，冬天寒冷而漫长，民间艺人利用冬季人们生活枯燥，处于百无聊赖之际，为了"讨口饭吃"，他们活动在冰天雪地的北大荒。在低矮昏暗的农舍里，两个人、一把三弦儿、一架大鼓、两只月牙板、一盏煤油灯，为当地人说评书，唱大鼓，自己有了一口粗茶淡饭，也解决了人们饥寒交迫、苦度寒冬的漫长艰难岁月。

民国期间，县城设有梨园、书场、茶社，人们的文化生活略有改善。虽然1929年修建雨亭公园，1940年建"讷河大电影院"，但远远不能满足人民的文化需要。

1946年解放后，党和政府关心人民群众文化生活，开展各种形式的群众文化活动。1947年成立县城电影院和剧团。1949年建立县文化馆，以后相继成立县评剧团、新华书店、图书馆、博物馆、广播站、档案馆，讷河、拉哈两镇建立二人转剧团。讷河的群众文化发展过程，由解放前的扭秧歌、唱蹦蹦、说大鼓书等民间文艺形式，发展到解放初期，各村屯组织秧歌队，在街头演出拉场戏、大口落子、单出头、舞狮子、耍龙灯、跑旱船等文化宣传活动。陕甘宁边区派文工团来讷河，先后演出《兄妹开荒》《白毛女》等话剧和歌剧，把党的新文化思想带到讷河。被毛主席誉为"人民艺术家"的王大化与著名曲作家刘炽合作创作歌曲《讷河谣》，唱遍白山黑水和大江南北及海南岛。

1950年，为宣传新中国第一个婚姻法，讷河各地业余艺术团演出《小女婿》《刘巧儿》等剧目抨击封建婚姻制度；1954年，全县部分区、村兴办俱乐部，开展群众文化活动。在全省农村文艺会演中，龙河镇保安村的达斡尔族舞蹈"罕伯舞"荣获奖旗，五区文化站、和盛乡福海村俱乐部被评为全省文化活动先进单位。1963年，省文化局工作组总结了讷南鲁民大队、孔国文明大队的群众文化活动经验，推广到全省。1965年，全县有245个文化室。1978年，农村文化室发展到1 233处。1979年党的十一届三中全会后，贯彻"双百"方针，讷河文艺全面复兴。

《讷河谣》词曲作者史料

王大化（1919—1946年）又名端木炎。1938年，主要从事党的地下工作，时任中共成都市区委书记。1930年秋，他奔赴延安，入马列学院学习，业余从事戏剧活动。1942年冬，他和李波创作并演出了"拥军花鼓"；1943年春节，他和李波、杨路由、安波等创作了秧歌剧《兄妹开荒》。1944年冬，在陕甘宁边区文教大会上被评为甲等文教英雄。1945年春，集体创作大型歌剧《白毛女》，他是执行导演。

1945年日本投降后，他随延安干部团步行来东北解放区开展工作。在沈阳组成东北文艺工作团。曾先后率团到长春、丹东、大连、哈尔滨等地演出。他除参加团里行政领导工作外，还参加编写了《东北人民大翻身》等作品。1946年1月，当选东北文艺工作团特等模范工作者。

1946年12月21日，他率创作组从齐齐哈尔赴当时嫩江省委、省政府的移驻地讷河，途中乘坐马车坠车遇难。他牺牲后，新华通讯社发了电讯讣告和悼念文章；中共中央东北局决定并经毛泽东主席批准，授予他"人民艺术家"荣誉称号，在齐齐哈尔龙沙公园建墓立碑。讷河革命烈士陵园立有纪念碑，哈尔滨东北烈士纪念馆陈列着他的遗像和事迹。

刘炽（1921—1998年）著名作曲家，陕西西安人。新中国成立后在中央音乐学院进修，后任煤矿文工团副团长，作品包括歌剧音乐、大合唱、电影音乐等10部。著名的有歌剧《白毛女》《阿诗玛》，大合唱《祖国颂》，歌曲《我的祖国》《英雄赞歌》，第六套广播体操音乐、管弦乐《哀乐》等。他的许多歌曲曾获金唱片等多项全国大奖，赢得几代人传唱。他从1939年发表处女作《陕北民歌》开始，已创作了大型作品70余部，中小型作品近千首，著述15万多字的多篇论文，出版作品14本，中小学音乐教材中收入他的多首歌曲，他的作品数量之多，质量之高，流传之远，实属当代音乐家中罕见。

文化艺术团体、场馆

讷河艺术团 1953年在私营"落子园"的基础上建立大集体性质剧团，演员工资"挣现份"。1956年与富拉尔基评剧团合并成立讷河县评剧团，由县文教科领导。1957年剧院失火焚毁，1958年县政府拨款建成面积1 500平方米，735个座席的新型剧场。1972年参加嫩江地区会演节目《夺枪》被评为优秀。1977年恢复县评剧团，演出传统剧目大受欢迎。

讷河文化馆。1949年，县人民政府设立民众教育馆，1952年改称县文化馆，工作人员12人，下设图书室、广播站、文艺组、时政组、科学普及组。1956年，广播站、图书室分离出来单独成立县广播站、县图书馆。1969年，组成文化工作服务队，带着文艺节目等挑挑下乡，深入农村进行服务辅导活动。1972年，讷河县委在全省文化工作会议上作了普及农村文化"五组一队"活动经验的典型发言。文化馆编辑《葵花》《讷河文艺》《礼花》《工农兵演唱》《八十年代第一春》《乡音集》《北国诗报》等10余期刊物，组织音乐会、舞会及多种形式的文艺会演，举办美术、书法、摄影等展览，培养了一批业余文化创作队伍。

讷河电影院。1947年12月，由县委宣传部、县联社及西满军区第四陆军医院等单位联合集资创办。条木凳座席，可容纳500人，1952年隶属县文教科。1964年在原址东侧翻建。面积1 130平方米，座席500个，工作人员24人。电影放映设备改用松花江5503型座机，自备发电机组，确保全天候放映。

拉哈电影院。1950年成立，原为职工俱乐部。座席800个。1981年11月选址东北街，新建二层楼建筑，1 800平方米，1 135座席，放映设备为松花江5505型氙灯座机。

讷河农村电影放映事业。讷河农村电影放映队最早出现在1950年，全县仅有一个"省办"流动电影放映队，放映设备是一台苏联产"基辅"16毫米电影放映机。1955年全县组建3个"省办"电影放映队，使用国产"长江-五四型"16毫米电影放映机。1977年，成立讷河县电影事业管理站，有县属国办电影队16个，使用"长江F16-4"（轻四）型电影放映机，负责全县农村电影巡回放映工作。

讷河新华书店。1949年建立国营东北书店讷河分店，1950年改称讷河新华书店。1975年新建800平方米二层楼和250平方米砖瓦房，增设拉哈门市部。

讷河图书馆。1956年建馆，编制4人。1960年，县政府拨款20 000元增加藏书，城镇职工凭证借阅图书。

讷河博物馆。1995年10月正式成立开馆，为综合性的地志博物馆。陈列面积1 000平方米，设自然、历史、十年成就3部分，以及自然、资源、历史文物、抗联、土改、政治运动、工业、农业、人民生活9个陈列室，展品5 000多件。通过展出，对全县人民进行爱国主义和社会主义教育。

二、讷河的体育事业发展

体育场馆

讷河县历来有重视人民体育发展的传统。解放后，县委、县政府重视体育事业的发展和体育教学。1949年，开始组织机关、学校、驻军部队篮球赛，举办首届田径运动大会。20世纪50年代初期，学校将体育列入"五育"内容之一。1954年，与县工会合建篮球场和灯光球场一处，组织全县篮球赛。1955年，在人民（雨亭）公园建设一座体育场，承载了讷河县一年一度的体育盛会。1958年建成溜冰场一处、训练房一处、水泥篮球场一处。1978年底全县各乡镇均有篮球场、田径场；乡镇文化站有乒乓球室、棋牌室。县直机关拥有篮球场35处、乒乓球室18处，奠定了讷河迈入体育大县的基础。

体育活动

讷河注重体育事业，推进体育运动开展，人民身体体质得到提高。1949年7月14日，分别在讷河与拉哈镇，同时举办首届田径运动大会，之后每年在讷河县城举办一次全县体育运动会。至1978年讷河县成功举办了29届县运动大会。"文化大革命"期间，县运动会不曾间断，除保留原有的田径竞赛项目外，还增加了投弹、越野等军事项目。

讷河体校

1962年，成立讷河县青少年业余体校，不断为地区、省和国家输送优秀运动员。1973年隶属县体委，校址迁往人民（雨亭）公园体育场，开办速滑、乒乓球两个专业，招收97名学员。1974年增设篮球班，招收学员145人。

三、讷河的教育事业发展

讷河清代的学校多为民间私塾，1906年出现官办学堂。民国改学堂为学校，增加了自然科学和体育、手工等教学内容，私塾弥补学校之不足。伪满统治时期，当局强迫学生学日语、搞军训，用以达到奴化思想、降低国人素质的目的。1945年全县适龄儿童入学率只有36%，比1930年低7%。

1946年，县人民政府接受改造日伪遗留的学校，实行社会主义教育制度，有计划有步骤地普及小学教育，开展扫盲运动。1951年后，改革教育体制，增设农村小学，推广"速成识字法"等，扫除文盲。1958年适龄儿童入学率达85%。1962年调整学校网点，充实师资力量，教学质量稳步上升。1964年创办县耕读中学和农村耕读小学，1966年全县适龄儿童入学率达95%。1968年，村小学一律下放到大队，实行民办公助。1978年，全县校舍逐步实现砖瓦化，在校生人数增加，适龄儿童入学率和升学率不断提高。

幼教简况

1952年建立县直幼儿园，1956年改讷河镇第一小学办幼儿园。1958年全县办幼儿园、托儿所20余所。1978年幼儿教育蓬勃发展，发展到92所，187个班，入园幼儿1 500余名。

初教简况

1946年2月，县人民政府接收日伪遗留的小学102所，其中私立14所，进行有步骤、谨慎地改造工作。1947年设置国文、算术、唱歌、体育、图画等5科，并使用了新教材。1950年全县小学发展到351所，其中城镇完小12所，农村完小2所。1951年改革教育领导体制，区设中心校归区领导，管理全区小学。1953年对全县小学进行整顿，缩小网点增加校舍、设备，提高教学质量。1956年，全县小学294所，学生增至34 411名。1958年全县小学增至458所，有学生38 654名，适龄儿童入学率85%。1964年，全县先后又办起了248所耕读小学，招收学生10 200名，适龄儿童入学率90%以上。1966年，全县小学发展到670所，学生73 751名，适龄儿童入学率95%。

1968年3月，村小学一律下放到大队，实行民办公助。1976年，全县小学增加到809所。在校生106 890名，适龄儿童入学率达94%。1978年后调整中小学比例，压缩156所中学，精简下来的610名教师充实小学，使小学教育达到普及和提高。教育经费逐年增加，校舍、设备逐渐完备，城镇小学校舍普遍实现砖瓦化，农村小学办学条件得到改善，学生的学习成绩和思想品德显著提高。

中教简况

1946年，县人民政府接收伪满遗留的男高、女高两所中学合并成县联合中学。1948年联中改为黑龙江省讷河中学，隶属省教育厅。1949年，班级增加到7个。学校经常组织师生参加各种政治活动，为土地改革、解放战争培养了大批干部。1951年，讷河中学增设高中班，招收嫩江、富裕、甘南、依安、莫力达瓦旗等地学生45名，学制2年。

1954年8月，讷河中学一分为二，由高中部教师和学生，组建讷河第一中学；将初中部改为讷河第二中学。1956年，拉哈镇建立了拉哈中学。1965年成立县第三中学。

1958年，老莱公社成立了老莱中学。1960年，讷南、学田、通南、龙河等公社建立了普通中学。1964年，撤销讷南、学田、龙河中学，将师生分配到老莱中学和讷河二中；建立讷河耕读中学。1966年全县有普通中学16所，耕读中学1所，教学班125个，在校学生4 726名。1968年，改县耕读中学为讷河县第三中学。全县28所农业中学一律改为普通中学，下放到公社管理。1975年8月建立讷河县第四中学。

成人教育简况

扫除文盲运动　1949年，全县开展全民大扫盲运动，聘请社会文化人教农民识字。达到认、讲、写、用"四会"。1950年5月，县人民政府发出《关于开展农村识字运动的通令》，全县成立常年民校9所。1952年，全县有645个村屯办起速成识字班。1965年，全县有政治、文化、技术三结合的业余学校670余所，参加学习24 000余人。1976年农村继续进行扫除12岁至42岁之间的少年及青壮年农民文盲的工作。

四、讷河的医疗卫生事业发展

简述

解放前，讷河的医疗条件十分艰苦，流行病、传染病、地方病肆虐。

清代县内卫生条件极差，无医疗机构和设施。民国时期县内有了医院、私人药房和行医者，但不能研究和控制克山病、地甲病等地方病。医药价格昂贵，人民生活困难，流行病、传染病严重威胁着人民健康。

日伪统治时期，"四野见坟茔，处处闻哭声"，讷河人民在日伪法西斯统治之下，不但饱受地主官僚和侵略者的欺压之苦，还要承受战乱、饥饿和各种疾病的痛苦煎熬，深处水深火热之中。

解放后，党和政府关心人民生活疾苦，注重人民健康。1950年，讷河县被列为东北行政区卫生实验县。省卫生部门帮助扩建医疗机构，投放药品、器械，培训卫生技术力量，为全县卫生事业的发展奠定了良好基础。1963年，全县消灭了天花、霍乱，基本控制了伤寒病的流行。经过二十余年的努力，基本上消灭了克山病。甲状腺肿、大骨节病等地方病发病率得到了控制，传染病发病率逐年下降。

主要医疗机构

市人民医院，该院是黑龙江省北部地区历史悠久、技术力量雄厚、医疗设备先进、服务理念前卫的二级甲等综合医院和国家级爱婴医院。1945年，人民政府接管伪满县医院，改称讷河县人民医院，是当时县内最大的综合性县级医院，担负全县各乡镇疾病医疗及医术指导任务。同时收诊内蒙古莫旗、嫩江、甘南等邻县边界地区急重病患者。1946年，因解放战争需要改为西满军区陆军第四医院，1948年移交讷河县改称县卫生院。1950年抗美援朝，利用部分院舍建立伤员休养院改称三十六后方医院。1954年被撤销，人员、设备移交讷河县，卫生院改称县人民医院。1964年，新建县第一人民医院990平方米门诊室，1979年新建门诊楼一栋，共2 947平方米。

市人民医院拉哈分院，原名县第八区卫生院，1958年改为县卫生院拉哈分院。1960年改称县第二人民医院，建筑面积2 833平方米。

市中医院，1950年由中医丛德昌等10人成立的联合诊所，1951年改名为中医研究所。1952年11月改为县中医院。1966年迁入新址，院舍面积1 499平方米。

市妇幼保健院，1956年建立，医疗设备逐年更新，引进高素质医务人才，是讷河县妇女儿童医疗保健中心，国家级爱婴医院。新建妇幼保健院大楼地址在县城西大街路北，总使用面积1 500平方米。

五、讷河的市政建设事业发展

市政建设简述

讷河城。1907年，东布特哈总管陈福龄于波尔多驿站东拉设讷河城街基。1915年修城壕筑城门，四门各修木桥一座。1926年，城壕上种植榆树，街中心建"守望楼"。1936年，四门安置铁门。1941年，四周城壕深挖数尺以上堡垒坝高数丈余，以防抗日武装袭击。1945年光复，拆掉了中心街的日本纪念塔，建"解放纪念塔"，1969年秋拆除。城区东北街是县党、政机关的驻地。1972年后，多次对城内街道进行整治和铺装硬化。随着兴旺御园、翠湖名苑、观湖国际等新型住宅小区出现和城南新区的开发，加速了讷河城镇建设现代化的进程。

管理。讷河注重城镇环境管理，1954年成立县城卫生车队，负责县城内厕所清理。1978年县卫生车队负责城区环境卫生工作，有职工40多人，四轮拖拉机20台。

园林绿化

市区绿化。市政府依照公民每年完成义务植树3株至5株的义务植树任务要求，每年下达义务植树任务。

雨亭公园。1950年至1978年，由干职学社各界义务在园内种植绿乔1.32万株。

第六章　改革开放以来讷河的发展

第一节　产粮大县全国百强

一、富起来的讷河农村经济

1979年，贯彻党的十一届三中全会精神，讷河从实际出发，全面落实农村各项经济政策，农村经济得到恢复和发展。1981年，各公社在部分生产队实行统一经营，划分小组联产承包；专业承包联产计酬；小段包工定额计酬；包产到户等多种形式、多内容的联产承包责任制，探索农业经济体制改革的途径。1983年，普遍实行家庭联产承包责任制。土地承包给个人一定15年不变；大牲畜、小农机具作价处理给农户，欠款逐年偿还。大型农机具实行国家、集体、个体、联户等形式经营。工副业实行家庭承包。县委、县政府抓粮食生产积极发展多种经营，一是调整种植业内结构，发挥麦、豆优势适当增加经济作物种植面积。二是实行退耕还牧发展以养猪、牛、羊为重点的养殖业。同时对发展畜牧业的饲料、贷款、饲料加工、改良品种、疫病防治等方面给予支持。三是重点发展以农副产品深加工和建材、运输、服务业为主的企业，并在资金、设备、人才和技术给予支持，使农村劳动力脱离土地从事工商和服务业。

1983年至1985年投资1 119.7万元，建立农业技术推广、良种繁育、农田基本建设配套体系。形成农业技术推广网络，对具有高产优势的大豆、小麦、土豆、甜菜、玉米等作物，连年进行大面积高产技术攻关。在连续遭受各种自然灾害的情况下仍然夺得大丰收。1985年，全县粮豆薯总产达到104 442万斤。其中，粮豆总产97 553万斤，再创粮食产量历史新高。党的十一届三中全会以后，调动了全县人民的生产积极性，充分发挥了潜在的生产力，1983年被国家确定为全国首批50个商品粮生产基地之一。1985年被省委、省政府命名为全省"农业生产先进县"，是全国8个受到奖励的商品粮生产基地县之一，全国百名产粮大县排名第十五位。1996年被评为全国农业生产先进市；被省政府命名为粮食生产十强县、九小龙市。1998年全市实现农业机械化。1999年被国家命名为全国商品粮基地、农业生产百强县和农业生产先进县。

二、强起来的讷河农村经济

（一）规模化发展

党的十八大以来，在新一届党中央领导下，在习近平总书记新时代中国特色社会主义思想的指导下，在市委、市政府的率领下，努力奋进，精准扶贫，攻坚克难，开创了讷河历史新局面。2017年，粮食综合产能由36亿斤提高到57亿斤，经济作物种植面积达到133万亩；发展畜牧规模养殖场306个，规模化养殖量由45%提高到65%，生产总值实现126.5亿元，全社会固定资产投资完成116.8亿元，年增长6%。加强农业基础设施建设，完成尼尔基直供灌区、节水增粮、土地整理、草原保护等25个工程项目，新增高标准农田83万亩、水田33万亩、灌溉面积70万亩。农业服务，推广高新实用技术42项5 000万亩次，组建现代农机合作社23个，获得省级"双认证"地理标识7个。全市粮豆薯总产达到245

万吨。建设高标准生态农田项目2个，完成土地整治项目2个，建成标准化规模养殖场6个、种养加销一体化合作社16家，带动土地流转420万亩、规模经营260万亩。建立农业物联网固定监测点86个，覆盖农田32万亩；完成首批18个农产品生产加工企业、29个"互联网+农业"高标准示范基地产品质量溯源体系建设；建成互联网创客孵化园；建立电商企业15户、电商生产企业18户、合作社46家，累计线上销售农产品2.8亿元，被评为国家电子商务进农村综合示范县。

（二）产业开发

庭院经济开发。实施《讷河县1989年—1992年庭院经济开发目标》，实现庭院经济收入6 980万元。1991年重点乡镇庭院经济收入占农业经济收入的20%，专业村达到30%。庭院利用面积149万平方米，亩效益达千元以上。讷河镇建家庭温室、大棚1 355栋，棚菜上市量283万公斤，总产值330多万元。2018年，相继形成了学田燎原、同义升平蔬菜大棚；长发绿色果蔬、城北油豆角等生产基地。

水稻产业开发。讷河早年仅有三个朝鲜族村种植水稻。1988年沿江河的九井、讷南、全胜、太和、二克浅、兴旺、老莱等乡镇大力开发水田，水稻种植面积达11.6万亩。1991年秋投入积累工49万个工作日，完成引嫩干渠穿堤闸、太和灌区一、二支闸等工程，水田面积20万亩。2015年全市沿"一江四河"两岸开发水田近70万亩。平均亩产500公斤，年产优质无公害水稻约34.8万吨。讷河北纬48°东北粳稻享誉省内外。

马铃薯产业开发。讷河市1992年被授予"全国马铃薯之乡"，举办讷河首届马铃薯节。1993年举办马铃薯及制品订货会，共签约马铃薯2.4亿公斤、马铃薯淀粉3 150万公斤，促进了马铃薯产业发展。1998年马铃薯种植面积达40万亩。1999年，讷河马铃薯脱毒技术列入全国"农牧渔丰收计划项目";讷河成为全国商品薯基地、淀粉加工基地和种薯基地。2014年，省"农业开发百万亩优质马铃薯基地"项目的讷河马铃薯种薯库，在兴旺乡建成。

特色农业开发。1997年建立特色农业基地51.42万亩，种植白瓜、晒烟、姑娘、瓜菜等14个大类近百个品种。1998年特色作物种植面积185万亩，形成规模化、专业化、标准化村屯132个，典型户350多个。1999年逐渐形成"一村一品""一路一线一产业"的特色农业格局。兴旺乡沿江村种植晒烟390亩。2000年按照适应市场、突出特色、发挥优势、改善品质的原则，调整特色农业结构，更新产品调优质量，提高特色农产品竞争力。2001年落实薯、豆、糖、经、饲五大绿色食品基地116万亩，签订绿色食品合同33项，金额4亿元。绿色食品使全市增收8 800万元。2002年绿色作物面积增至180万亩。在历届中国绿色食品博览会上，突出"中国马铃薯之乡""中国甜菜之乡"两大主题，展品有豆、薯、糖、酒、果蔬、饲料、杂豆、蚕茧10个大类80个品种。

2015年，讷河市为齐齐哈尔地区水稻、玉米、大豆、马铃薯、甜菜主产地，生猪、鸡蛋、奶牛、肉牛养殖基地。

（三）农业供给侧结构性改革初步推进

2018年，田间物联网监测面积70万亩，获得全国绿色食品生产基地认证294.8万亩、绿色标识54个。国家级绿色食品原料标准化基地发展到337万亩，绿色有机农产品供给不断扩大，讷河市成为全省农产品质量安全示范县。

第二节　改革开放工业振兴

一、转换机制　深化改革

1979年，实行多种所有制并存，鼓励集体和个人投资办厂。以农副业产品加工为重点的乡镇企业在全县应运而生，日趋发展。1984年后，工业企业实行承包责任制，职工的劳动报酬与劳动成果挂钩。内外横向经济联合，引进资金、技术、人才和设备，产品质量和经济效益有较大提高。1985年，全县有工企6 329家，总产值11 605万元。讷河工业进入循序渐进、有条不紊的改革历程。

1986年，县工企改革主要是简政放权。全县工业企业实现厂长负责制，县财政比上年多收500万元，同比增长2.8倍。

1988年，258户工企全部实行承包经营和租赁经营，效益大幅提升。

1990年，贯彻"稳定、充实、调整、完善"方针，兑现第一轮承包合同，开始第二轮承包经营。

1992年，调整市八大系统112户企业转换经营机制。抓住"小区兴办的集体企业享受市政府优惠政策"机遇，市属企业开辟第二战场，创办加工、购销、储运、养殖和服务等经济实体173个，分流安置职工478人。

1996年，重点进行企业内部配套改革。市属企业全部实行劳动、人事、分配三项制度改革，5 127名全民所有制职工同企业签订了劳动合同；42户企业实行了功效挂钩；26户企业实行了计件或效益工资。企业实行股份制、工人合同制和定编定员优化组合，竞争上岗。

2001年对134户企业实施产权制度改革，核销企业不良资产、亏损挂账等历史包袱9 500万元，盘活存量资产800万元，收缴社保资金1 064万元，社保部门一次性接收离退休人员987人。

党的十八大以来，讷河市委、市政府以十八大精神为指针，以深化改革为动力，以全面建成小康社会为目标，继续实施农业奠基、工业立市、产业富民战略。讷河市经济增长平稳，工业再上新台阶。

2018年，重点推进投资5 000万元以上产业项目17个，完成总投资65.8亿元。已建成投产11个，全市规模以上工业企业实现工业增加值26.2亿元，同比增长2.2%。

二、脱胎换骨　破茧化蝶

国营企业　1985年全县国营工业企业32家，实行厂长目标管理责任制，继续完善各种承包责任制，农机厂、淀粉厂等14家国营工业企业与县内和域外发展横向经济联合和技术联合与协作，获得明显经济效益。2001年134户国营工业企业转制民营企业，社保一次性接收离退休人员987人。

2005年深化产权制度改革。银河集团、港进集团，讷河淀粉厂、讷河味精厂、讷河酒厂、拉哈酒厂等最后的81户国有企业全部转制为民营企业，黑龙江省北方糖业公司退出国有成为股份制企业。

乡镇企业　1956年实行农业合作化后，合作社兴办豆腐、粉、油、酒坊、小烘炉、木工组生产小农具和家具及挂马掌、修农具等服务项目，满足了农村需求。1962年，全县农村社队有铁木、米面加工、编织被服、制酒榨油等18个行业73家企业。1966年全县有社企12家，镇街企9家，大小队办企业301家。1968年讷河、拉哈两镇办起烘炉、砖厂、药厂、化肥、水泥等五小企业20

家。1976年，有镇街企业14家，社办企业25家。1977年，社办企业达到54家。1979年，城镇办起水泥构件、机械修造、综合修理等工厂；1980年，乡办淀粉厂11家，年产马铃薯淀粉2 281吨；砖厂15家，年产红砖15 800万块。全县有社镇企业308家，从业人员8 199人，年产值1 670.1万元，实行利润201.4万元。1983年，队办企业全部承包到户，变成专业户。1985年，全县调整产业结构。大批农村剩余劳动力创办粉坊、豆腐坊、编织、食品加工、烧砖制瓦、被服裁剪、机械电器修理等小作坊。全县共有乡镇企业6 263家，从业人员17 640人，完成产值5 053万元，占工业产值的34.5%，实现利润550万元，占工业总利润的77.1%。

1986年，乡镇企业有米面加工厂1 010户、豆腐坊870家、酒坊31户、油坊75户、食品厂15户、粉坊455户、饲料厂175户。

1997年，乡镇企业形成了以农副产品加工和建材业生产为主体的大豆、马铃薯加工、玉米烘干、矿泉水、建筑材料、脱水蔬菜等八大产业。

民营企业　1946年，全县有私营工业企业71家，1948年发展到98家。1949年县政府对全县私营工业企业进行登记挂牌，重要商品属性统购包销。1950年全县私营工业企业79家。1956年，有70家77名个体手工业者属性个体经营，从事编织、修鞋、打麻绳、制罗圈、拧笊篱的制作与销售。1961年，84家手工业者自愿成立手工业铺坊、修表、刻字，生产市场短缺的日用家具、炊具。1979年，有技术专长的人开办风电焊、白铁加工、电器修理等个体服务。1983年，土地承包到户，剩余劳动力转向副业，承包队办企业，创办农副产品加工为主的小工厂。1985年，全县个体工业企业已经增加到5 705家，从业人员7 958人。完成产值占全县工业产值的16.8%，占工业总利润的48.5%。

党的十五大以后，讷河民营经济发展进入快车道。民营企业

9 200户，从业人员95 000人，资产总额259 968万元，其中固定资产146 959万元，注册资金25 245万元。产值超百万元民企210户，超千万元18户。销售收入超亿元的1家、超千万的4家。纳税超千万元的2家、利润超百万元的3家。大豆加工企业950家；马铃薯加工1 400家，精制淀粉36家；畜牧深加工企业年加工肉牛5万头，肉羊40万只。

2005年，引进鸿源油脂、天丰面粉、鸿基木业、北方熟食制品、乾鑫酒业等企业，到位资金97 061万元。市先后投资1 500万元，规模建设工业园区，进驻16家企业。投资亿元的项目有42户，超千万元的37户。形成了大豆、马铃薯、畜禽、乳制品、稻米为主的农副业产品加工业，以饲料、制酒、建材、机械制造的新兴产业等10个特色产业链。2015年私企固定资产总额1.5亿元，销售收入1.2亿元，利润1 100万元，纳税280万元，从业人员9 964人。有6家民营企业推广IS9000国际质量体系认证，7家企业的12种产品获国家绿色食品认证，6家通过国家GMP认证，5户企业的产品获省著名商标。

三、大浪淘沙　优胜劣汰

讷河市北龙米业有限公司　于2002年组建，属民营企业。拥有1 000平方米生产车间及附属设备，生产"冰玉""太阳湖"两个品牌精制大米，兼营大豆、杂粮、杂豆收购销售。在齐齐哈尔中国绿色食品博览会获畅销品牌等多项奖，被评为齐齐哈尔市龙头企业。

港进粉丝有限责任公司　建于1993年，后改制为股份制。占地面积3.4万平方米，总产值4 480万元。拥有日本马铃薯粉丝生产线两套、粉条生产线一套，年产能力5 000吨。全封闭流水线作业，工艺技术处于国内领先地位。自主开发的无钒方形直条挂面精制粉丝，畅销全国，同时也出口美国、日本等国家和地区。"港进"牌水晶粉条、水晶粉皮被评为黑龙江省著名商标。1999年通过ISO9002国际质量体系认证；2001年获绿色食品证书；2003年通过了ISO9001—2000版标准认证。

昌远生物科技有限公司　浙江省长兴县昌盛集团徐克成于2004年3月投资6 000万元兴建。占地6.6万平方米，建筑面积3 376平方米。主产免疫球蛋白25吨，副产蛋白粉660吨，蛋黄粉1 400吨，多肽蛋白口服液、营养蛋黄粉、生物钙等系列保健食品。蛋黄免疫球蛋白提取技术是国家重点创新项目，提升了鸡蛋的附加值，为养殖户提供增值空间。

普邦明胶有限责任公司　市重点招商引资企业。大连宏远国际贸易有限公司收购市明胶厂，投资1 880万元改建，于2002年8月投产。占地10 786平方米，年产明胶300吨、磷酸氢铝1 050吨、骨油200吨。2004年二期工程，投资1.2亿元将骨胶生产能力扩大到2 000吨。黑龙江省最大的骨明胶生产企业。

北风粮食工贸物流有限公司　于2003年成立，注册资本金3 000万元，占地面积6.8万平方米，现有员工75人。集大米及面粉加工、粮油贸易、粮食物流等业务于一身。有两座大米加工车间、三条精制米生产线、一条面粉生产线及500吨烘干塔一座。自有铁路专用线、罩棚、成品库、原粮仓和库，固定仓容10万吨，是集粮食生产加工、销售、储存、物流于一体的现代化加工企业。三条制米生产线年加工水稻30万吨，是黑龙江省西北部的大型米厂。2009年8月，黑龙江省粮食行业协会授予"1115"牌小麦粉放心面、大米为放心米。"1115"牌大米于2011年12月被省名牌战略推进委员会认定为"黑龙江名牌产品"，2013年7月被省工商局认定为"黑龙江省著名商标"；"冰哥"牌大米于2013年11月被省工商局认定为"黑龙江省著名商标"；"一笋香"牌面粉于2014年6月被省工商局认定为"黑龙江省著名商标"。现已在云南、四川、贵州、山东、河南、河北、内蒙古等外省市建立了自己的营销网络。

四、深化工业全面改革加速提升讷河经济

（一）经济综合实力大幅提升

市委、市政府带领全市人民深入学习党的十八大、十九大精神，贯彻以习近平新时代中国特色社会主义思想为指针，以满足人民对美好生活的需要为方向，以全面建成小康社会为目标，优化产业布局和结构调整，不断推进质量变革、效率变革、动力变革。

建设一区三园。一良、全胜工业园重点围绕桑德集团、力天公司，打造以秸秆等农业废弃物加工为主的循环经济、环保产业园；拉哈工业园重点围绕鸿展集团、鹏程糖业，打造以食用酒精、危化品生产及原糖加工为主的现代发酵产业园。支持恒阳集团、普邦明胶等企业打造智能化生产车间，推动互联网、大数据、人工智能和实体经济深度融合。

推进产业项目。发挥基础优势，做大做强食品第一产业。苜蓿等饲草饲料种植基地总面积30万亩；建设两个3万头肉牛、奶牛养殖园区，提高了肉类加工及明胶生产的原料保障能力；薯产业支持马铃薯全产业链发展，种薯种植面积10万亩，加工薯20万亩，在节点乡镇建设马铃薯恒温库；豆产业坚持非转基因，扩大福兴粮油、笙得利对外出口，引进植物蛋白、膨化食品生产项目，提高大豆工业附加值；玉米产业鸿展集团与本地酒业合作，共生配套的企业群体。汉麻产业雅戈尔、金达等大型企业集团打造汉麻产业园；环保产业加快桑德集团10万吨秸秆燃料棒、2万吨燃料颗粒项目建设，全市15个乡镇建秸秆加工站。

（二）发展新兴业态

加快"智慧城市""智慧电梯""码上讷河"项目建设，升级了城市服务网络基础设施，为个人消费和小微企业提供互联网政务、便民、口碑商家及信用金融等服务。发展推进80兆瓦，47个村级太阳能光伏扶贫电站、静脉产业园和老莱黄粘土矿等项目。2018年"国家电子商务进农村示范县"验收达到了优秀档次。抓住齐齐哈尔创建"全国质量强市示范城市"机遇，塑造讷河形象、讲好讷河故事、卖好讷河产品，打造讷河特色原产地农产品区域品牌，增强"讷河食材·安全可靠"的市场认同。建设众创空间梦工厂和果蔬气调库，全面生成电商新业态。

第三节　综合发展全面振兴

一、坚持双百方针振兴文化艺术

1979年党的十一届三中全会后，贯彻党的"双百"方针，讷河文艺全面复兴。1981年成立县电影发行放映公司；电视覆盖率85%；广播线路2 514公里。文物发掘和保护工作进一步加强，发现古化石、旧石器、古墓葬、古城遗址多处，加强了保护工作；雨亭公园不断增添新的游览项目，丰富了城乡人民的文化生活。

1982年，县政府加强对民间艺人的规范和领导，制定《关于加强民间艺人管理的暂行规定》，经过业务考试考核，200多名民间艺人领取"民间文艺人"证书，规范、净化了讷河文化市场。

1985年，全县22个公社都设有文化站和电影管理站，有农村文化专业户56个、联合活动室391个。1986年以来，每逢节日和重大活动，必有各种文化展览和文艺演出。2000年，巨和乡被省文化厅命名为"文化先进乡",长发镇被命名为"文化先进镇"。

2000年,讷河市被国家文化部授予"文化先进县"称号。

2004年,讷河市被命名为"中国民间文化艺术之乡"。

2017年,讷河市普及了村级文化书屋。

2018年,新建全民健身项目127个,举办各类文化活动60项,组织送戏下乡120场、数字电影下乡2 052场,改善了农村文化环境,活跃了农村文化生活,群众文化生活日益丰富。

(一)改革文艺团体,注重社会实效

加大文化事业单位改革力度,提高文化团体的自我造血功能和社会服务能力,首先进入改革行列的是讷河评剧团。

讷河市评剧团,1980年增加了东北地方戏,连续两年被省评为先进剧团。1984年评剧团解体,面向域外高薪招聘人才,筹建讷河县艺术团。1986年组建县艺术团,设有地方戏、轻音乐队,演职人员150人。1992年更名讷河市艺术团,定编48人。1995年1月参加全国第二届二人转观摩演出,二人转《喜丧》荣获导演、表演一等奖,创作二等奖。翌年应北京市文化艺术演出公司邀请,参加迎春庙会8天演出10场,大受欢迎。1997年,在省首届县级剧团比赛中获得12个一等奖。1998年应邀参加黑龙江、上海、云南电视台春节电视晚会演出。小品《挺起来》和东北二人转联唱,分别在央视七、三、四套节目播出。《金石为开》获东北地区第四届戏曲小片大赛三枚金牌和一枚银牌。2000年全省"小品、小戏、曲艺"会演,获9金8银1铜,共18个奖项。9月,代表省参加省曲协在海城举办的"西柳杯"二人转邀请赛,四个参赛节目获7项金奖,2项银奖及优秀组织奖。二人转小帽《新编小拜年》在省电视台春晚演播。2002年龙江剧《老九媳妇》,摘取省"白淑贤杯"地方戏调演综合节目金奖。2005年,市艺术团被黑龙江省龙江剧院吸纳为分院。讷河艺术团从一类文化事业单位，转制二类文化事业单位企业化管理，增强了艺术团自身造血功能，每年坚持"大篷车"送戏下乡百场。2018年，在编57人，其中高职1人，副高职8人，中级20人。

加强群众文化建设，提高文化管理部门的自身素质，深化全市城乡的群众文化工作的普及，抓好群众文化基础建设。

讷河文化馆，1981年在原址（中心大街，北二道街东南街口）翻建240平方米的二层楼馆舍，设有办公室、摄影辅导室、文艺辅导室、创作辅导室、排练大厅等。2011年迁入雨亭公园西侧文化中心办公大楼。2000年后，坚持夏、秋两季在市区举办"周末大舞台"文艺演出；常年深入农村辅导组建农村业余文艺队，把文化送到村屯。市文化馆配合市委宣传部和市文联，每年举办各类展览活动十余场，推进了群众文化工作的开展，丰富了市民文化生活。2004年被文化部评为国家三级文化馆。现有职工14人，副高职称3人，中级职称5人。

讷河电影发行放映公司，有职工24人。1988年，由向齐齐哈尔市电影公司租片改为自购拷贝发行。1989年公司由县财政退库改为自收自支。1997年扒掉原公司二层旧楼，盖起新的电影发行放映综合楼。

讷河新华书店，1975年新建800平方米二层楼和250平方米砖瓦房。1984年增设拉哈门市部。1985年实行经理负责制，1998年隶属上级新华书店。

讷河图书馆，1985年实行以开架服务为中心、以信息服务为重点的业务改革，被评为县"文明单位"。

（二）注重文物管理，加强文物保护

博物馆

1986年2月成立县文物管理所，事业编制3人。1996年成立市博物馆，与文物管理所合署办公，编制8人。调查文物遗物点及文物遗址42处，对尼尔基水库淹没区文物调查，新发现古文化遗址、古墓葬群、遗物点21处，采集文物标本230件。1997年7月博物馆开馆，内设"历史陈列厅"和"展览厅"。陈列旧石器时代、新石器时代、青铜时代、辽金时代、清代、近代6个部分，藏品千余种。有硅化木、更新世纪披毛犀、猛犸象的骨骼化石；有旧石器时代遗址出土的砍砸器、刮削器、尖状器等打制石器；有新石器时代遗址出土的白玛瑙、绿燧石制成的石镞、细石核、长片石等渔猎工具和夹砂陶、凸炫纹陶等有昂昂溪文化特征的文物标本。青铜器时代文物标本有压印蓖点纹陶器、红衣陶、青铜器、鱼骨鳔等；有辽金时代仿定窑白瓷、铜马镫、六整铜锅、双鱼铜镜、铁铧犁、铁车轴、石臼、轮制陶、铁镰；清代展品有阿那保墓碑、威远将军墓碑碑文拓片和鼻烟壶、服饰等。近现代展柜陈列有抗日联军在1939年使用过的大刀和缝纫机、1946年县民主政府建立时的印章等。1999年博物馆获省十大优秀历史陈列提名奖；2000年获评省文物保护先进单位。

境内的古代遗址

清河屯遗址，位于学田镇光明村清河屯北部山顶上。石器形状较大、不规整，均属单向打制加工，专家鉴定属旧石器时代末期遗物。当时社会已进入母系氏族阶段，县内先民靠这种粗糙的石器工具，在今嫩江沿岸的山顶上，过着采集和渔猎的原始生活。

敖包山遗址，位于二克浅镇西北敖包山上。1960年发现出土陶罐碎片，罐侈口，方唇，腹缓收，夹砂褐素面，罐壁不太平整，较光滑，手制。距今七八千年前，人类已进入农牧阶段，新石器时代的遗物。山上拾得削刮器等新石器46件，其中7件被省博物馆收藏。1981年遗址出土2只红衣陶罐碎片、玛瑙石磨制细石器4件及烧焦桦皮器皿残片1块。1985年采集到石镞2枚，圆头刮器1件和青铜器时代遗物多件。二克浅敖包山遗址为青铜器时代遗址。

拉哈镇青铜时代古墓遗址、大古堆古墓群遗址，1993年发现，共8处，位于东房子屯青铜时代古墓群，约距今2 000余年。

红马山遗址，为新石器时代文化遗址，位于学田镇工农村红马山，地处嫩江左岸，是古代渔猎部落的理想居住地。遗址散布大量陶片、石器、骨器、铁器、铜饰、粗石器、细石器等。陶片密集，证明这里是原始部落居住地。2002年对遗址的一部分进行抢救性发掘，清理灰坑172座，居住遗址16处。发现鹿、狍、野猪和鱼的骨骼，彩陶、带钻孔的骨板、铁匕首、砾石加工而成的石斧等。

学田多福遗址，在今学田镇多福村南岗屯及西南2.5公里的沙丘上。1960年采集到细石器8件，初步认定为新石器时代文化遗物。

清和明水屯遗址，在今学田镇工农村。1960年采集到加工比较精细的白玛瑙石镞1件，长2.8厘米，认定为新石器时代遗物点。

杨树林遗址，1993年发现，遗址在兴旺乡杨树林以西的沙丘上，南北长一千米。出土玛瑙石镞、燧石石镞、小巧锋利的尖状器、刮削器，大都是手工制成，有黄褐陶、黑褐陶和夹砂陶，与昂昂溪遗址的陶片相同。还发现石磨残片、在烧过的灰烬中有许多鱼和啮齿动物的骨骼。判断出，五千年前生活在杨树林的原始人靠捕鱼、狩猎和采集生活。

清和开花浅遗址，位于学田镇富源村开花浅屯南山坡上。1960年采集到白蓝色、长5.2厘米圆刮器1件。

老莱东风遗址，位于老莱镇东风村西北山岗上和河南窑地两处。1981年当地农民挖出陶罐1只、白瓷碗1个。从两处遗址出土一些陶碎片，初步认定为辽金时代遗址。

孔国砖厂遗址，位于孔国乡东2.5公里处。1980年挖出石臼一具，系火山岩凿成，高43厘米，口直径22厘米，初步认定为辽金时代遗址。

龙河古城遗址，位于龙河镇勇进村南营屯西100米处，南邻讷谟尔河。东西长527米，南北宽398米，周长1 850米长方形城池，夯土城墙，残墙高约1米，外壕深2～3米。1960年发现古城遗址，在此发现的镭石凯甲片、铁枪头、铁镰、铁镞、贴车棺、石臼、石磨、陶网坠、轮制、灰陶及征集到的双鱼镜、青盖作镜、双童踩莲镜等金代铜镜、明代古鸣镝等遗物。专家认定古城建于金代并一直沿用至明代，初步认定是一座金代建制的猛安谋克城。金代，猛安谋克是与州、县平行的建制。

拉哈岗遗址，1685年（康熙二十四年），清政府为了应对沙俄入侵，建成自伯都纳（今肇源县茂兴）通往爱辉驿道上的一处驿站。在今拉哈镇西北2.5公里临河高地上，民国初期废弃。残留驿站房地遗迹和散落在沙坑田地里的陶网坠、陶纺轮、陶片等遗物。

郭贝勒氏家族墓地，位于龙河镇莽鼐屯（保安村）。清代出了11位将军，又称"将军屯"，末代皇后婉容祖居地。

文物保护

省级文物保护单位。1986年12月，省人民政府批准讷河"二克浅青铜时代古墓群"为省级文物保护单位。1999年1月，"清河屯遗址""郭贝勒氏家族墓地"被批准为省级文物保护单位。2005年4月，"龙河古城址"被批准为省级文物保护单位。

县（市）级文物保护单位。1985年4月，县人民政府批准"老莱东风遗址""威远将军墓"为县级文物保护单位；1993年9月批准"江东遗址""大古堆古墓群遗址""红马山遗址"为市级文物保护单位。

2018年6月，中共讷河市委宣传部将市博物馆、中共讷河中心县委遗址、李兆麟将军抗日活动旧址、八区大榆树群众集会旧址、永胜大榆树抗救会旧址、通南剿匪烈士纪念碑命名为讷河市爱国主义教育基地。

非物质文化遗产

鄂温克族瑟宾节。2007年，由讷河市文化馆组织专业团队，深入到讷河市鄂温克族人生活聚居地和内蒙古鄂温克自治旗等地，开展调研采访、拍摄资料、搜集史籍、整理图文、制作视频图册、资料汇编等大量前期准备工作。2008年申报，名列"黑龙江省非物质文化遗产"名录中。2011年5月23日，"鄂温克族瑟宾节"经国务院批准列入第三批国家级非物质文化遗产名录。

萨满文化。"萨满"一词是古代鄂温克族语"沙曼"音译，意为"狂欢、激动、不安的人"。意思是"先知者"和"神通者"，什么都知道的人，是人和神沟通的使者。萨满教，是原始多种神教中的一种；是我国古代北方民族普遍信仰的一种原始宗教，产生于原始母系氏族社会的繁荣时期。古代北方民族或部落，如肃慎、勿吉、靺鞨、女真、匈奴、契丹等；近代北方民族，如满族、蒙古、赫哲、鄂温克、哈萨克等，也都信奉萨满教或保留萨满教的遗俗。生活在嫩江左岸讷河市鄂温克族人，传承了萨满歌词、舞蹈、服饰、神鼓、法具等传统文化和特色文化遗产，具有很高的历史文化价值。

萨满文化也是北方满族及其他民族的一项宗教信仰活动之一，是民间医病驱邪、祈福驱灾、占卜问卦、许愿还愿的一种宗教仪式。满族萨满，有萨满歌词和曲谱、舞蹈和彩画面具、腰铃、神鼓（单鼓）、神鞭等服饰与法器。满族面具是满族文化的稀世珍贵遗产，它不仅为民族学、民俗学、考古学、语言学、美术、戏剧等方面的学术研究提供了新的研究方法和新的启示，并开启了新的研究领域和方向，它也为旅游和民间工艺美术提供了巨大的开发商机。汉族人把这种宗教活动称为"跳单鼓"，近代演变成现代人称之为的"跳大神"。

鄂温克族舞蹈，讷河境内的鄂温克人口耳传承了"鄂温克族民族舞蹈"，他们以口教身受等形式，将鄂温克"摸鸣舞""打狼舞""彩虹舞""天鹅舞""击掌舞""角斗舞""提水舞""胸顶花舞""采山丁舞"等民族舞蹈传承至今，列入"黑龙江省非物质文化遗产"，讷河市民间文艺家协会于2018年已将其搜集整理绘画成册。

鄂温克族民间文学。鄂温克族是我国人口较少的民族之一。嫩江流域讷河境内的鄂温克族，清顺治年间住黑龙江以北外兴安岭一带，迁居现兴旺鄂温克族乡。鄂温克族有语言无文字，社会生活、人文历史主要靠口耳传承。鄂温克族文学有传说、神话、故事和歌谣、说唱、舞蹈等，其文化底蕴十分丰富，是我国民族民间文学宝库中独具风貌的艺术瑰宝。1988年《讷河民间文学集成》收集整理了鄂温克族民间文学，代表作有民族起源神话、图腾传说、英雄故事、山林狩猎故事等。

随着鄂温克族老辈人相继离世，文化传承后继无人现象严重，黑龙江省鄂温克族研究会、讷河市民间文艺家协会着手组织人员进行抢救性发掘。

（三）文学创作成果斐然

1980年，木青长篇小说《不许收获的春天》，人民出版社出版发行；

1985年，木青长篇小说《遥远的后方》，人民出版社出版发行；

1985年，吴顽石长篇武侠小说《追风剑》，北方出版社出版发行；

1989年，范中惠编剧，齐齐哈尔电视台摄制电视剧《飞雪》，央视及全国电视台交流播映；

2005年，胡文华、吴欣苓合著长篇抗战小说《冰雪泰安》，北方文学出版社出版发行；

2012年，李墨林摄影集《李墨林黑白摄影艺术》，中国广播电视出版社出版发行；

2015年，徐启发散文《相约如梦》，北方文艺出版社出版发行；

2015年，谷博文长篇小说《荒火》，北方文艺出版社出版发行；

2017年，徐启发诗歌《一船星辉》，团结出版社出版发行；

2017年，乔立波小小说《朋友啊朋友》，江西高校出版社出版发行；

2017年，王亚杰诗歌《梅香荷韵》，线装书局出版发行。

二、注重全民健身　发展体育运动

讷河有着注重体育事业发展的优良传统。改革开放40年来，市委、市政府着力推进群众体育和全民健身活动；重视体育场馆建设，落实体育设施投放和利用；强化全市中小学校课间体育活动，推进体育素质教学和专项体育训练。讷河人民响应市委、市政府提倡的"大力开展全民健身"活动，人民身体素质不断增强，在校学生身体素质和体育素养逐步提高，每年为中国人民解放军输送大量优秀预备役人员，为省和国家输送一定数量的速滑、跆拳道、篮球、足球、乒乓球等优秀体育人才。

（一）体育活动

自1949年举办首届讷河县田径运动大会，至1992年撤县建市，共成功举办了43届县体育运动大会。1993至2018年的二十五年中，成功举办了18届市体育运动大会，推动了全市群众体育活动开展。1986年以来，除传统体育活动项目之外，太极、街舞、扭秧歌、健身操、交谊舞、徒步越野、自行车等运动，成为广大群众所喜欢体育活动项目。1996年确定每年的5月为"全市全民健身活动月"。机关、学校、乡镇企事业单位举办各种体育活动272次，全民健身活动94次，参加人数超过10万人次。

2005年有篮球、排球、乒乓球、门球、羽毛球、象棋、风筝、太极7个协会。2017年新增徒步、自行车、游泳3个协会。

2017年开始，举行多次自行车拉力赛、四驱越野车拉力赛等赛事。

（二）体育场馆

1958年，建成县田径场、溜冰场各一处、训练房一处、水泥篮球场一处，与县工会合建篮球场和灯光球场一处。年底全县各乡镇均有篮球场、田径场；乡镇文化站有乒乓球室、棋牌室。县直机关拥有篮球场35处、乒乓球室18处。1989年，在城南雨亭公园西侧，新建75 000平方米的县体育场，修建400米三合土跑道。1994年，在雨亭公园建成三个标准门球场；1998年市政府投资160万元建成一座多功能性体育馆；1999年实施"全民健身光彩工程"，从彩票公益金中投资建成东平小区健身路径一处，在市区建成280平方米的体育活动中心，健身设备齐全。

2000年，市总工会和市体委共同创办市乒乓球活动中心，集职工活动和少儿培训于一体，成为开展乒乓球活动的专项场馆和培训乒乓球后备力量的基地。2003年为老干部活动中心增添1 000平方米活动室，设有阅报、健身、会议、休息和麻将、象棋、台球等活动室。

2005年，共有标准城市路径8套，大小体育场馆1 226个。其中篮球场地320个，排球场地410个，400米田径场3个，300米田径场10个、200米田径场180个，室内200平方米健身房2个，门球场30个、足球场180个。

2006年，在雨亭公园劳动湖西侧，建"人和广场"和"文化广场"。

2008年，在讷河一中后身，建成一座现代化体育场。

2014年，在电视台三角地建"北鑫苑"休闲广场一处。

2015年，在原市政府办公黄金地段，建"人民广场"一处。

2018年，在城南小区建"海绵公园"一处。

（三）校园体育

1986年，讷河中小学开始坚持"两课"和"两操"活动，城镇中小学达标率80%，农村中小学达标率47%以上。1989年全县有11所学校被省、齐齐哈尔市命名为省和齐齐哈尔市级速滑、田径传统体育项目学校。育才学校连续多年获县运动会初中组团体总分第一名，齐齐哈尔市田径传统项目学校比赛团体总分第一名。1993年被确定为省级田径传统项目学校，1997年被评为全国"群众体育先进集体"，2017年被确定为冰上、足球活动教学基地。2000年开展以课间操改革为突破口的大课间操活动，学生每天至少有一小时的体育锻炼时间，进行广播操、武术操、韵律操、现代舞、集体舞和跟我学队列等体育锻炼。讷河实验小学连续多年获市小学组速滑、田径比赛团体总分第一名，多次获省、齐齐哈尔市级速滑传统比赛团体总分第一名。被国家体育总局命名为国家级"速度滑冰传统项目学校"。

2015年以来，每年举办"市长杯"学校雪地足球、滑冰等赛事。

2018年底，全市16个乡镇18个所中心学校、城镇17所学校，全部开展了足球、篮球、速度滑冰、武术、乒乓球等专项体育教育活动。

（四）讷河体校

1962年成立县青少年业余体校，1973年隶属县体委，校址迁往人民公园体育场，开办速滑、乒乓球两个专业，招收97名学员。1974年增设篮球班，招收学员145人。1985年改称为讷河县少年儿童业余体校。开展速滑、田径、篮球、散打、柔道等业余训练。1986年浇人工冰场110处，天然冰场26处，136所中小学校开设冰上课，上冰人数64 700人。1987年被评为省"百万青少年上冰雪活动"先进集体。速滑在齐齐哈尔市处于领先地位，1988年被省命名为省级"体育项目后备人才基地"。1988年7次蝉联齐齐哈尔市少年速滑团体赛冠军；实验小学连续多年获省、齐齐哈尔市速滑比赛第一名，成为首批项目学校、全国体育锻炼达标学校。讷河被评为省"百万青少年上冰雪"活动市。1989年国家体委在讷河召开冬季项目业余训练现场会，推广讷河经验。1996年市青少年田径队参加齐齐哈尔市青少年田径运动会获得团体总分第二名，1人打破齐齐哈尔市纪录。在省八运会、九运会上夺得20枚金牌，4人打破省纪录。1998年增设了举重、国际式摔跤、跆拳道等项目，参加齐齐哈尔市第三届运动会。举重、柔道、国际式摔跤比赛，获3金11银9铜的好成绩。少年武术运动员参加省首届少年武术比赛，获团体总分第三名，1人获金牌。1999年囊括齐齐哈尔市跆拳道比赛的9块金牌；连续11年获齐齐哈尔市田径比赛总分第一名。2000年省九运会，讷河跆拳道队代表齐齐哈尔市参加比赛，获得金牌、奖牌总数和团体总分第一名，2001年整体调入齐齐哈尔市体校。2004年讷河跆拳道项目被省体育局命名为"县区级体育后备人才基地"，讷河成为省唯一一所三个项目的体育后备人才培训基地。讷河体校发现、培养和输送速滑、跆拳道、田径等人才，为国家培养和输送了众多体育精英。

（五）优秀体育人才

讷河市涌现和输出了大量体育人才，至2017年，讷河向上级各类运动队、大专院校输送230余名优秀运动员，其中国际健将1人，健将31人。获各类比赛冠军，世界级1项，国家级26项，省级65项。输送各类教练9名，其中速滑教练4名，跆拳道教练1名。速滑教练邓绍新任省速滑队国家级教练，参加三次冬奥会，培养了宋臣、杨春媛等世界冠军。孔凡伟在齐齐哈尔市培养了多名跆拳道全国青少年冠军。

周丽，1978年选拔到解放军"八一"速滑队，获4项全国、1项国际全能冠军；

吴国玉，1982年全国第五届速滑赛500米第一名，国家速滑健将；

李勇，全国青年田径锦标赛女子1 500米冠军，全国田径赛女子1 500米冠军；

栾玉华，1987年全国青少年速度滑冰比赛，女子1 500米冠军；

李庆芬，1988年全国少年短道速滑比赛，女子500米冠军；

王洪清，1989年全国青少年速度滑冰比赛，女子五项第二名；

徐少波，1989年全国速度滑冰比赛，男子1 500米冠军；

张波，1990年全国青少年速滑比赛，男子1 500米冠军、3 000米冠军、全能第二名；

徐向影，1991年全国少年速滑比赛，女子500米冠军。1993年女子速滑1 000米冠军；

岳媛媛，1992年全国速滑比赛，女子500米冠军、1 000米冠军；

王艳，1993年全国速滑比赛，女子1 000米亚军；

高春丽，1994年、1995年、1996年全国青年短道速滑赛3 000米接力冠军；

李成峰，1996年全国短道速滑青年赛，男子全能冠军。1997年全国短道速滑赛男子500米接力冠军；

赵婧，1998年全国速滑赛，女子1 500米第三名。1999年全国第九届冬运会女子1 500米亚军。2000年亚洲杯速滑赛，女子3 000米第七名；

田中山，1998年全国青年速滑比赛，男子500米亚军，1999年全国男子300米冠军；

冯家良，1998年全国少年速度滑冰比赛，男子500米冠军；

赵彦雪，1998年全国短道速滑比赛，男子5 000米接力冠军；

郭洪雪，2 000、2001年全国少年速滑比赛，男子500米冠军；

张忠奇，2002年全国短距离速滑赛，500米冠军。2003—2004年度世界杯系列赛哈尔滨站B组500米冠军。2005世界大学生冬运会，男子500米亚军、亚洲速滑锦标赛男子500米冠军、参加第五、六届亚冬会和第十二届都灵冬奥会。国际健将。

赵伟楠，2003年全国青少年速滑比赛，男子1 500米冠军、3 000米冠军、5 000米冠军、个人全能冠军；

李磊，2004年全国青少年速滑比赛，500米冠军；

张勇，国家散打集训队队员，获全国武术散打锦标赛第2名、第3名。中俄、中日、中印散打对抗赛65公斤级冠军、第九届全国散打65公斤级冠军。

三、提倡素质育人　强化基础教学

党的十一届三中全会后，调整中学布局，增设学校网点，办好重点中小学，倡办农、职业学校。1985年，全县适龄儿童入学率达98.7%。有363名高中毕业生考入大专院校。学校勤工俭学纯收益占国拨经费的24.9%，被评为齐齐哈尔市勤工俭学先进县。1989年5月县教育局改称教育委员会，直接领导和管理县城中学和实验学校、拉哈一中等13所学校。1993年，校企联合办学，市职教中心建设养殖场，提供了教学实习基地。乡镇、村两级校企合一的校办企业，发展到125家。

2018年，投资7 893万元，新建教学楼4栋，维修改造学校26所，全市标准化学校达标率100%。招录教师410名，师资不足问题基本解决。义务教育"六三"学制改"五四"学制全面完成。

（一）幼教简况

1979年幼儿教育蓬勃发展，全县有幼儿园92所，187个班，入园幼儿1 500余名。1985年，全县有幼儿园21所，178个班，入园幼儿11 042名，教职员工217人。县幼儿园被评为省儿童少年工作先进集体和齐齐哈尔市达标园所。2000年，讷河市有幼儿园和学前班129个。2003年个体幼儿园9处，乡镇中心学校学前班9个。幼儿园一般开设文化、珠算、英语、音乐、体育、美术、舞蹈等课程。

教育幼儿园。1998年实验幼儿园从实验学校析出，直属县教委。占地4 200平方米，建筑面积1 502平方米，开设9个教学班，教职员工59人，其中特级教师和国家、省、市级骨干教师29名。院内建有滑梯、攀登梯等游乐设施，各班绘有童话、自然、民族、动物世界主题壁画。多媒体及液晶投影仪、电脑等设施，各班有电视和消毒柜等设备。先后获评全国爱国主义启蒙教育示范幼儿园、美育教育先进单位；省科普先进单位、卫生先进单位、少儿工作先进单位和绿色学校等荣誉。

（二）初教简况

1976年，全县小学增加到809所。在校生106 890名，适龄儿童入学率达94%。1979年后调整中小学比例，压缩156所中学，精简下来的610名教师充实小学，使小学教育达到普及和提高。教育经费逐年增加，校舍、设备逐渐完备，城镇小学校舍普遍实现砖瓦化，农村小学办学条件得到改善，学生的学习成绩和思想品德显著提高。

1981年小升初的成绩，科平均总分为117分，比1980年提高12分。校内外适龄儿童总数为75 731名，入学74 755名，入学率98.7%。被省定为完成初等教育任务县。

1992年，讷河被国家确定为全国13个重点综合改革试验县之一。1994年有小学278所，2 622个教学班，毕业生14 968人，有教职员工4 437人。2001年，调整城乡教育网点布局，小学减少为239所，精简民办教师650人。发放资助金9.8万元，救助特困学生419人。2个乡镇、83所学校无流失学生。2003年，乡镇中心校、中学和成职联校三校合为乡镇中心学校，完成了乡镇教育体系改革。2005年有小学214所，1 394个教学班，在校生34 113人，毕业学生6 634名。

实验小学，是市教育局直属全日制完全小学。1954年被称为讷河县第六小学，时有教学班30个，其中初中班8个。中、小学生1 700名，教职工68名。1962年定为省、地、县三级重点小学。1975年进行口、珠、笔算结合和语文基本式教学实验，学生的口算、笔算速度、准确度和拼音读写明显超过非实验班。1978年复定为县重点小学，同时撤销初中班，1981年恢复实验小学名称，发展了"注音识字、提前读写"实验教学。学校冰上速滑队为上级体校和体工队输送队员近200名；参加省速度滑冰比赛获三连冠；田径队在历届市运动会年年夺魁。先后获得，全国"注音识字，提前读写实验先进校"、全国"三结合教育先进单位"、全国百所绿色小语示范校、全国"体育锻炼项目"传统校、全国教改实验先进单位和省"三育人"先进单位、省"科教科研"先进单位、省"心育"教育先进校、省"改善办学环境"先进校等荣誉称号。

（三）中教简况

1991年实行农科教结合。64所中学达到规范化三类以上标准，合格中学增加14所。初中学生流失率控制在6%以下，毕业率上升至94%，考入中专105人，考入大专院校323人。1996年，28所初中达到规范化标准，2所被定为省级示范中学。1999年，教学质量持续提高，当年高考818名高中生被大专院校录取。2000年初中由54所调整至42所，当年考入大专院校1 091人，继续位居齐齐哈尔市之首。2005年有普通中学37所，其中初中33所。在校高中毕业生1 873人，考入大专院校1 589人。2018年考入大专院校2 340人。

讷河一中，市属高级中学，创建于1954年，1978年定为县重点中学。恢复高考，为国家输送新生288名，其中进入重点大学81名。输送中专新生278名。1985年获省人民政府文明单位和全市文明单位标兵称号。1986年，在校生983人，142人考入大专以上院校；被定为省重点高中。1994年被评为省"两全"先进校；1995年被评为省级文明单位标兵；1996年再次被命名为省级重点中学；2005年晋升为省级示范性中学。涌现出地区高考理科状元张继岩和文科状元张继秋、朱丽晶等一批优秀学生。2002和2004年有2名学生分别考入北大和清华。

2005年564人、2017年846人、2018年825人考入大专以上院校。

讷河二中、拉哈一中，是讷河市重点高中之一，多年取得较好高考成绩，2018年两校考入大专院校1 525人。

（四）少数民族教育简况

1986年，讷河县有少数民族学校5所，其中鄂温克族小学4所，朝鲜族小学1所。翌年成立兴旺鄂温克民族乡，乡中心校有教师43人，学生228人（含汉族、达斡尔族学生）。下属百路村小学有教师5人，学生16人；索伦村小学教师13人，学生100多人（含汉族、达斡尔族学生）。

朝鲜族小学校设在朝鲜族人口聚居的全胜乡全胜村，在校学生多时60多人，教师11人，设5个班。改革开放后，朝鲜族农民纷纷去朝鲜或韩国打工，致学校学生减少。2005年，学校无生源自然撤销。朝鲜族教师被分配到其他学校任教。

鄂温克小学，1952年10月成立"索伦民族小学"。1987年，升级为兴旺鄂温克族乡中心小学，有教师13人，学生228人。下属百路村小学有教师5人，学生16人；索伦村小学有教师13人，学生100多人。鄂温克族学生小学毕业后进入当地的初级中学或去齐齐哈尔市民族中学就读。1989年，鄂温克族小学开始实施"注、提"实验教学，从小学一年级起教授学生汉语拼音识字、提前读写。利于鄂温克族学生学说普通话和学习本民族语言能力。1994年有鄂温克族在校生224名，教师11人。1998年6月讷河市"为加快提高少数民族人口素质，应保证有一定数量的少数民族学生进入市重点高中学习"。市教育部门部署招生时对鄂温克族考生给予加20分的照顾；兴旺鄂温克族乡中心小学编制高于汉族学校0.5人；鄂温克族代课教师转公办教师给予增加指标照顾。2016年，兴旺鄂温克族中心小学被省教育厅授予鄂温克族文化传统传承基地校；2017年，获第二批全国中小学中华优秀文化艺术传承学校称号。

（五）特殊教育简况

县聋哑学校，于1959年建校。1964年校舍扩大至14间，并办起聋哑木工厂，设木工、油画两个车间。1965年校园面积扩大，县文教科直接管理。1978年新建砖瓦校舍14间，学制8年。1982年教学班7个，校办福利厂。1985年在原基础上接二层楼405平方米。有教师34名、学生120名，校办工厂设木工等4个车间，工人120人。1985年被评为黑龙江省甲级学校。1994年省教委拨款，建起640平方米的教学楼。学校实行9年制，毕业的聋哑学生，走向社会，得到聘用，安家立业。2003年再次被省教委评定为省甲级学校。2011年9月搬迁到原第五小学校址，教学楼、实验室扩大三倍。

（六）成人教育简况

技能培训。1986年全县兴办7个农民技术学校，县城先后办起了农业技术学校、省农业广播电视大学、农业技术高级中学和机动车驾驶员培训学校。1988年县有农民技术学校1所、农民中专2所，在校生128人。农广校在校生635人。23个乡镇建立了农民文化技术学校，其中有16所达到实体学校标准。202个行政村办起农民文化技术学校，乡村共培训农民82 944人。乡镇成职联校开设岗位、职业技术、实用技术培训班，分别培训4 000多人、1 000多人和6万多人。

（七）职业学校

1986年县有职业教育学校13所；2005年有各类职业教育学校28所。其中重点职教学校有讷河教师进修校、讷河职业教育中心学校及民营晓晓英语学校、剑桥文化艺术学校、佳铭艺术学校等。

讷河市职业教育中心学校，1995年建校，翌年升为国家级重点职业技术学校。成为具有职业高中、成人高中、技工学校及企事业单位培训、劳动力转移培训于一体的综合性职业学校和市劳动力转移培训基地、下岗职工再就业培训基地。学校占地12.5万平方米，建筑面积2.2万平方米。设有与专业配套的计算机、汽修室等13个实训室，开设旅游、种植、美术、汽车运输和维修、焊接、服装、畜牧兽医等11个专业。有教师106名，25个教学班。年培训在岗职工1 000多人，劳动力转移培训3 000多人。拓宽就业基地，安置就业学生200多人。先后与江苏中泰电工电子公司联合办学，输送学生155名；与北京海淀计算机学校、青岛黄埔学校、大连广告学校联合办学，输送学生近千名。2017年职业教育改革走在全国县级前列。2018年，职教中心开设了普通高中班，中职招生稳中有进，职业教育改革走在全国县级前列。

讷河市教师进修校，1953年建立，省重点一类教师进修校。现有教职工91人，是中小学教师及教育行政干部的培训中心。1992年初级培训1 815人，中级培训1 815人，培训率均100%。1997年培训高级职称人员11人，培训率1.4%。学校的《培育教学能力几点做法》载入《继续教育必读》一书。"八五"期间，举办小学校长岗位培训班6期，培训508人；小学班主任岗位培训班4期，培训345人；260人被评为县以上的优秀教育工作者，60%以上的学校获县以上先进标准化学校。市教师进修校多次被齐齐哈尔市教委评为干训先进单位、被齐齐哈尔市定为增设培训试点单位。

四、强化群防群治　保障人民健康

1979年，引进和培训了大批卫生技术人才，整体卫生技术队伍素质和医疗水平大幅提高。1980年被列为全省卫生事业整顿先进县。1988年，23个乡镇卫生院下放乡镇管理，2003年乡镇卫生院重新上划市卫生局管理。螺旋CT、DR、彩超、大生化、核磁共振等先进设备落户市属医院。2005年，启动新型合作医疗制度改革，农民参合率达80.04%，新型农村合作医疗的管理与运行机制初步形成。医务人员经过培训，提升了市级医院的诊疗水平。至2005年，有卫生技术人员1 198人，医疗技术人员水平大幅提高。

2016年，建立三级预防保健网、医疗救治和医疗支农网络。有疫控中心、妇幼保健院、乡镇卫生院防保站和村防疫医生、妇幼医生组成的疾病防御检测、传染病预防监测、突发公共卫生事件报告及控制、孕妇和儿童保健等项任务。市三级预防保健医疗和医疗救治两大网络，发挥了疾病预防检测、治疗、康复、保健人民健康的作用。

有市直综合医院、中医院、妇幼保健院、疫病防控、卫生监督所、乡镇卫生院、村卫生所、综合门诊部、民营医院等市、乡、村医疗卫生机构344家。已形成城乡较为完善的三级医疗和预防保健网，基本实现小病不出村，常见病不出乡，大病不出市。

1991年连续两年被评为省、齐齐哈尔市级文明卫生甲级县，1994年被命名省级卫生城市。1996年被国家爱委会命名为全国卫生城市。2005年被连续命名为全国卫生城市。2018年顺利通过卫生城复审。

主要医疗机构

市人民医院，黑龙江省北部地区历史悠久、技术力量雄厚、医疗设备先进、服务理念前卫的二级甲等综合医院和国家级爱婴医院。1945年人民政府接管伪满县医院，改称讷河县人民医院。是当时县内最大的综合性县级医院，担负全县各乡镇疾病医疗及医术指导任务。同时收诊内蒙古莫旗、嫩江、甘南等邻县边界地区急重病患者。1946年因解放战争需要改为西满军区陆军第四医院，1948年移交讷河县改称县卫生院。1950年抗美援朝，利用部分院舍建立伤员休养院改称三十六后方医院，1954年被撤销，人员、设备移交讷河县，卫生院改称县人民医院。1964年，新建县第一人民医院990平方米门诊室，1979年新建门诊楼一栋，共2 947平方米。1984年，新建面积972平方米的医疗楼一栋。1985年共有病床429张，年门诊149 429人次。2017年，在岗职工420人，其中医疗专业人员324人，高职58人，中级170人。

市人民医院拉哈分院，原名县第八区卫生院，1958年改为县卫生院拉哈分院。1960年改称县第二人民医院，建筑面积2 833平方米，1985年新建门诊楼2 500平方米，年门诊达98 622人次。1996年6月并入市人民医院成为其分院。2005年有职工96人，其中副主任医师3人、主治医师21人、医师18人，设30个临床、医技和职能科室。

市中医院，1950年由中医丛德昌等10人成立的联合诊所，1951年改名为中医研究所。1952年11月改为县中医院。1966年迁入新址，院舍面积1 499平方米。1985年，门诊99 453人次，治愈率53%，好转率42.9%，被县委、县政府授予"文明医院"。1991年晋升为二级乙等中医院。2001年移至市区内建设路西段新建市中医院，占地1 5 000平方米，建筑面积9 000平方米，内设60个职能和医疗科室，突出中医特色的骨伤、烧伤、肛肠、针灸按摩、中医眼科等科室。2014年迁至城南出口新建中医院大楼，在岗职工158人，其中主任医师1人、副主任医师8人、主治医师53人。市中医院以强医兴院倡导中西医结合、传统医学与现代医学精华融合，促进了医德医风建设。多年来被评为齐齐哈尔市义诊标兵单位、省先进职工之家、齐齐哈尔市总工会先进集体等称号。

市妇幼保健院，1956年建立。1983年在县城西大街路北新建妇幼保健院大楼，总使用面积1 500平方米。1985年设门诊、病室、妇保、儿保、后勤5个科室。1996年设立中英合作项目新生儿急救中心。2000年，建成2 300平方米综合楼，有床位40张，在编职工64人，其中医疗技术人员53人（高职5人、中职29人）。主要仪器设备有M2410B尖端影像超声诊断仪、全自动生化分析仪等70多件。曾获省创百树千标兵、妇幼保健工作先进集体、精神文明单位、百姓口碑最佳等荣誉称号。

博爱医院，民营医院，于2005年筹建，翌年竣工营业。占地10 000平方米，建筑面积5 000平方米。市级医疗、预防、保健于一体的现代化综合医院，设有内、外、妇、儿、口腔和中医、肛肠、耳鼻喉等临床科室。医疗设备主要有，美国GE全身螺旋CT、500毫安X光机、富士能电子胃镜、迪逊8 000三维彩B超、彩色颈颅多普勒等。120名员工均为大中专毕业生，其中主任医师6人、副主任医师12人、中级职称28人。

同安医院，综合民营医院，建于2007年。设有门诊、住院、医疗养老中心。开设内、外、儿、妇、中医等20多个科室。拥有核磁共振、全身螺旋CT、DR、三维立体四探头彩色B超、冷光源电子胃镜、彩色颈颅多普勒等医疗设备。病床200张，员工180人，正、副高职10人。

协和医院，二级民营医院，2017年引进美国GE1.5T核磁、美国GE64排128层螺旋CT、美国GE彩超、DR数字X光机、日立全自动生化分析仪、奥林巴斯胃肠镜等先进医疗设备。

个体诊所，市内有内科诊所11处，皮肤诊所2处，口腔、镶复诊所各4处，美容诊所2处。拉哈镇内科诊所2处，口腔、妇科诊所各1处。

乡镇卫生院，全市16个乡镇，2个街道，有标准化卫生院18个。

农村卫生所，全市设有172个行政村，有标准化卫生所172

个。农村医疗卫生网的建成，保障了农村医疗保险和农民治病的基本需求。

卫生监督

2003年成立市卫生监督所，有职工32名，其中卫生技术人员28名。内设办公室、法制监督、办证、食品卫生监督、环境卫生监督、母婴保健监督、职业卫生监督科。担负《食品卫生法》《传染病防治法》《职业病防治法》《母婴保健法》《献血法》《执业药师法》等法规的执法监督任务。2004年8月受市卫生局委托负责医疗市场监督管理。

2005年，食品卫生检验科开展全市区餐饮业食品卫生量化分级管理工作。每年对全市中小学和职教中心学校季节性卫生综合监督，对学校食堂进行食品卫生量化分级管理、评定并发放许可证。每年高、中考期间监督考点、食宿点及周边环境卫生与食品安全。定期对学校的传染病和饮水安全进行监督检查。加强对放射卫生监督、医疗市场监督和法制监察等工作的开展和落实，保障了人民生活和环境治理。

2018年，讷河市场监管体系不断健全，工作力度不断加大，人民群众饮食用药安全得到了充分保障。

五、完善市政建设构设美丽乡村

（一）市政建设简述

讷河城　1907年，东布特哈总管陈福龄于波尔多驿站东拉设讷河城街基。1915年修城壕筑城门，四门各修木桥一座。1926年，城壕上种植榆树，街中心建"守望楼"。1936年，四门安置铁门。1941年，四周城壕深挖数尺以上堡垒坝高数丈余，以防抗日武装袭击。1945年光复，拆掉了中心街的日本纪念塔，建"解放纪念塔"，1969年秋拆除。城区东北街是县党、政机关的驻地。1972年后，多次对城内街道进行整治和铺装硬化。随着兴旺御园、翠湖名苑、观湖国际等新型住宅小区出现和城南新区的开发，加速了讷河城镇建设现代化的进程。

2015年，确立了"1城10镇64社区"城乡发展布局，修订城市总体规划和30个专项规划，将党政机关和客运站、中医院等单位迁入新城区，形成主、副中心协调发展格局。完成公铁立交桥、绕城公路、城区"五纵七横"道路升级、棚户区改造、老旧小区整饬、绿化亮化、"三供三治"等重点工程建设，完善了城市功能、提升了城市品位。

2018年，辟建了城市海绵公园和"合和金街"地下人防商城。

拉哈镇　境内第二大镇。原为驿站，乾隆年间形成街基，1908年初具规模。有全省六大糖厂之一的黑龙江省红光糖厂，2017年，玉米深加工企业鸿展集团、鹏程糖业等落户拉哈。

乡镇　老莱原为驿站，民国时期列为集镇；通南、讷南、龙河镇为民国时期的集镇，1945年至1952年按城镇对待，1984年定为乡级镇。

（二）城乡建设

管理　讷河注重城镇环境管理，1954年成立县城卫生车队，负责县城内厕所清理。1986年县卫生车队负责城区环境卫生工作，有职工40多人，四轮拖拉机20台。1989年改称县环卫站，1998年改为环卫处。配备吸污车1台，垃圾清运四轮车30多台。2004年市政府成立市政管理行政执法局，加强对城市卫生管理和违规处理。1989年城区主干道设有20个垃圾箱，2005年设有标准垃圾箱400个，居民区垃圾点1 300余处，污水井249眼，管理人员增至26人。2018年，城区主、次干道设置分类垃圾箱，环城路和每个居民小区均设置标准垃圾箱，消灭了垃圾堆放点。城市生活垃圾无害化处理率100%，环卫机械化作业率达到95%，两项均居齐齐哈尔市各县首位。讷河环境管理工作获省"市容管理甲级县""市容卫生奖"和"全国城市环境卫生综合管理先进城市""全国卫生城市"等多项荣誉。连续四届获得省级文明城市称号。

卫生管理　1986年，县环境卫生工作由专业队伍和居民自管结合管理。1996年实行"门前三包"，加大城管监察大队监管力度。市环卫处配备各种车辆12台，垃圾清运车80台。200名环卫工人按照晨清扫、日保洁的工作要求完成工作任务。2004年城管局与环卫处合并，成立讷河城市管理行政执法局，下设垃圾清运等股室和5个市容管理中队。拥有管理干部80人，环卫工人和城管协管员380人，推土机、铲车、吸污车、垃圾运输车等专业车辆16台，承担市政管理和环卫工作。2015年引进桑德集团托管城区环卫和污水处理业务。

环境监测　讷河市加强了环境监测、噪声监测和水质监测工作。市区布置7个大气监测点、168个噪声监测点，定时检测嫩江、讷谟尔河、老莱河及市区饮用水源地。

（三）园林绿化

市区绿化　市政府依照公民每年完成义务植树3株至5株的义务植树任务要求，每年下达义务植树任务。2004年获省级园林城市，2015年市区植树32 429株，绿化率达27.8%；人均占有公共绿地8.35平方米。城区新增绿地6.5公顷，绿地率达到33.1%。

街路绿化　市区主干道4条，次干道14条，全长26 270米，占地面积467 827平方米，绿化面积23 790米，街道绿化普及率达96.6%。

小区绿化　"倡导绿色文明，创建绿色家园"，小区绿化率达到96%。

广场绿化　人和、文化、北馨园、人民广场等绿地覆盖率达31.2%。

庭院绿化　市区单位庭院绿化面积达到31.2公顷，22个有绿化条件的单位达到齐齐哈尔市或省级花园式单位标准；55%可绿化庭院单位达到市级花园式单位标准。讷河一中获评黑龙江省花园式单位，绿色学校。

雨亭公园　由干职学社各界义务在园内种植绿乔1.32万株。1993年成立园林处，与雨亭公园管理处合署办公。植柳、松及15种花灌木，乔木1 416株，栽花5万株，在劳动湖边栽垂柳101株；1994年植槽槭、桃红、丁香1 351棵。1996年公园面积增至45.5公顷，团市委组织讷河一中团员青年栽云杉570株、桃红100株。1997年市公检法三机关在新区植垂柳、刺玫2 340株，翌年市四个班子和市直机关等9个单位在新区、劳动湖周围栽垂柳、银中杨5 561株。2000年植垂柳、云杉、丁香195株。2014年在新区造风景林，植大柳树2 103棵。

生产绿地　市区建有市苗圃、铁路苗圃，占地128公顷，生产用地33.3公顷。有樟松、落叶松、云杉、银中杨、柳、槽槭、垂榆、连翘、玫瑰等10多个品种150万株。

防护林地　市区营造防护林面积56.8公顷，其中城市防风林面积475 510平方米，水土保持林面积5 600平方米，铁路两侧护路林面积87 500平方米。

公共绿地　市委、市政府为建设讷河园林城市、旅游城市投资，对市区公共绿地进行重点建设和续建，公共绿地面积增至79.99公顷。

（四）乡镇建设

小城镇建设　随着经济发展，讷河的城乡建设逐步迈向新发展，踏上新台阶。1986年市政府相继出台《讷河市村镇规划建设管理办法》《市小城镇和农村住宅与环境建设管理办法》，明确了小城镇建设与管理的目标和工作重点，规划了人均住宅面积、住宅砖瓦化率、道路铺装率、自来水普及率、环境综合治理等指标，并以责任状形式落实到乡镇、分解到村屯。1997年投资3 000万元用于11个乡镇的基础设施建设、发展公益事业。自来水普及率84%，协整主次干道113千米，安装路灯388盏，乡镇全部安装了有线电视，开通了程控电话。人均建筑面积达18.65平方米，砖瓦化率达到80.8%。文、教、卫、福利、商服等个公用建设面积达26.8万平方米。修建封闭和半封闭综合市场2处、农贸市场3处、轻工市场4处、牲畜交易市场4处，总营业面积22 560平方米，经营场地10 720平方米，各类市场年交易额1 000万元。

1990年，以老莱、拉哈两个省、齐齐哈尔市级试点镇为示范点，在齐齐哈尔市建委指导下，以住宅建设、道路、给排水、绿化美化为突破口，春播前、挂锄后、秋收前组织三次大规模的小城镇环境集中治理。投工20万个，整修道路4 300条20万米，上砂石40万立方米，清挖边沟13万米，下涵管5万节。同年秋召开九井镇现场会，以点带面，全市推开。

2005年修建白色路面91 444平方米、硬化排水边沟7 000延长米、下路桥涵管4 000节，自来水普及率达60.5%。

2018年推进美丽乡村建设，建成示范村25个、达标村47个。

村屯建设 1986年起，村屯建设贯彻"因地制宜、合理布局、远近结合、节约用地、配套建设、协调发展"的原则，加快规划和建设进度。1993年编制完成全市乡镇、村屯总体规划。翌年完成23个示范村的建设规划。1997年各乡镇完成了1 129个自然屯状况图绘制及349个村屯的规划。1998年4个乡镇住房砖瓦化率超过60%，45个村提前达到小康住房标准。2002年市政府出台20条优惠政策。2005年，农村已有住宅面积1 160万平方米，其中砖瓦面积848万平方米，砖瓦化率73.1%，新建和翻建住房面积75 053平方米，人均居住面积19.86平方米。农村自来水受益人口29.39万人，普及率52.57%。村镇主次干道75 755千米全部铺装砂石。维修黑色路面2 240平方米，新建白色路面91 444平方米。基本解决了镇村道路狭窄、拱度不够、排水不畅、路旁缺树的状况。

2018年，加大了贫困户危房改造力度，把光伏发电、清洁供暖、厕所革命有机结合，每个乡镇建设一处100户以上的农村集体大院，统一设计、统一标准、统一建设，实现了新建房屋改水、改灶、改厕4 886户，实现"五改"的乡村焕发了新容貌，建成示范村25个、达标村47个，农村环境明显改观，贫困户实现"两不愁三保障"。

第七章 革命老区讷河的产业资源优势

第一节 讷河老区设立及老区工作

一、老区概况

讷河是三类革命老区，8个老区乡镇，1个老区街道党工委；43个老区村。老区人口约17.8万，4.5万户，现有红色遗址、遗地22余处，抗日战争战斗遗址约14处，解放战争、建立人民政权时期战斗遗址约8处。

二、老促会的设立

1996年被定为三类革命老区，1997年1月成立讷河市老区建设促进会，会长由市人大副主任兼任，办公室设在市农工办。2003年底讷河市老促会对外挂牌，独立办公，会长一人，2004年调入在职秘书长一人。2006年经市委同意，聘请名誉会长、副会长各一人。2012年8月，经齐齐哈尔市老促会和市领导同意，聘请常务副会长一人，完善了讷河老促会的工作环境。

三、为老区美丽乡村建设添砖加瓦

讷河市老区建设促进会自成立以来，为讷河老区作了力所能及的工作，解决了一些实际困难，受到国家及省市的表彰和奖励。

为贫困老区村争取扶助项目 讷河市老促会协调33个老区成员单位和社会力量，用各种形式支援全市9乡镇43村的老区建设。

1997—2010年12月，市老促会共为革命老区筹集资金2 300余万元，引进经济与文化建设项目86个。其中，建革命遗址纪念碑1处，修建校舍4 000平方米，维修村委会办公室2处，建休闲广场1处，辟旅游路3公里，打人畜饮水井11眼，购喷灌设备26套，上节水灌溉项目（14眼机电井、15个蓄水大灌、355个小水灌、355套低灌、15台发电机组），组建农机服务队1个，购大型农机具2台套，解决乡镇企业生产用井2眼，修通村公路13.9公里，为无电屯送去光明电，给350余户村民安装有线电视，43个老区村都建立了"农家书屋"，解决三个老区村文化娱乐服装、器械等，为5个老区村各提供价值1万多元健身器材，建畜牧综合服务站1处，为贫困户、特困户购扶贫羊1 065只、獭兔345组1 380只。

2013年，市委、市政府开展向老区捐助活动，共捐款153万元。老促会与扶贫办积极争取扶持项目与资金，落实的扶持项目7个，到位资金64万元。

2014年，为老区解决疑难问题48件。新建千万元以上农机合作社2个，解决农民饮用自来水15 314户，泥草房改造125户，共补贴资金62.5万元。

2015年，老区乡镇实施精准扶贫项目66项，共到位资金4 907.41万元。33个成员单位对老区村实行定点帮扶，帮扶了26个贫困村。水务局为老区争取7个项目，资金993.23万元；教育局为老区乡镇修建校舍，购置学生桌凳等投入资金共1 462.4万元；文体广电局为九井、龙河、孔国3个乡镇3个村文化设施建设，投入资金共45万元；两改办为九井、龙河2个乡镇3个村泥草房改造项目，补助金209.75万元；交通局为老莱镇聚宝村实施道路边沟防护工程1.3公里，资金150万元；贵发建筑公司投资100万元，帮助龙河镇龙河村进行美丽乡村建设；移民办为学田镇保昌村投资30万元，更新移民自来水设施、修水泥路0.7公里。

2017年，水务局对3个老区乡镇4个老区村实施饮水安全工程6处，每处投资50万元。交通局为老区九井镇实施硬化公路建设项目，总投资330万元。教育局为4个老区乡镇教育基础设施建设实施5个基础建设项目，建筑面积总计8 866.18平方米，总投资1 715.32万元。妇联为老区贫困妇女捐款9.01万元，捐赠物资价值2.24万元。

扶贫整村推进，优先考虑老区村 2006至2009年，先后将4个老区村推荐为省整村推进扶贫村，共落实扶贫项目18个，资金436.9万元；2010年共落实扶贫项目3个，资金64万元。2011年，省老促会、省扶贫办下拨扶贫资金10万元，给通江街道日新村修建通村公路1公里；下拨扶贫资金26.1万元，给龙河镇国庆村维修危桥3座资金17.82万元，建计生室资金6.9万元，维修村民活动室资金1.2万元。

2014年，将老莱镇聚宝村、同义镇升平村列入近期及今后一个时期整村推进计划，通过三年的帮扶，彻底摆脱贫困状况。老莱镇聚宝村整村推进村，投入资金240万元。2015年，全市为老区乡镇实施精准扶贫项目66项，到位资金4 907.41万元。

设立老区专项资金，支援贫困老区村建设 按照黑发〔2012〕3号文件要求，2013年7月，市委常委会研究决定设立老区发展专项基金，每年金额50万元。

第二节　雄厚的农业产业优势

讷河市是"以农业为基础，以工业为主导，林牧副渔全面发展"的北方农业大县。凭借优越的地理位置，丰厚的自然资源，依靠聪明勤奋的讷河人民在党的英明领导与市委、市政府的正确指挥，经过解放初期的土地改革、建国初期的初级合作社、高级合作社及人民公社到改革开放实行土地联产承包责任制和建立新型农业生产合作社的阶段性发展，讷河的农业经济稳步上升，进入现代农业发展新时代。

一、农业资源

土地基本概况

土地利用　讷河市土地利用是以种植为主，兼养殖业和多种经营。1949年，全县有耕地450万亩，人均占有耕地14亩。1950年开始兴修水利，扩大水田面积，相继建立县属农、林、牧场。省、地区和解放军陆续在境内开辟农场，不断扩大耕地面积，林地和草原面积逐年减少。1952年，全县实行全面封山育林，开展植树造林，营造各种林1 168亩。1958年实行治沟治坡，控制水土流失，兴修水利工程。

1964至1966年，开展以治水改土为中心的水利建设和农田基本建设。充分利用讷谟尔河两岸、嫩江左岸的广阔草原及田边路旁零星草地发展畜牧业，利用房前屋后，沟边壕沿及闲田隙地种植瓜果蔬菜、油料，满足人民生活需要。利用山区林地养蜂、养蚕、种植果树和中草药材。

1983年后，县进行村屯规划，清理房基地，平坟深葬，退耕还林还牧，调整农、林、牧、副、渔比例关系和土地利用面积，土地资源利用日趋充分合理。

土地管理 1953年，县人民政府公布了《关于国家建设征用土地办法》，各单位征用土地须经县政府批准。1959年，贯彻国务院公布的《国家建设征用土地办法》，各公社制定了土地利用图，公社范围外的草原、荒地、山林由县统一管理，滥占土地受到限制。1962年，公布《农业六十条》，明确规定土地归人民公社、生产大队和生产队三级所有。翌年普查核实全县共有荒地163块，12.8万亩。并规定，除适当扩大生产队耕地面积外，不再接受外单位开荒建场。1965年，县人委发出关于加强草原管理的通知，要求清理河套散居人员，禁止开荒，退耕还牧。1972年，县革委发出关于加强土地管理的文件，严令未经省、地、县批准擅自占地搞建设的单位立即停止，追究非法占地的责任；凡多征、早征、征而未用或挤占场、社耕地搞副业生产的单位要无条件地把土地退还。1977年成立县土地管理办公室，调查处理滥占耕地、破坏草原、解决纠纷等土地管理工作。县下发了《关于禁止擅自开荒的通知》《关于集体和个人破坏作用挖堡子的处理意见》《讷河县土地管理细则》等文件。1984年，土地管理已形成系统，乡镇建立土地管理站，村建立土地管理领导小组，全县符合标准的1 066个自然屯规划设计方案已完成。

1997年，按照省、齐齐哈尔市关于延长土地承包期工作部署，制定《讷河市土地二轮承包方案》，组成调查工作组深入乡镇村调查研究，提出了土地二轮承包工作方法、步骤和措施。乡镇制定《村实施方案》和《屯实施方案》，做到公开土地承包关系状况；公开土地面积核实情况；公开常住人口核查情况；公开延长土地承包期政策。贯彻"增人给地，减人不减地"原则，落实了农户土地二轮承包。同时解决了"死亡人口不减地同计划出生的人口不给地的矛盾、迁出人口不退地同迁入人口难得地的矛盾、种田能手承包地不足同能力弱农户浪费地"的矛盾。讷河市土地二轮承包工作得到国家体改委的肯定。

二、四大农作物产区

豆麦主产区　北部和东部及231国道以东等地区，112个村、199.3万亩耕地主产小麦、大豆占全市耕地面积的52.3%。50年代全县大豆种植面积达80万亩，1986年大豆种植面积116.9万亩；2005年169.9万亩；2010年种植面积380.2万亩，平均亩产150公斤，亩效益218.9元；全市大面积推广油、芽、菜、蛋白等优良大豆品种。2016年大豆播种面积204.2万亩，比上年增加76.3万亩，平均单产213.3斤。

杂粮主产区　南部和西部漫川漫岗及231国道以西地区。117个村、174.1万亩耕地，占全市耕地面积的45.77%，主要种植玉米、谷子、高粱等杂粮。少量盐碱地主产向日葵、甜菜。经济作物占全市经济作物种植面积的40%以上，同时这些地区也种植一定比例的大豆和小麦。

水稻主产区　沿江、河套地区适宜种植水稻。改革开放前期水稻种植面积较小。1982年以来，在讷谟尔河两岸和嫩江左岸，进行了两次"万亩水稻田"大开发。发展绿色水稻生产，打造北纬48度优质大米品牌。尼尔基水库二克浅自流江水的直供灌区竣工投入使用，2018年水田面积72余万亩，水稻种植面积达70万亩。

蔬菜主产区　计划经济时期，讷河、拉哈两镇郊区设立蔬菜专业种植区，共13个"蔬菜社"，拥有7.6万亩耕地。夏季种植大地蔬菜；冬季暖棚蔬菜生产，占全县耕地的2%。夏季大地生产豆角、瓜菜、白菜、韭菜、西红柿等，冬季棚菜主要生产韭菜、叶菜、西红柿、黄瓜等以满足城镇市场供应。

三、主产作物

"两豆一麦，外加甜菜"是讷河官方流通方言，也是讷河发展农业的优势品牌。大豆、马铃薯、小麦、甜菜种植面积大，产量高，品质优良，几十年一直供应全国市场。随着深化农村改革，调整农作物种植格局，大豆仍是讷河支柱种植品种。马铃薯还是讷河农业发展的一大优势。产量高收益好的玉米也在讷河形成种植规模。2017年生产优质水稻超40万吨。水稻、玉米种植面积在讷河占比增大，身居主产作物之列。现在讷河的农业特产官方流通方言改为"两豆一麦，玉米水稻甜菜"。

大豆 讷河气候寒凉，大豆盛花期高温多雨，秋季昼夜温差大，有利于碳水化合物积累。50年代，种植面积达80万亩，总产量8 678万斤。1980年推广大豆新品种，合理施用农家肥和化肥，坚持农机农艺相结合标准化作业，制定大豆45厘米窄行平播后起垄，把原来70厘米两垄变三垄达到合理密植。1985年，在农民自愿的原则下，实行大豆联片种植，统一轮作，统一施肥，统一集中管理，平均亩产319斤。全市种植大豆97.7万亩，上缴商品豆2.1亿斤，占齐齐哈尔市辖区大豆总产量的24%，出口3.9万吨列全国之首。2017年大豆种植面积17万亩。

小麦 北部黑土居多，蓄水能力强，能抵御春旱；夏季各地雨量比较充沛，基本满足小麦对水分的要求。50年代初，小麦种子杂黑穗病严重，播种50万亩。经过种子改良，小麦产量逐年提高，上升为主产作物。1980年以后，发挥主产作物优势，种植面积120万亩。1983年抓机械和标准化作业，全县128.3万亩小麦平均亩产355斤，有44.8万亩达到亩产400斤。1985年播种小麦150万亩，平均亩产363斤，总产量4.37亿斤，占粮食总产量的45%。

2000年后，小麦播种面积占齐齐哈尔辖区小麦播种面积的12%、总产量的26%。

马铃薯　主产经济作物之一，全国马铃薯之乡。境内气候冷凉，昼夜温差大，利于干物质积累和块茎膨大，阳光充足，结薯期雨量充沛，黑土面积大，含有机质丰富，适于马铃薯生长。讷河马铃薯以产量高、个大、形好、质佳闻名省内外。近年引进良种和马铃薯种薯脱毒攻关，马铃薯亩产提高到2 700斤。每年销售马铃薯3.3亿斤，产量和销售量均列全省第一位。1998年，开创3 850斤的单产最高纪录。2000年，开始马铃薯机械化种植技术的研究和推广。2005年后，引进早大白、克新一号等优良品种，推广淀粉、薯片、菜薯型多样化、专业化、产业系列化，促进了马铃薯种植业。2017年，全市马铃薯生产实现机械化作业。

甜菜　境内8月份平均气温为20℃左右，日照时间长，有利于块茎糖分积累。讷河的甜菜以产量高、质量好、含糖量高而著称。近几年来推广良种，合理施用化肥和甜菜高产高糖攻关，甜菜亩产已达3 900斤。每年种植面积20万亩左右，占经济作物的7%。由于种一年甜菜需要五年时间养地，每年种植面积控制在总播种面积的5%以内。

玉米　全市产量较高、种植面积较大的粮食作物之一。玉米适应性强，省工高产稳产，通过良种改造和大垄双行密植的种植技术的推广，产量成倍增长。境内南部和西部地区热量充足，雨量充沛，种植占全市种植面积一半以上。随着人们生活水平不断提高，玉米的种植品种不断更新，从原来的品种简单到现在的啃青鲜食、冷冻鲜贮、加工饲料、制作面点等品种。玉米烘干、加工成为讷河新兴的农业产业。

水稻　讷河市地处北纬48.48°，为种植优质东北籼稻提供了先决地理和自然条件。讷河市域昼夜温差大，盛夏日照时间长，积温相对较高，利于干物质积累。讷河丰富的水利资源和适宜优质水稻生长特殊纬度，造就了讷河优质稻米，为讷河未来种植业的转型提供了条件。

四、杂粮作物

市域除70%的黑土外，还有老云沟大岗红黏土、河滩黄沙土和西南部的盐碱土。适宜种植高粱、谷子、糜子、红小豆、绿豆、蚕豆、扁豆、饭豆等杂粮作物，各地均有一定数量种植。

高粱　一经遇到早霜，造成减产，影响了高粱的种植面积。早期种植高粱面积较小，多用作饲料和酿酒。由于近年大力推广"大粒红""克杂13号"等适宜本地区种植的优良品种，亩产300斤左右，随着地方制酒行业需求剧增，合同订单增加，高粱种植面积扩大，每年种植面积达15万亩左右，占总耕地面积的4%左右。

谷子　主要分布在境内南部和西部沙土和盐碱含量较大的地区。近年推广"嫩选7号""克育8号"等优良品种，亩产达220斤。随着膳食多样化和粗粮化，小米市场地位上升。每年谷子的种植面积为30万亩左右，占总种植面积的8%左右。

五、经济作物

市域幅员辽阔，土地多样化，种植结构多样化，加之人民的需求和社会发展需要，经济作物种植构成讷河市经济作物种植多样化格局。

晒烟、烤烟　晒烟是达斡尔和鄂温克族人的传统种植品种。讷谟尔河和嫩江平原土质疏松，结构良好，地下水位低、通透性好，适宜种植烟草。晒烟品种主要是"琥珀香"，烤烟有黄金叶、龙烟五号等。全市种植面积2 000余亩，产量21万余斤。随着烟草的市场变化和全国烤烟计划种植，近年种植面积有所减少。

向日葵　全市主要经济作物之一。西部和南部乡镇种植面积较大。向日葵籽出油率高，是保健型食物用油。副产品"葵花饼"附加经济价值凸显，是农户喜种品种。

汉麻　又叫线麻、大麻、火麻。多集中在北部地区的沿江河村屯。汉麻种植简单、省工省时，大部分实行重茬连作，是高产高效经济作物。汉麻是韧皮优良的纤维原料来源，纤维高于棉花和亚麻，汉麻纤维与棉、毛混纺可生产高档纺织品。汉麻籽可加工食用油、医药产品、保健食品和化妆品。汉麻的杆芯可用于活性炭、汽车内饰、造纸、复合新型建材等，被视为浑身是宝的经济作物。汉麻整个生长过程中不需使用杀虫剂和除草剂，对环境没有任何污染。种过汉麻的土地再种马铃薯和大豆等其他作物，产量能提高20%。2017年，汉麻种植面积达5万亩。

六、农艺

耕作　民国到伪满时期，农具有较大的改进，调茬和糠搭配日趋合理，形成了大垄稀植耕作制。新荒地垧产可达1 500斤到2 000斤。

解放初期，仍使用旧式畜力农机具，实行糠为主糠扣结合、大垄稀植的耕作制。1953年，推行新式马拉农具，实行小麦平播，谷子大豆宽条播种。1964年，使用48行播种机和七铧犁垄作，平播面积占总播种面积的24.6%。逐步形成翻、扣、糠交替、平垄结合的耕作制。1972年使用龙江号糠耙30厘米双条小麦精量播种，株距行距更趋合理。1975年推广深松法，平播面积逐渐扩大，1977年全县粮豆薯总产达9亿斤。

1979年后，大豆实行45厘米平播垄管，玉米使用糠耙精量播种，工作实行平播药剂灭草。逐步形成以机械为中心、平播为主、平垄结合的耕作制度，根据土质不同实行不同的轮作法。1986年，统分结合的双层经营体制不变，五种土地连片种植形式提供选择，取得了显著的经济效益和社会效益。1989年全县120亩以上连片种植面积达93.3万亩，占豆麦面积的40.6%。连续14年夺得大丰收，粮食总产突破10亿公斤。

栽培保植和改土增肥　解放前，靠老农经验和农事谚语指导生产，靠天吃饭。1948年，推广植保工作，防治小麦黑穗病、推广农艺先进技术、整地保墒、增施底肥、等距宽播、间苗保苗、分期追肥。1977年后引进新技术单繁无病薯块和整薯夏播，控制马铃薯坏腐病。1979年小麦测土配方机播增密度。大豆用早熟品种晚播密植，增产23%。1982年后加大马铃薯脱毒种薯繁殖；玉米杂交种植。1984年落实小麦、大豆、玉米、马铃薯、甜菜、葵花等作为高产攻关项目，小麦亩产424.8斤，大豆亩产326斤，玉米亩产639斤，马铃薯亩产1 449斤，甜菜亩产3 941斤，葵花亩产220斤。1985年全县粮豆薯增产7 400万斤。

1986年以推行小麦、大豆栽培技术标准化种植、水稻旱育稀植、玉米移苗移栽为突破口，开展科学实验示范工作。同年粮食总产576 791吨，在讷河历史上首次突破年产10亿公斤大关，向国家交售商品粮4.7亿公斤。1990年四大作物播种面积222.7万亩，全部模式化高产栽培技术及麦豆统种分管分收、连片种植经营模式，发挥农业机械化优势。在不改变家庭承包经营形式和农户自愿的前提下，将分散经营的地片连成120亩以上的较大地块，实行统一轮作、统一供肥、统一机械化作业、统一栽培的技术服务。实行120亩以上连片面积145.1万亩。通过统种分管、连片种植，有效地解决了大机械化小块地的矛盾，发挥了农户自主经营积极性和集中统一经营优越性，提高了经济效益。全县粮食总产

6.38亿公斤，同比增长9 350万公斤，平均亩产194公斤。

1992年和1993年两年，讷河市遭受严重旱、虫、风、雹灾，在市委、市政府的率领下，广大干部群众坚持推广科学种田新技术，战胜多种自然灾害，粮豆薯总产7.84亿公斤。2001至2010年，引导农民依据市场需求调整种植结构，打绿色品牌，走特色路，提高特色植物种植占地比。2011年后，玉米大垄双行密植联片种植，产量大增，提高了农民收入。

化肥和农肥是讷河市现代农业的主要两大肥系。农家肥的来源，一是人畜禽的粪便经过高温发酵掺拌适量的黑土制成的有机肥；二是利用坑塘多年沉积的腐殖质塘泥做肥料，称之为土肥；三是把草木灰集中在一起，掺拌一定比例的其他有机肥施用；四是植物绿肥，把青草、农作物青秸秆粉碎，堆积在土坑内浇水发酵，第二年起出来施用，肥效较高，有利于改良土壤。20世纪60年代随着化肥的进入，农民逐渐开始施用化肥，1978年期间讷河农业种植仍以农家肥为主化肥为辅。1988年推广小麦根际固氮菌；1990年推广大豆专用肥、大豆根瘤菌播种深施肥；1994年推广叶面施锌肥；1996年推广生物钾肥、生物磷肥；2001年推广磷素活化剂，大豆推广加硼种衣剂和活性硼；2005年开展测土配方施肥，广施农家肥。鼓励农民积肥造肥，实行农家肥和化肥挂钩政策，实行养地基金制度，农村基本实现每农户一个厕所、一个沤肥坑、一个圈舍的目标。1994年获省耕地陪肥一等奖。2005年至今通过工程措施、生物和农艺措施，提高了耕地肥力，强化了农业基础建设。

种子　1949年，县政府组织农业部门引进新品种，建立种子繁育实验基地。1953年，引进甘肃96号小麦良种种植30亩，亩产比普通小麦增产133斤。农民任国友选育出胜利黄沙谷种子，增产20.45%；金顶子玉米种子，增产33.5%。1958年胜利黄沙谷、国光水稻等育良种2.2亿斤，除自用外，还支援朝鲜、日本等6个国家及国内13个省市县1 960万斤。

1963至1969年，重点推广克字号小麦、丰收号大豆、坊主水稻、波友1、2号土豆、胜利黄沙谷、黄壳1号高粱。小麦亩增产20%~30%。1970年后，推广克丰2号小麦，增产8.9%；玉米双交种，增产4.4%；丰查试5号水稻；等等，1973年丰收10号大豆最高亩产417斤。

1977年后，品种改良逐步向纯、壮、早方面发展。克字号小麦平均亩产236斤，比建国初期增产3倍。1981年后，大力推广脱毒马铃薯。1982年老莱公社胜利大队13 500亩克丰小麦，亩产达430斤，比全县平均亩产250斤提高69%。1985年，小麦推广克丰2号、垦九1号等良种，全县平均亩产352斤，比1982年平均亩产增产36.4%。

2000年以后，大豆推广北豆17号、合丰51号、垦农18号、垦丰25号、垦九丰1号、克农34号、黑河4号等良种，平均亩产270斤；玉米推广克单3号、嫩单4号等，平均亩产352斤；马铃薯推广克新1、3、4、13号、荷兰15号、种薯5号等良种，平均亩产达1 853斤。

第三节　丰富的林业资源优势

一、面积和森林分布

讷河市内北部和东北部连接大小兴安岭，原始森林基本绝迹，现存天然次生林和遍布广大农区的农田防护林。

山地用材林区　讷河市有茂山、国庆、富源、宽余、保安5个林场、苗木繁育基地讷河苗圃和境内南部的新江林场。森林面积58.6万亩，占有林面积71.7%。其中，人工用材林28.2万亩。森林覆盖率达7.9%。

农田防护林区 根据自然环境的差异划分为3个亚区：一是讷谟尔河一般丘陵水土保持林、农防护林亚区，林地面积12.1万亩，森林覆盖率1.3%。二是讷谟尔河以南农防林、水保林亚区，林地面积8万亩，森林覆盖率2.5%。三是嫩江、讷谟尔河护岸林亚区，林地面积2 000亩，森林覆盖率2%。

二、林木种类及分布

1949年起，逐年营造人工林，1952年后繁育采伐天然次生林。至1985年，全县共有各种林119.5万亩，2005年139.2万亩。其中天然次生林30万亩，人工林109.2万亩，森林覆盖率13.8%，林木储蓄量410万立方米。讷河地势复杂、地形多变，北部和东北地区为半林区地带。林种树种较为复杂，分天然林和人工林两大分类。天然林，主要分布在境内北部和东部地区，经过多次野火焚烧，天然林树种减少。适应性和繁殖能力强的山杨、山榆、桦、柞、柳等品种是天然林的主角。人工林分部全市各地，形成了讷河纵横交织的林带分布。

混交林 市北部和东部地区多代萌生天然次生林中，主要有柞、桦、杨、榆、柳和紫椴、黄菠萝。山阳坡干燥瘠薄地，多为柞树。

纯林 山脚低洼地和沟谷间，山阴坡和半阴坡多为桦、山杨。

用材林 人工营造林的树种主要有落叶松、樟松、鱼鳞松、红皮云杉及少量红松，均为国有林场育苗营造成林。阔叶类主要有中东杨、小青杨和引进的小黑杨、榆、垂柳、白皮柳、灌木柳。

农防林　阔叶乔木树种，遍布全市。多植杨树，现多以更新银中杨品种，也有少量的榆、白皮柳、落叶松、樟松等树种。

水保林　用于固土固沙，防治水土流失。主要分布在讷谟尔河东北丘陵地区，南部漫川漫岗，多植苕条、灌木柳等树种。

护堤林　主要分布在学田、二克浅、太和、拉哈、兴旺等乡镇的西部沿嫩江一带。

经济林　主要分布在东北部的国有林场和同心、通南、讷南、老莱等乡镇，多植太平果、海棠果、苹果、李子、樱桃等。

薪炭林　分布在境内江河沿岸和村屯的低洼地块，以灌木柳为主。

绿化林　造在田、路、村、宅旁。以杨、榆、垂柳、鱼鳞松、樟松等高大乔木和糖槭、丁香、锦鸡、榆叶梅、敕玫瑰等花树为多。

三、经济价值高和民生关系较大的树种

落叶松　属强阴性树种。喜光、速生，适应性强，耐旱耐湿，17至18年可成才。木质坚硬，抗腐蚀性强，是很好的梁材。现有面积14.46万亩，蓄积量21.83万立方米。

樟子松　属强阴性树种。喜光，耐寒耐旱，适应性强，各种土壤均能生长，7年即可进入高生长期。是很好的建筑、家具用材。现有面积3.516万亩，蓄积量2 344立方米。

鱼鳞松　属阴性树种，浅根性，不耐干旱、盐碱。适宜在湿度大、排水良好、土层肥沃的山丘地带生长。树冠呈扇状，用于美化环境。木质柔韧，花纹美丽，做家具用材。现有面积400余亩，蓄积量400立方米。

红松　偏阴性中性树种，适宜湿润、肥沃、排水通气好的山坡地带。浅根树种，枝干高而直，木质柔韧，抗腐蚀性强，建筑

和民需珍贵用材。面积500亩，蓄积量500立方米。

水曲柳 属阴性树种，喜光、耐寒，喜湿润、肥沃的土壤。萌发更生力强，木质坚韧，花纹美丽，为家具的优质用材，面积极小。

黄菠萝 属中阴性树种，较耐寒，喜光和湿润、肥沃土壤。适宜在排水良好的山丘下部生长。木质坚韧，花纹美丽，是制客车车厢、家具的名贵木材。现有面积极少。

杨树 喜强光。速生，成材早。根系发达，中温、耐寒、耐旱。适应性强，耐瘠薄、盐碱，萌芽更新。木质柔韧，可塑性大，普通民用木材。面积31.5万亩，蓄积量55万立方米。

椴树 稍阴性，耐寒，喜肥厚、湿润、排水良好的土壤。多生于山麓、谷地，深根性，萌芽力强，木质柔韧，松软，可制家具。面积约80亩。

榆树 喜光，寿命长，20—30年成材。耐寒、耐盐碱，喜湿润、肥沃土壤，主根和侧根强大抗风能力强。木质坚硬，花纹美丽，家具用材。现有面积1.5万亩，蓄积量6.8万立方米。

野生果树 稠李、山丁、山里红、都柿、山杏、榛子、野草莓等。

栽培果树 小苹果、太平果、樱桃、李子、葡萄、香水梨等。

四、森林植被

境内野生植物繁多。木本植被主要有榛子、苕条、胡枝子、稠李、山里红、山丁、红瑞木、大黄柳等。草本植物主要有柴胡、防风、桔梗、百合、黄芩、龙胆草、党参、掌参、白鲜皮、茵陈蒿、蒲公英、白芍、葛根、一伦贝、大蓟等几十种。临江靠河沟泡洼地带，生长着小叶樟、三棱草、和芦苇等。山坡平原有硪草、落豆秧、苜蓿草等饲草和灰菜、苋菜、扫帚菜、苴麻菜、小根蒜、马齿苋、野山芹、荠荠菜等山野菜。山林区出产猴头、蘑菇、木耳和金针菜和蕨菜。

五、森林动物资源

境内北部、东北部的山区有鹿、猞猁、野猪、狍子、狐、狼等40多种野生动物和飞龙、雉、沙半鸡、白鹳、苍鹭、大鸨、山雀等禽鸟类。

1992年5月，省政府批准建立讷河市茂山野生动物保护区，面积39.96万亩，由市林业局管理。保护区长着大片阔叶天然次生林和人工林。没有遭受污染和过度放牧，尚存原始遗迹和自然景观，是宝贵的生物基因库。林地和丰足的食源，为野生动物的生长繁衍提供了良好的栖息地。其中麋鹿、猞猁、白鼬、雪兔、飞龙为省二类保护动物。

六、育林造林

植树造林是讷河的传统。民国初期，县公署提倡植树，将每年的清明节定为县植树节，号召工商民学社在公共场所或宅旁植树。1923年，在讷谟尔河两岸坝道旁植榆、栽柳2 785株。1931年，社会各界在南公园植杨、柳、榆等树，沿城壕植杨、榆树。

1949年，县人民政府组织广大人民群众植树造林，全县造林445亩，并明确规定"谁造林归谁所有"的政策，并发给造林者林照。1952年，贯彻东北人民政府《关于营造西满防护林带，消风、沙、水、旱等自然灾害的指示》，造林1 600亩。1956年，响应党中央"十二年绿化全国"的号召，全县造林3 525亩。1962到1966年，每年平均植树造林2.4万亩，绿化公路22公里。1980年，讷河被纳入国家"三北防护林"建设体系，县委、县政府制定了

"两年育苗，三年大造，五年成林"的奋斗目标。落实"社造社有，队造队有，合造共有，房前屋后造林自有"的政策，并落实经营承包制，每年平均造林10万亩。1982年，全县森林覆盖率已达9.4%。绿化了讷德、讷嫩、讷富、讷依等4条公路共200公里。社员房前屋后零星植树7.3万株。1984年，农场继续落实造林专业户1 625户，育苗专业户467户，国有林场实行承包到组到人。全县造林14.4万亩，其中国有林场造林2.6万亩，乡村造林11.8万亩，全民40万人义务植树，植树233万株，成活率达85.3%，保存率85%。1985年，全县造林9.114万亩，绿化"光腚屯"698个，造护路林112公里，绿化荒山2座，绿化巷道1 881条，栽种花草1 210平方米。年底完成"三北防护林"体系第一期工程任务，全县共有林11.953万亩，森林覆盖率达10.4%。其中，农防林4.1万亩，营造主林带382条，总长2 434公里；副林带2 124条，总长9 910公里，形成网格6 612个，庇护农田500万亩。绿化公路961公里，完成护路林6.1万亩，护村林4.57万亩，造水保林1.5万亩，用材林24.2万亩，经济林3 100亩，薪炭林13.85万亩。

1986年，全县造林7.5万亩，其中水土保持林3.7万亩、省界林207亩、用材林2.6万亩、其他林1.3万亩。1988年，造林4.02万亩，其中林场造林1.9万亩，乡镇造林2.12万亩，省界林1 450亩、通南沟流域造林800亩、老云沟流域造林2 551亩。

1986—1995年，实施第二期"三北防护林"工程建设。在嫩江左岸营造102公里、宽30米讷五公路防护林；营造了讷谟尔河境内124公里、老莱河、南阳河、石底河的护岸林。至1995年，有农田防护林13.4万亩，其中主林带298条、副林带5 751条。基本实现了田成方、林成网、树成荫、林茂粮丰的景象。

1996—2000年，实施第三期工程建设。以消灭荒山、荒地、荒丘和荒沟为主，实现北方平原绿化达标。鼓励国家、集体、个人开发荒山、荒坡及荒沟造林。1997年营造农防林4 446亩、护路林904亩、水保林23 614亩、固沙林2 561亩。1998年补造农防林4 575亩、护路林795亩、护村林5 343亩；"四荒"绿化造林19 658亩。1999年营造防护林33 984亩，其中农防林4 218亩、护屯林2 464亩。

2001—2010年，实施第四期工程建设。以治理水土流失为重点，治理各类侵蚀沟，绿化荒山、荒地、荒沙。涌现友好乡富裕村小北山流域重点治理区、龙河镇康庄村西大沟流域生态小区、孔国乡隆昌村包家沟流域治理区等一批小流域治理典型。

2018年，讷河市的小流域、荒山、荒地、荒沟、荒沙、荒滩治理工作，实行规范化、工程化、标准化，植树造林化水平登上崭新台阶。

七、林业资源管理

（一）加强法制规范要求，治理林业管理环境

1965年贯彻《山林保护条例》，整顿林场、苗圃、营林站、工作站，建立健全各项规章制度。1974年山林面积下降到60万亩。1979年党的十一届三中全会后，落实了林业政策法令，调整农林关系，贯彻《森林法》和国务院《紧急通知》，开展林政检查，处理毁林开荒、乱砍滥伐积案。1981年至1982年制定《讷河县林木管理暂行办法》，落实林权，发放林照，多次调查林业情况，整理林木档案。1983年退耕还林870亩，1984年认真查处边界纠纷、林权纠纷和毁林案件。1986年结合检查林业承包责任制合同兑现情况，检查处理林权纠纷，经济处罚破坏林业政策的人，保证了国家、集体和个人林权不受侵犯。

（二）建立防火、防护、防治、整治体系，确保全市林业发展

造林防护 解放前，乱砍滥伐、毁林开荒现象严重，加上天

灾人祸、病虫灾害，境内山林面积逐渐减少。解放后，讷河县人民政府，建立各级森林防火、防护组织，制定各项规章制度，保护林业生产发展。从建国初期的在有林木的地区建立组织，落实措施，开展护林防火工作，到成立县护林防火委员会，下设指挥部，各区、村、屯分别组建防火大队、分队和小队，并建立护林防火专业队伍。开展全民植树造林活动。推进以农田防护林更新改造为主的"三北防护林"工程建设，山林水田路综合治理，乔灌草、网带片相结合的绿色屏障；市区园林化，乡镇一村一景，管理两旁树木葱郁，昔日的"光杆路""光板田""光腚屯"均被绿化点缀，人居环境显著改善。

护林防火 讷河市贯彻"预防为主，积极消防"的护林防火方针，实行"三级消防，四级承包"体系，开展多种形式的护林防火宣传教育；划分四个护林防火责任区，健全各级护林防火组织，落实扑火队伍、扑火预案和扑火车辆工具；戒严期禁止野外用火，落实戒严期的防范措施。1996年，健全了市、乡、村、屯四级护林防火机构和队伍，有林政、资源执法人员1 396人，其中市、乡两级兼职护林大队59人、林业干警53人。2005年后，建立横向到边，纵向到底的森林防火责任体系和防火队伍。建设14处森林防护房和2座防火瞭望塔，购置5台森林防火运输车，提高了森林防火装备水平和扑救能力。

病虫害防治 针对森林松毛虫、杨干象甲、白杨透翅蛾的卷土重来，坚持"早治、治小"控制传播蔓延；完善病虫害测报、实行目标管理；采取化学防治与生物防治相结合，有效控制了森林病虫害的发生与蔓延。1989年完成防治面积16万亩。2000年设置永久性标准地122块实施目标管理。2005年强化监测预报、防治、减灾和应急反应体系，提高了灾害预报和控制能力；完成有害生物防治面积7.5万亩，防治效果达85%以上。2017年，全市森林病虫害防控体系初步实现现代化升级改造。各大林场初步形成实时、网格信息监控与人工湿地巡查监控相结合，市森林病虫害防治工作朝着智能化、网络化、生物防治和化学防治相结合的现代化防控体制发展。

整治乱砍滥伐 坚持依法护林，及时惩处乱砍滥伐行为。1987年处理乱砍滥伐行为5起。1990年清理侵占林地1 419亩；1999年强化市、镇、村、场、屯护林网络，及时查处毁林案件356起，处罚518人。2000年查处毁林案件252起，处罚561人，刑事拘留3人。2003年查处孔国乡文明村毁林开垦20 297平方米薪炭林，罚款20 297元，责令补植滥伐株数5倍的林木。2005年市林业局与公安、广播电视等部门联合开展打击破坏森林资源专项活动，查罚乱砍滥伐林木案件83起，处罚151人，刑事处罚3起，罚款11.2万元。

退耕还林 2002年4月，贯彻国务院《关于进一步完善退耕还林的若干意见》，实现灭荒工程。造林21 145亩，其中灭荒坡60个，造林8 345亩、荒地造林7 000亩、荒沟造林152条5 800亩。2004年，补植、补造1.3万亩，其中退耕还林补植3 000亩、两荒造林补植2 400亩。2005年，全市累计退耕还林7.4万亩，其中荒山荒地造林2.1万亩、封山造林2万亩。有16个乡镇及1 310户农民直接受益。

讷河被评为省造林绿化先进市。市长李忠奎获全国造林绿化奖章。

八、国有林场

讷河市境内有国有林场共6处，其中上划黑龙江省防护林研究所林场1处，上划齐齐哈尔旅游局林场1处。改革开放后，实施"林业立场、特色富场、能人治场、改革强场"战略，实施林权制度改革，调整产业结构，落实生产责任制和加强场区建设，林业生产实现快发展，林业经济摆脱危困局面，场容场貌改观，职工生产生活条件改善。

茂山林场　1960年建场，市域最大的国有林场。位于市区东北83公里的龙河镇境内。地处小兴安岭西坡向嫩江平原过渡地段，平均海拔433米。最高山峰"高山包"，海拔446.9米。区内有东、西石底河均注入讷谟尔河。林场植被属小兴安岭区系天然多代萌生阔叶林，主要乔木树种有桦、柞、山杨、椴、榆、色树分布。地被以苔草、小叶樟为主。中成药有五味子、刺五加、嫩贝等几十种。菌类有榛蘑、黄蘑、木耳等10多种。野生动物主要有麋鹿、野猪、狍子、狐狸、飞龙、雉、白鹳等20余种。经营总面积2.66万公顷，林业用地面积1.48万公顷，其中有林面积1.37万公顷，森林覆盖量1 118万立方米。

国庆林场　1963年建场，位于市区东北部83公里的龙河镇境内。地处小兴安岭吐沫葛山余脉，西南向东北逐渐增高。最高红丰大架子山海拔392.3米，最低海拔285米。区内南阳河、老莱河两条支流注入讷谟尔河。植被属小兴安岭植物区系，林相以落叶松、云杉、樟子松、水曲柳等为主的人工纯林、针阔混交林以及柞、桦、杨、色树为主的天然阔叶混交林。下木主要有平榛、小叶樟、天竹等。中草药有白鲜皮、川贝、穿地龙、桔梗、龙胆草等20余种；菌类有元蘑、榛蘑、山木耳等10多种；山产品有榛子、蕨菜、黄花菜等；野生动物有兔、狼、猞猁、狍子、沙半鸡、野鸡等。森林总面积6 247公顷，林用土地面积3 715公顷，其中有林地面积3 482公顷，森林总面积176 195公立方米。

富源林场　1960年建场，位于市区北部50公里的学田镇境内。地处松嫩平原北缘小兴安岭西麓的低山丘陵地带。地势东南部高，西北部低，海拔200~370米。嫩江干流沿林场东北部向西流过。植被属嫩江流域植物区系。主要是以人工落叶松、樟子松为主的纯林和针叶混交林。主要乔木有落叶松、樟松、云杉、山杨、椴、水曲柳等10多种；灌木有平榛子、丛桦、山梅花等。地被植物主要以苔草、铃兰、舞鹤草等为主；中草药有桔梗、柴胡、五味子、刺五加等10余种；菌类有榛蘑、松树蘑、紫花蘑等10多种。野生动物主要有狼、狐、兔、林蛙、飞龙、沙半鸡等。森林经营面积7 920公顷，林业用地面积3 678公顷，其中有林地面积2 819公顷，森林总蓄积237 830立方米。

保安林场 1959年建场，位于市区东53公里处的龙河镇境内。地势由西南向东北渐高，属低山丘陵，平均海拔233.1米。有嫩江二级支流石底河。植被属小兴安岭植物区系，主要有落叶松、樟松、云杉、白桦、山杨、椴树等乔木10多种；灌木主要有榛柴、胡枝子；地被植物主要有苔草、小叶樟等。中草药有五味子、平贝等10余种；菌类有元蘑、榛蘑等10余种，山产品十分丰富。野生动物有兔子、狼、獾、野猪、狍子、飞龙等。森林经营面积6 613公顷，林业用地面积3 933公顷，其中有林地3 688公顷，森林总蓄积198 901立方米。

2017年，保安林场建立林下经济试验基地1 000亩，推广林菌、林药、林果、林禽、林畜，增加林业附加值。

新江实验林场 1960年建场，位于市区西南端55公里处兴旺鄂温克族乡境内。属嫩江水系，地势平坦水资源丰富。植被以樟松和杨树为主；地被植物以蒿类和杂草为主，中草药有防风、柴胡、玉竹等；野生动物主要有兔、獾、狐、山鸡、土拨鼠等。森林经营面积3 939公顷，林用地面积3 897公顷，其中有林面积2 115公顷，造林地104公顷，灌木林44公顷、无林地1 603公顷，苗圃31公顷、非林业用地42公顷。森林蓄积96 583立方米，覆盖率53.6%。区内均为人工林，主要为小黑杨、樟松和水曲柳纯林。1981年上划省防护林研究所作实验林场。

宽裕林场　1960年建场，位于市区东北部50公里的老莱境内。小兴安岭向松嫩平原过渡地带，山丘地貌，平均海拔350米，讷谟尔河支流水系。植被属小兴安岭植物区系，天然林为桦、柞、椴、山杨阔叶混交林等。人工林以落业叶松、樟松、云杉阔叶混交林为主。林下植被主要有榛子、苕条和榛蘑。野生动物有兔、狼、林蛙、狍子、狐、飞龙。森林经营总面积7 840公顷，林用地面积3 877公顷，其中林地面积3 785公顷，森林总蓄积166 613立方米。1996年划归齐齐哈尔市林业局。

第四节　丰富的水利资源优势

一、水利资源

讷河市地处嫩江流域中上游，讷谟尔河贯通全境，水资源十分丰富。嫩江中段水面宽阔，水流渐缓，水质清澈，为地区的野生动植物衍生和发展提供了可靠资源。嫩江中段干流上的"尼尔基水利枢纽工程"，右侧是内蒙古莫力达瓦旗，左侧是讷河市二克浅镇，两岸由嫩江大桥连通。该工程于2001年初破土动工，2005年合龙蓄水，2006年竣工并网发电。正常蓄水位216米，总库容81.59亿立方米，水库面积490平方公里，总装机为25万千瓦，年平均发电量6.5亿千瓦时，是嫩江干流上水源调节、发电灌溉、蓄洪抗旱的综合水利枢纽工程。尼尔基水库的建成，为两岸提供了旅游开发、淡水养殖、农田转型改造、特色经济发展和自然环境改善等机遇，水库已由讷河市注册命名为"尼尔基斯湖"。

坐落在讷河市拉哈镇嫩江干流上的三江口"北部引嫩"工

程，引入嫩江水，为扎龙自然保护区补水，为大庆市提供生活生产用水，为沿渠的拉哈镇、兴旺乡部分村屯的农业生产提供灌溉用水。

境内大小河流纵横交错，湖泊溏汊星罗棋布，为讷河提供了丰富的水资源。湿地自然保护区的东北部丘陵台地，有常年喷涌的泉眼和"自喷井"，水质达到饮用水标准。新中国成立以来，党和人民政府大力兴修水利，改造自然溏汊，现有16个溏库、10个灌区。嫩江堤防84.54公里，讷谟尔河堤防13.89公里。人畜饮水机电井716眼、各类抗旱水井10 436眼、节水灌溉设施2 227套，旱田灌溉能力11.07万平方公里，喷灌面积0.93万平方公里，小白龙输水灌溉1.47万平方公里。

地表水　境内地表水径流的趋势由北向南、由东向西逐渐减少。北部丘陵地区平均径流深在40~90毫米之间，南部低平原在25毫米以下，相差3.6倍。境内一江四河及大小支流形成羽毛状水系网，117个自然泡泽星罗棋布在全市各地。总水面10.65万亩，可利用量1 841亿立方米，其中，水库可调节0.022亿立方米，江河提水1 819亿立方米。

地下水　全市大气补给地下水总量约为2.95亿立方米，常年可开采量2.21亿立方米，补给量大于开采量。

水质　埋藏在地下的水很少受到污染，砷、铬、汞、氰、挥发酚等化学成分均小于主要最低检出量，符合饮水标准。

二、水患治理

河道治理　境内北部的老莱河，河道狭窄较厚，每逢暴雨汇集河水突涨。造成老莱镇东半街及附近村屯遭受水灾。1972年老莱镇政府动员民工8 000余人次对老莱河进行清淤，十六里河通畅。1998年，松辽委加大对嫩江流域、讷谟尔河流域的治理力度。2015年加大对老莱河小流域的治理力度，对老莱河全程治理，清淤河道，修石基建防护堤，使老莱河防洪标准达到50年一遇。

防洪筑堤　1949年，讷河县人民政府从各区村抽调民工修筑拉哈、团结、索伦、二克浅、工农、老莱、新安等7处着沿江河堤防，共修堤坝7 859米，减轻了水患。1953年发生历史上特大洪水灾害，全县人民在西门外筑堤1 400米，在拉哈镇西郊筑防护堤7 850米，减轻了洪水灾害。1955年，全县补修、新修防护堤坝1.62万米，保护农田8.4万亩。修筑二克浅至后二里江防堤坝1.62万米，保护农田8.4万亩。1957年，县人民政府组织3 000余人、589台大车，修补江堤17处开口，加宽加固沟壑19处抢险工程。1983至1985年，新修和修整江河堤防14.8公里，完成土石方15.3万立方米。

提高抗御旱灾和防洪排涝功能。讷河市的自然灾害一般规律为春旱、夏涝、秋早霜。春旱决定年收成。2003年，全市耕层土壤平均含水量仅为10%~11%，达不到作物发芽生长所需的最低含水量；水库塘坝蓄水量不足库容的34%，嫩江干流流量比最枯年份1952年的流量少139立方米/秒，致北部引嫩无法引水。全市当年受灾面积260万亩，受灾人口35人，减产粮食6.8万吨，直接经济损失570万元。2005年春再次遭受严重干旱，6月又出现持续高温，直至8月9日才有一次降雨过程，平均降水量仅为18.39毫米。严重干旱面积达457.05万亩，其中绝产面积180万亩，水田渴水面积10万亩。近年，全市节水灌溉工程在抗御旱灾中有了较大发展，农村拥有喷灌设备3 995套，灌溉面积25.062万亩，增强了抗御旱灾的能力。

1998年6月，市境内连降大雨，局部暴雨，导致一江四河及三大涝区发生超历史水位的大洪水。其中嫩江干流发生三次大洪水。洪水水位超警戒水位2.3米。6月中旬，中小流域连遭暴雨袭击，至下旬平均降雨达95.6毫米，局部地区达150毫米。进入7月，连续强降雨使江、河、泡水位猛涨，10个乡镇的耕地、房屋、道路、桥涵受到破坏。全市受灾耕地面积300万亩，占耕地面积的40.6%，倒塌房屋253间、受灾房屋1 627间；受损桥涵闸111座，被毁鱼塘6个。受灾人口27.2万人。8月嫩江干流第三次洪峰生成，洪水水位达178.83米，超过1988年大洪水水位1.08米。淹没村屯239个，受灾人口28.4万人；损坏房屋8 708间，其中倒塌5 722间；农业受灾336万亩，其中成灾面积115.5万亩，绝产61.5万亩；水利设施损坏严重，仅嫩干堤防工程水毁8处；8个小流域430处水保工程被毁，直接经济损失6.67亿元。

国家、省和地方政府重视嫩江流域和讷谟尔河流域的水利工程建设工作。随着嫩江干流尼尔基水利枢纽工程的落成，嫩江中下游的防洪排涝能力，从原来的30年一遇提高为百年一遇。2005年后嫩江干流的几次较大的降雨而生成的洪峰，均未造成危害，中下游乡镇及富裕、齐齐哈尔等地区平稳度汛。讷谟尔河的清理河道、加强加固护河堤坝，提高了讷谟尔河流域防洪排涝能力，确保了流域中人民生产生活的安全。

三、蓄水工程

永丰水库 位于永丰乡境内，以靠山沟为水源，集雨面积19.15平方公里。1958年修建400米长的塘坝，取名"三八水库"。永丰水库可农田灌溉、防洪和养鱼。灌溉旱田面积1.06万亩，防洪保护人口7.1万人，耕地3 800亩；养鱼2.25万公斤。

宏大水库 位于学田镇宏大村境内，建于1976年。规模为小I型，设计水位为30年一遇。水库正常蓄水位229.70米，防洪库容62.64×1 043立方米。可灌溉水田3 000亩、旱田8 000亩，可养鱼年产1万公斤。对遏制水土流失、修复生态环境起一定作用。

华升水库 位于和盛乡，以自然沟为水源，集雨面积60平方米，建于1968年。水库工程规模为小I型，设计水位为30年一遇，灌溉保证率为80%。正常蓄水位189.48米，防洪库容191×1 043立方米。可灌溉旱田面积3 950亩，养鱼年产2.1万公斤。

向阳水库 学田镇境内，以自然沟为水源，集雨面积5.9平方公里。建于1958年。水库工程规模为小I型，设计水位为20年一遇。水库正常蓄水位218.43米，防洪库容37.31×1 043立方米。可灌溉旱田面积6 700亩，养鱼年产5 200公斤。

隆昌水库 位于孔国乡，以包家沟为水源，集雨面积5.9平方公里。建于1976年，水库规模为小I型，设计水位30年一遇，水库正常蓄水位259米，防洪库容69.24×1 043立方米。可灌溉水田100亩、旱田3 450亩，可养鱼年产11 450公斤。

德宝水库 位于孔国乡，以泉水为水源，集雨面积5.54平方公里。建于1972年，1984年修建了输水洞和护砌。水库工程规模为小II型，设计水位为20年一遇，灌溉保证率为50%。水库正常蓄水位241.8米，防洪库容26×1 043立方米，总库容40×1 043立方米。可灌溉水田100亩、旱田6 000亩，可养鱼年产4 500公斤。

新世纪水库 位于龙河镇，以南阳河为水源，集雨面积23.1平方公里。1968年修土坝涵管，1976年续建输水洞和大坝护砌。水库工程规模为小II型，设计水位为20年一遇，灌溉保证率为50%。水库正常蓄水位273米，防洪库容25×1 043立方米。可灌溉水田300亩、旱田2 700亩，养鱼年产6 700公斤。

保育水库 位于同心乡，以自然沟为水源，集雨面积3.42平方公里。建于1968年，1982年续建输水洞并完成大坝护砌工程。水库规模为小II型，设计水位为20年一遇，灌溉保证率为50%。水库正常蓄水位99.17米，防洪库容149×1 043立方米，

总库容24×1 043立方米。可灌溉坐水种面积1万亩，养鱼年产
5 600公斤。

文光水库　位于同心乡，以自然沟为水源，集雨面积6.6平
方公里。建于1984年，规模为小Ⅱ型，设计水位为20年一遇，灌
溉保证率为50%。水库正常蓄水位235.3米，防洪库容22×1 043
立方米，总库容30×1 043立方米。可灌溉水田50亩、旱田1 800
亩，年产鱼6 300公斤。

庆祥水库　位于二克浅镇，以自然沟为水源，集雨面积5.52
平方公里。建于1972年，1982年建了输水洞，因没有溢洪道造成
大坝多处决口。水库规模为小Ⅱ型，设计水位为20年一遇，灌溉
保证率为50%。水库正常蓄水位100.55米，防洪库容14.51×1 043
立方米，总库容0.89×1 043立方米。可灌溉旱田6 700亩，养鱼年
产2 000公斤。

继光水库　位于老莱镇，以自然沟为水源，集雨面积9平方
公里。建于1958年，1976年续建输水洞、启闭台、进出口翼墙
及大坝护砌。水库规模为小Ⅱ型，设计水位20年一遇，灌溉保
证率为80%。水库正常蓄水位254.25米，防洪库容24×1 043立
方米，总库容15.74×1 043立方米。可灌溉旱田3 000亩，养鱼
年产7 500公斤。

车网泡水库　位于老莱镇，集雨面积431平方公里。建于
1988年，1989年完工蓄水，1996年续建进水闸。水库规模为小Ⅱ
型，设计水位10年一遇，灌溉保证率75%。正常蓄水232.23米，
防洪库容8.83×1 043立方米，总库容15.74×1 043立方米。可灌
溉水田3 000亩、旱田5 000亩。

四、引水工程

卫星运河　由五大连池、克山和讷河三县共同开凿。渠首在

五大连池的老山头吐泥浅至九井入境，全长317公里，1958年8月破土动工。1968年纳入国家计划，1974年通水84公里。1978年完成永久性工程71座，引入流量9立方米/秒，计划受益14.5万亩，实际受益7 000亩。

引嫩工程　位于拉哈镇西北嫩江干线，省重点工程。主要为大庆石化和居民用水，近年又为齐齐哈尔扎龙湿地保护注水。第一期工程，1972年动工，1976年8月竣工。第二期工程在嫩江干线上修筑12孔翻板式水闸和过江大桥。2011年动工，2014年竣工。提高了引嫩河功效和达到百年一遇的防洪排涝能力。

九井灌区　建于1956年，有进水闸1座，拦河坝1座216米。1986年建4支分水闸。渠首有拦河坝，3座长94米、2座94米、排洪坝103米。1987年建丰年四屯桥，1988年建三、七屯桥、九井二屯桥。1989年建良种场四屯桥支渠分水闸19座，跌水7处。2005年建十六支、十七支、十八支、十九支分水闸。

讷南灌区　位于九井安仁村境内，面积15万亩，可种植水田3 500亩。1986年在平房村建堆石坝形式跌水。1988年修建双泉支闸。1990年修建一号交叉。1991年建二号节制闸和双泉九队桥、平房三队桥。2005年在鲁民村修建排洪闸一座、支闸两座和干渠混凝土护坡1 100米、六支渠混凝土护坡300米。灌区有水渠一条15公里，用水支渠7条28公里、排水干渠28公里30条及拦河闸1座、进水闸1座、支渠分水闸5座、排洪闸1座、农桥7座、交叉桥2座。

全胜灌区　东临讷南灌区，西邻太和灌区，有饮水干渠17公里、支渠11条23公里；农桥11座、节制闸3处、泄洪闸2处、渡槽1处、平交1处、支渠5处、过道路涵58处，灌溉面积11 800亩。1990年国家投资建庆福、东兴、前进3处节制闸带支闸，并对原有的前进交叉、渡槽进行全面整修，建设十支渠防渗渠道

750米，缓解了水田所需用水。灌区补打水井212眼，可控制面积6 500亩，保渴水期正常灌溉。

红旗灌区 位于讷河镇西部。渠首始建于20世纪60年代，1988年由原柳打堆石坝改建为拦河闸，1990年建成交付使用。2001年改建渠首进水闸提高水位30厘米，满足了灌区供水需求。有骨干工程总干渠1条、3.1公里。2004年实施清淤治涝工程，开挖下游排水干渠4.2公里。2005年底北干下游恢复1.2公里渠道，开挖排水干渠8.3公里。

太和灌区 位于讷谟尔河下游南岸、嫩江东岸。地势平坦、土质肥沃，具有发展水田得天独厚的自然条件。早在1937年引讷谟尔河水灌溉种植水稻1 500亩。1947年，东北野战军某部九团驻太和乡休整。官兵们用铁锹、十字镐清理开挖东起渠首西至高嘴子30华里干渠，老百姓称"八路军大壕"。1956年建立灌区管理站，1958年水田面积达到3.5万亩。1972年修建两处总长150米的断面拦河大坝，6个流量的进水闸6座，干渠1条，支渠5条，排水干渠2条，桥梁7座。1985年增植水稻1.2万亩。1990年春建13.8个流量进水闸，在铁路79号大桥下又建3孔10米宽拦河闸。2005年水田面积达7万亩。

兴旺灌区 位于兴旺乡西南部，南与富裕县二道湾镇接壤，西南与新安江林场相邻。建于1978年，1988年设立鄂温克族乡改成兴旺灌区。利用北部引嫩改成的泄洪闸和3个支闸、1个导洪管供水进行灌溉。

老莱灌区 位于老莱河下游的老莱镇，建于1993年。用老莱河水进行灌溉，干旱缺水期用地下水补充。有胜利村对面泉火车站东侧和老莱粮库东侧两处渠首，拦河闸建于1993年和2000年；干渠进水流量1.0立方米/秒，节制闸流量0.8立方米/秒，输水干渠长4.2公里，干渠18条长14.2公里，支渠9条长6.55公里。14个自然屯受益面积3 500亩。1989年建成的胜利村渠首有溢流坝1座、拦河闸1处。1994年建成柳石坝1处。1996年建成进水闸1座、车网泡小水库1座。水库有3放水闸，输水干渠长5.4公里，支渠3条5.4公里，斗渠6条4.8公里。5个自然屯受益面积2 200亩。

讷河尼尔基直供灌区　尼尔基水库二克浅自流江水灌溉工程，于2012年4月动工，2016年竣工。项目是全省千亿斤粮食产能工程重点水利工程之一，直供灌区灌溉水田面积10.14万亩，改善水田面积1.2万亩，新增水田8.94万亩。

五、治涝工程

老云沟　发源于克山县境内，中下游讷河境内流经九井、讷南、长发、同义、拉哈5个乡镇，穿过齐嫩铁路桥与拉哈三江口汇入嫩江。老云沟排涝工程，于1965年挖通了南北干沟和总干沟，初具规模。现有桥梁13座、涵洞5座、过水路面2座、跌水4座。

通南沟　嫩江水系乌裕尔河右岸支流，流域由东北向西南倾斜跨克山、依安、讷河、富裕4县12个乡镇。讷河境内长80公里，平均宽度23公里，面积1 842.2平方公里。中上游为丘陵台地，下游为平原，平均高程217米，最大高差156.8米，流经讷河市通南镇、和盛乡进入依安县境内，涝区面积1.67万平方公里。

团结沟　位于市区西南部、富嫩铁路西侧。东部坡地因暴雨成灾，西部平原有坡水灾害。1986年团结乡政府带领群众治涝挖渠141条总长46 793米，完成土方191 418立方米。对涝区排水起到一定作用。

和盛沟　位于和盛乡高升、新祥、复兴、三胜、和盛村和依安县忠厚村且涝区范围。总面积13.98万亩，耕地面积11.17万亩，易涝面积2.99万亩。1963年成灾面积4.22万亩，占播种面积的42%；绝产面积3.27万亩。改革开放后政府投入大量资金，根治和盛沟，很大程度减轻了水害，保证了人民的生产生活。

六、农田灌溉

1986年，完成了永丰、兴旺、通南、进化等乡镇农田节水灌溉工程，实现了经济效益和社会效益双丰收。至2005年，讷河市拥有喷灌设备3 995套，喷灌面积2.51万亩。

永丰国家级节水喷灌项目　2000年建设，位于城北村和永丰村，设计节水喷灌面积2 741亩，其中喷灌面积2 732亩、微滴灌面积10亩。2001年10月，打机电深水井10眼、中型井5眼，配套供电线路5.3公里，设喷灌设备16套、大棚微滴灌设备10套、自动控制设备1套和井房10座。

兴旺节水灌溉项目　总投资100万元，其中省财政投资50万元，地方自筹50万元。打大井2眼、浅水井59眼，上大型喷灌设备2套、小型喷灌设备73套。修建了农田路。

通南旱田节水喷灌项目　打抗旱深水井10眼，建卷盘式喷灌设备7处，移动式喷灌2处，置微灌设备6台，辅助机械2台。年节水17.9万立方米、节能3.2千瓦时。

进化节水灌溉项目　位于孔国乡兴安、长安、进化、仁爱四个村，省2003年合同节水灌溉项目。总投资80万元，其中省补贴40万元，设计灌溉面积11 400亩，建水源井240眼、轻小型机组灌溉240处。与传统的地面灌溉方式相比年每亩节水83.6立方米，年节水95.3万立方米。

马铃薯基地旱田节水灌溉项目　位于同心乡马铃薯原种场，省2005年合同节水灌溉项目。总投资60万元，其中省补助30万元，设计喷灌面积1 300亩。打抗旱水井5眼，卷盘式喷灌设备2套、移动式喷灌设备1套，配套电力工程5处。年亩节水84立方米，年节水11.34万立方米。

七、水土保持

市境内有山地、丘陵和满岗227万亩，森林覆盖率低，易发生水土流失面积达130.78万亩，占地块面积的34.2%，其中严重水土流失地块98万亩。有形成30年之久，长百米以上、宽3-5米、深1-3米的冲刷沟1 478条，占地4 500亩，还有数以千计的田间雨裂沟。已开垦40年的耕地，黑土层以减少20厘左右。水土流失类型分为水蚀、风蚀、风水蚀并存三种，其中水蚀169.96万亩、风蚀37.459万亩、风水蚀97.82万亩。共有大小侵蚀沟1 487条，总长947.2公里。水土流失主要分布在市北部丘陵漫岗区，北部低山丘陵轻度水蚀预防区和东南部漫川漫岗区次之，西南部平川水土流失较轻微。

1973年已治理水土流失面积29.8万亩，占水土流失面积的22.7%。1976年修方田121万亩、条田1.2万亩。1981年改垄4 200亩，治沟434条，造水土保持林1.32万亩。1983年后结合"三北防护林"和商品粮基地建设，3年治理面积11.46万亩，占水土流失面积的58.8%。其中建梯田4.6万亩、改垄33.5万亩、修地埂1.51万亩、治沟5.14万亩、植水土保持林17.5万亩、种草1万亩。2005年全市共治理水土流失面积94.4万亩，其中改垄3万亩、修水平梯田600亩、坡式梯田300亩、修地中埂3.57万米、苔条带10.905万米、截流沟38 320米、谷坊49座，造水保林64.3万亩，种植牧草2 599亩，深松深耕26万亩、地膜覆盖1.9万亩、培肥改土6 216亩。

第五节　传统的畜牧业资源优势

一、畜牧业的发展

1654年达斡尔、鄂温克族迁居讷河。他们从事放牧、捕鱼、狩猎，境内成为猎场、渔场和牧区。清康熙和雍正时期，汉军驻防，开垦旗地，讷河揭开土地开发序幕。光绪三十二年（1906年），初放讷谟尔河南北荒段，关内外农民纷纷前来领荒，境内人烟日渐稠密，逐渐形成村屯，全境以农业为主，渔牧采猎变为副业。

中华人民共和国成立后，讷河发生了翻天覆地的变化，凭借丰富的自然资源和地理优势，发展成为以农业为主体的农业大县。讷河依然保留着畜牧养殖的传统习惯，在党和政府的大力支持与推动下，畜牧养殖业已成为讷河支柱产业之一。

改革开放后，市委、市政府制定了一系列措施和优惠政策。招商引资，吸纳先进技术和高端畜牧加工企业；引进养殖新品，改良养殖品种结构，使讷河市畜牧、养殖业快速发展，从而拉动了城乡经济发展和满足全市人民的生活需求。

二、畜禽品种

清代，境内主要牧养耐寒、抗病能力较强的蒙古马、牛、羊等。清末土地开发，汉民涌进，汉人以耕地为主，饲养的大多是役畜。引进的一些新畜种，经不起严寒和疫病的袭击，死亡率极高。保存下来的只有蒙古马、羊、河西驴、大民猪、荷包猪、本地鸡、鸭、鹅等。

1948年，讷河县农业部门从海拉尔地引进三合混杂马。以后相继引进苏侨、苏高血、卡巴金等优良品种马。

1962年，引进科米洛夫、乌克兰白猪和哈白猪等优良品种。1963年，引进黑白花奶牛、秦川牛、荷兰牛和西门达尔等优良种牛，阿斯卡尼、新疆细毛羊、莱克亨鸡、九斤黄鸡、北京鸭等。1972年，引进关中驴。

1983年，农村经济体制改革，调整产业结构，大力发展畜牧养殖业。

1985年，引进推广畜禽优良品种，强化了市畜牧养殖业的快速发展。

2017年，全市畜禽品种有：三合马、黑河、顿河、卡巴金、黑龙江马；黑白花奶牛、秦川牛等；关中驴、德州驴、河西驴等；东北细毛羊、蒙古羊、蒙古山羊等；二民猪、长白、哈白、黑白花、荷包猪等；莱克亨鸡、京白、白洛克、罗斯、西塞斯、星布罗、火鸡、本地鸡等；康贝尔鸭、高低鸭、北京鸭等；雁鹅、狮头鹅、本地鹅。

三、畜禽饲养

清代，境内的少数民族利用丰盛的草原牧场放牧；清末，汉人实行槽头喂养与牧养结合。民国和伪满时期，因疫病多，捐税重，除富户饲养较多的马、牛、羊外，平民只养少量的役畜和猪、禽。

讷河解放后至1949年，大牲畜饲养比1941年增长11.05倍；猪增长2.64倍。1956年全县通过马铃薯地混种角瓜，伏秋种玉米、秋白菜，打羊草，青贮玉米窖，阴干玉米秸秆解决畜禽饲料。新建改建马棚，夹风障子，57%的马匹入棚，20%的大牲畜进了风障子，保障了畜禽饲养。1962年贯彻《农业六十条》，提倡社员饲养小牲畜和家禽。1963年，生产队平均每头大牲畜留饲草3 300斤、精饲料500斤，建畜舍6 200间。1965年，草原界管理和使用权落实到生产队。大牲畜存栏76 152头，比上年提高11.4%。

1979年后全县落实饲料地7.25万亩，比上年增长13%。维修和新建猪舍3 967间。1982年落实饲料地的生产队1 350个，占生产队总数的78.7%。集体种植水稗9 250亩、高产玉米730亩，扶持集体和个人养殖大牲畜和畜禽。1982年集体的牲畜全部作价处理给农户，重点发展养畜专业户。推广麦秸氨化技术，全年氨化麦秸201.4万斤，比上年增长2.8倍，居全省首位。黑龙江省在拉哈镇召开了麦秸氨化现场会议。

1985年，制定了《讷河县1985—2000年畜牧业发展规划》，调整农村产业结构，大力发展畜牧业，落实畜牧专业户4 021户，其中畜禽专业户3 662户，县、乡两级畜牧示范户307户。发放畜牧贷款211万元。草原落实承包户40个。全县种植饲草180亩。

1996年后，以市场为导向，规模推进、一体化经营，由产粮大市向畜牧大市跨越。

2005年后，全市黄牛饲养量达到32万头，其中饲养3 000—5 000头的有老莱、通南、龙河等10个乡镇；饲养2 000—3 000头的村有兴旺百路、全胜东兴、火烽等70个村；饲养100—500头的屯有400个；有黄肉牛联合体7个。有10个乡镇、15个村和1个畜牧场，利用世界银行贷款建起了奶牛生产基地，购进奶牛5 200头。

2010年，发挥讷河基础优势，做大做强食品产业这个第一产业。2016年，肉产业建设两个3万头肉牛、泌乳牛养殖园区，提高肉类加工及明胶生产的原料保障能力。围绕恒阳牛业、恒阳肠衣生化，打造以肉牛为主的牛类产品产业园，支持和推进恒阳集团发展"小公牛"养殖基地，拉动肉牛养殖业。

2017年，建成标准化规模养殖场6个、种养加销一体化合作社16家，带动土地流转420万亩、规模经营260万亩。

2018年，发展规模养殖场306个，养殖量由45%提高到65%。发展奶牛养殖规模，建立孔国双发村响铃合作社500头黄牛养殖场、新建一处年出栏3 000头养殖场、两处300头奶牛养殖场、建立长发等小公牛养殖基地、兴旺鄂温克族乡百路奶牛、黄牛和羊养殖村，全市绵羊、黄牛、奶牛、生猪、大鹅、肉鸡、蛋鸡、蛋鸭等养殖初具规模，成为黑龙江省北部地区重要畜牧业养殖区。

四、畜禽改良

解放后，县人民政府提倡优选种马，繁良种。1951年共选出民有种公马46匹，设立小型配种站、固定专人到各地巡回配种。1957年，有二克浅等14个乡建立了24处社营配种站。1963年，全县购进2岁纯种公马，留选种公马、种公牛、种公猪、种公羊，成立7处人工授精站。青色草原马场已有自繁改良马89匹，种公驴17头。1979年，落实畜牧政策，引进新品种、新技术。实行黄牛冻精配母牛2 232头，比上年增长53%。1982年购进苏白、长白种公猪、优良种羊，冻配改良牛犊902头。1983年，获嫩江地区家畜繁育改良三等奖。1985年，牲畜配种专业承包。有配种专业户62户。

猪改良　1990年，基础母猪多为长本、大本二元猪，已基本实行二元化。生猪改良由本交为主向人工授精为主发展。2005年后，建成种猪场及鲜精供应站三处，存栏长白、杜洛克种公猪130头，年培育种公猪600头，上传优质鲜精20万剂，满足了生猪改良需要，带动了周边县乡生猪改良。

牛和奶牛的改良　2000年后引进冻精改良肉牛和奶牛。设人工授精站26处，请省肉牛、奶牛繁殖专家培训34名受精员。肉牛改良以西门塔尔肉乳、夏洛莱肉用牛为主，兼用西门塔尔改良本地牛。奶牛改良以荷斯坦奶牛为主，推广奶牛体型、产奶量、乳脂率、乳蛋白等性能指标。牛人工授精由颗粒冻精发展到细管冻精，设人工授精站125处，有受精员140余人。控制了马、驴、羊人工授精，均收到显著效果。

肉鸡改良　讷河市肉鸡品种主要有AA、艾维因；蛋鸡品种主要有海兰褐、海赛克斯、罗曼褐和伊莎褐。1990年政府组建集中种饲养、蛋鸡投放、饲料供应、商品鸡回收加工的生产加工销售一条龙企业，年加工肉鸡200万只。2000年后，随着养殖户模式扩大，老区村二克浅镇远大、龙河镇涌进、九井镇三合村和同心乡武玉梅、通南镇田建伟等一批蛋鸡生产大户迅速发展，产品讷河自销有余，销往外地。

疫病防治 解放前，县畜禽疫病防治工作落后，牛瘟、马鼻疽、猪瘟、禽霍乱等十几种疫病广为流行，一旦疫病发生，全村畜禽濒于绝迹。

1951年，县人民政府在兽医缺、家畜院少的情况看下，由各区选1名中兽医防治员，建立家畜防治网。1954年全县消灭了牛瘟。1956年，颁发了《讷河县消灭猪瘟疫暂行办法（草案）》。在讷河、拉哈等乡镇建立6处家畜卫生所，组织24处家畜联合诊所，培养训练69名民间兽医。出现17个无瘟乡，224个无瘟社。1963年，开展以马匹三种疫病为中心，以猪禽疫病为重点的防治工作。1975年春季，有228个大队30 600匹马发生流感，经全县兽医集中力量抢救，死亡78匹，占发病率的2%。

1979年，贯彻"防重于治"的方针，猪禽防疫改为春秋2次注射，全县实行羊药浴。经省主管部门审核确定讷河为1981年度无猪瘟、猪丹毒、猪肺疫、鸡瘟的"四无县"。1985年乡镇家畜院实行承包，村级改为兽医专业户。2003年，购进防疫专用车1台、化验诊断仪器设备28台套、信息网络设备3台，冷冻箱128台，市乡村三级防疫体系更加完备。2005年，市、乡两级财政每年投资100万元对九种重大动物疫病进行免费防疫，解决了动物防疫注射收费难和防疫人员劳动报酬不能及时兑现的老大难问题。2010年后强化对牛羊的疫病检疫，做好牛羊流行病学调查和采样，每年向上级送检1 500份。设有317名疫情检测员，实行零报告制度。确保疫情早发现、早报告、早控制、早扑灭。

五、畜牧场站

青色草原种畜场　位于市区东北73公里的龙河镇境内。1958年建场，辖7个分场，以经营黑龙江挽马为主。经营纯高加索、美利奴、东北细毛羊和黑白花奶牛。1985年，土地、机械、林地和一部分牲畜实行专业承包。2016年，青色草原种畜场被市政府列为畜牧业重点发展基地，开发肉牛、黄牛、羊等经济畜牧产业和汉麻种植产业。

二里奶牛场　位于二克浅镇境内。面积56 627亩，耕地面积6 300亩，有280户1 320口人。1952年建场，辖前二里、后山包两个自然屯。主要经营荷兰黑白花奶牛、改良黄牛、东北细毛羊、美利奴细毛羊和改良役马。种植小麦、大豆、谷子和水稻等。1985年黑白花奶牛220头承包到户，每头每年收提留200至800元不等。土地承包到户。

黎明奶牛场　位于太和乡境内。面积26 400亩，143户695人。1959年县商业局在黎明大队建渔场。8月移交嫩江地区外贸局试办猪禽场后移交省外贸局。1963年交回讷河，购入奶牛360头，改为现名。耕地2 900亩，种植大豆、玉米和青贮饲料。1985年，有黑白花奶牛206头，集体饲养56头，承包到户150头。土地承包到户。

进化猪场　位于城东3公里孔国乡进化村境内。面积14 250亩，有232户，1 076口人。1960年建场养猪为主。经营黑花、长白种猪，建猪舍800平方米。有草原9 000亩，柞林90亩。1985年有长白种公猪4头，杜洛克种公猪1头，母猪23头。农牧工业承包到户，收提留费。

第六节　强大的农业机械化资源优势

一、传统农具

讷河土地开发以来皆用长、大、笨的小犁，清光绪年间始从辽、冀等地引进铁犁，民国时期铁、木犁并存，以木犁为多。

解放后小农机具有较大的改革，种类繁多，使用起来得心应手主要有：大木犁、蹚犁、铁犁、对犁、糠耙、点葫芦、锄头、镰刀、扇刀、扬锨、操耙、石磙子、木滚子、铁筛子、风车子、木耢子等。

二、改良农具

1930年，县实业局购进6套10轮和12轮"洋犁"，在垦民集中的讷南一带出租开荒。1950年推广双轮双铧犁等新式农具，普遍使用新式畜力圆盘和靴式播种机，中耕用大型双轮双铧犁，收割用摇臂收割机。

传统农机具和改良农机具随着科学技术进步和时代发展，逐渐淡出历史舞台。2010年以后，讷河进入加速农机现代化进程中，老式农机具逐渐被淘汰，被科技含量高、生产效率高的大型农业机械取代。自动测土施肥，精量点播、卫星定位，模块化生产和大型深耕深松机械化整地系统等用人少、效率高的现代大农业机械系统在讷河得到普遍应用。

三、农机具

黑龙江省第一台火犁落户讷河。光绪三十三年（1907年），经黑龙江巡抚程德全奏准，由上海购进35马力火犁两具。官方垫付火犁费和运输费白银22 250两，将火犁交瑞丰农务公司，雇用驾驶员，按照章程实行企业管理。东布特哈副总管陈福龄拨银5 000余两予以资助，农务公司息贷16 000吊，建筑房屋，购置犁具、重耙、播种机、脱谷机等，在东、西火犁等地，为领主开荒种地。开创了黑龙江最早使用农业机械的先例。

1926年，县实业局召集商民集股10 000元，由哈尔滨购来美国进口火犁两台，成立火犁公司专营。1930年3月，又经县实业局从商民集资购置美国进口火犁一架。1943年，县城一户苏侨和机械师张福臣各有一架火犁，自营出租开垦。

1953年8月，国家投资从捷克斯洛伐克进口热特-25拖拉机6台，分别由向阳、孔国、兴隆三个农业技术推广站，进行农业机械化试点，为拖拉机国营阶段之始。1954年8月，建立了讷河县青龙农机拖拉机站，有德特-54拖拉机两台，苏式四铧犁两台。1956年拖拉机增至27台，机耕队增加到7个，服务范围扩大到老莱等10余个乡镇。

1958年撤销青龙拖拉机站，拖拉机和驾驶员下放到16个生产大队由国营转入队营。1962年由公社拖拉机站统一管理，恢复了国有国营。

1968年11月，将国家拖拉机作价卖给生产大队，实行群众办机械化。至1975年，全县237个大队有库有场，占大队总数的95.6%。1981年，实行固定专人双班保养责任制，农机具完好率比1980年提高5.6%。1983年农村实行经济体制改革，农机具绝大多数作价处理给农户经营，出现了联户、集体、国营多种经营形式并存的新体制。

1982年，全县22个公社农机站共有职工470人。厂房、车库和办公室建筑面积10 000平方米，有金属切削设备47台、锻压设备3台、修理设备88台、其他设备107台。

1985年，全县国营大中型拖拉机7 022台，其中，大中型链轨拖拉机1 008台、轮式3 343台、小型拖拉机3 320台。联合收割机620台，大中型农机具7 022台。全县机播面积198万亩，占播种面积的50.8%；机中耕面积142万亩，占中耕面积的53.3%；机收面积104万亩，占收获面积的26.6%；机翻地面积145万亩，占翻地面积的79.2%。

2000年后，讷河市农业机械化程度逐步进入高科技、大马力、卫星定位、智能化时代，全市机械化占有率达91%。"牛犁马车点葫芦，机跑人撵犁后喘"时代一去不复返。

第七节　丰饶的副业经济资源优势

一、副业种类

讷河市幅员辽阔、资源丰富，人民充分利用优越的自然环境，开发林、牧、副、渔业资源，开展多种经营，形成了讷河独有的开发和品牌优势。

种植副业　集中在平原和平川漫岗地区。主要有油料、烟麻、果蔬、菌类、中草药等。

养殖副业　全市各地，牧区和半山区比较集中。养马、牛、驴、猪、羊、鸡、鸭、鹅、蜂、蚕、兔、鱼、貂、鹿、雉、兔、狐等。

采摘副业　集中在境内北、东北部山区。药材、菌类、坚果、野菜。

工副业　粮油、酿酒、制醋、草柳编、砖瓦土陶及被服、家具、铁器、炊具、小农具、木器、食品等加工业。

饮食服务业　创办旅店、饭店、超市、食杂店和机械、家用电器修理；此外还有运输、客运、快递、网店等。

二、副业发展

队办企业

1956年农业合作化后，农业社或生产队组织有专长的社员办集体小烘炉、粉、油、酒、豆腐坊等，为农村提供生产资料和副食供应，解决了农村生产生活急需。1972年，兴办豆腐、粉坊、米面加工、粉碎等与生产生活密切的五小工业。1979年队办企业实行单独核算，建立生产责任制按产值计酬，调动了生产积极性。1983年队办企业承包到户，较大的企业实行联产承包。由单一的企业转变为农工商运建综合经营。1985年，村办企业开展横向联合引进项目资金和技术人才。为调整农业结构，发展综合性的农村商品经济打下了基础。

家庭副业

讷河解放后，人民政府发动群众开展生产自救。靠山的采集烧炭；近河的捕鱼捉蛤；平原编筐挝篓，县供销社助民推销收购。1951—1978年间，由山野采摘逐渐向人工栽植发展，组织群众开展多样副业生产。房前屋后栽植果树，闲田隙地种植瓜果蔬菜、烟麻油料药材等。1979年后，种植向日葵带动了家庭养蜂业；柳条苕条，编织筐篓和提兜；玉米皮子编草鞋和马套包。靠山创办蚕场；临水捕捞养鱼；平原地区晒制干菜。讷河的家庭农副业生产收入约占家庭总收入的30%~50%。

党的十一届三中全会后，落实农村各项经济政策。1982年实行家庭联产承包责任制，家庭副业发展较快。全市副业生产产值比1980年增长34%。1983年土地承包到户，大批剩余劳动力投入到副业生产中来。饲养小家畜、家禽、奶牛、貂、獭兔、蓝狐专业户增多。蔬菜大棚、地膜覆盖、繁殖食用菌技术全面推开，从根本上改变了讷河家庭副业的结构，传统副业项目上升到主业。1985年，工农商运一条龙的家庭工厂已发展到1 000户，全市农户多种经营产值比1982年增长11%。

2010年后，讷河市委、市政府力推特色农副业经济，发展棚菜、果蔬、中草药、杂粮杂豆等经济作物。2016年以来，发挥基础优势，做大做强食品产业，发展讷河版的马铃薯主食化。发挥现代农业产业基金作用，加快"一村一品"专业村建设，发展姑娘、甜玉米、食用菌、东北民猪等特色高效种养业，满足市场对小众农副产品的特殊需求。

三、种植类副业

药材 讷河市有种植中药材的传统和历史。板蓝根、柴胡、党参、防风等，是药用价值和经济价值较高的中草药材；百合、芍药、波斯菊、菊花等，是房前屋后、小园花圃、校园和公路景观带常见的花卉药用植物。讷河人有采集野生药材的习俗，主要采集山地、林下、草原、河套地区的自然野生药材。1958年，开始试种植菊花、芍药和防风、板蓝根等。1978年，讷河栽培赤芍、川贝、红花、黄芩等中草药植物。

道地药材，是指历史悠久、产地适宜、疗效突出、带有地域性特点的药材。讷河地区适合柴胡、防风、芍药、甘草、丹参、黄芪、白芷、桔梗、地榆、百合、菊花、红花等中草药材生长，是这些纯粹的道地药材生产基地。2013年，为推进农业产业结构调整，加快培育壮大特色高效产业，讷河市政府把中药材种植作为重点扶持产业之一，大力发展中草药种植业。成立了现代中药产业领导小组办公室，努力打造北药基地，通过合作社引领、典型带动等形式促进中药材产业发展。

2016年，中药材种植成为讷河新兴农副产业，是讷河农经组成部分。神农、九井良种场，明家、井缘等中药材种植专业合作社应运而生。

2016年，通南治和村农民牛占有引进柴胡、防风、芍药等道地中草药种植获得成功。面积由原来的105亩扩大到275亩。中草药种植成为该村的一项特色产业和扶贫项目。

老莱国坤合作社，在继光、晨光、共福等地种植黄芪一万亩，已经开始起收。每亩纯效益两千元以上。2018年继续扩大种植规模。

讷河市继续加大对中药材种植的扶持力度，充分利用讷河优越的水、土、空气和纬度等地域优势，走出去吸引技术和资金支持，扩大中药材种植品种，并充分利用物联网体系，着手建立中药材品质和数据链，使讷河发展成为北方的一大中药材种植基地。

菌类　随着塑料大棚、地膜覆盖等农业技术的普遍应用，催生了讷河大棚和林下食用菌类养殖，林下生长的菌类接近野生，品质高，产品备受欢迎。2017年，讷河职教中心开展的菌类种植技术培训班为龙河、孔国、二克浅、九井、通南等乡镇进行了食用菌养植培训，为农民发家致富增添新生机。涌现出天丰、红星、村峰等诸多菌业种植合作社。

特色蔬菜　讷河地产的毛葱产量高、体型大、辛辣味十足，堪称上乘绿色健康食品。每年有大量销往全国各地。2000年后，讷河引进圆葱、大葱改良品种。兴旺乡天津屯地膜大葱专业村的大葱葱白深、甜脆嫩、葱味浓，在大庆等地小有名气；拉哈四季青、讷河长青、二克浅红旗等生产的洋葱、大葱远近闻名，销往外地。

油豆角和姑娘驰名内外，形成多处生产基地和专业村。奶油姑娘是主打外销产品之一，精选礼品盒包装进入北京、上海、长沙等地大超市。

四、采摘业

林下采摘 主要集中在市境内的北部、东北部山区和西南部的新江林场。采摘蕨菜、山芹菜、黄花菜，以及茵陈蒿、艾叶、芍药、百合、防风、柴胡、桔梗等中草药材和榛子、都柿（蓝莓）果、山杏、稠李、山里红、山丁子、榛蘑、松蘑、黄蘑、花脸蘑、猴头菇、木耳等山珍。

草原采摘 讷谟尔河湿地保护区分布着两大类草原，一是湿地草原，二是丘陵漫岗草原。丰富的野生经济作物，构成讷河草原副业经济带。

湿地草原经济作物，主要有野菜：柳蒿芽、荠荠菜、猫耳菜、地耳、黄花菜等几十种；中草药材：柴胡、防风、艾蒿、地榆、葛根、大蓟等50多种；经济草类：小叶樟、三棱草、乌拉草、蒲草和芦苇等。

漫岗草原经济作物，主要有山野菜：蒲公英、小根蒜、黄花菜、苋菜、马齿笕等几十种；经济草类：硗草、落豆秧、苜蓿草等；中草药材：柴胡、防风、艾蒿、问荆、公英、芍药、百合等。

春季采摘的蕨菜、笔头菜的腌制品出口韩国和日本。

五、养殖业

全市各地都有养殖业，牧区集中在山区和兴旺鄂温克族乡百路、索伦村的草原。新中国成立初期至1978年改革开放初期，此时期计划经济，猪、兔等小牲畜和鸡鸭鹅、蜂禽鸟以家庭养殖为主。每年每户负有向国家交售猪、禽等任务。县畜牧、外贸系统开办的"牧养场"，有铁路专用线，每天都有生猪、活羊、肉牛、冷冻猪肉专列外运支援国家建设。

党的十一届三中全会后，全市兴办蛋鸡养殖、肉鸡加工、养猪场等规模养殖场，个体养殖户数量上升、品质提高，养殖业发展进入快车道。

1998—2018年，政府把发展养殖业作为精准扶贫重要项目。家庭、专业养殖户遍及各地，规模化养殖场逐年剧增。2014年抢抓全省畜牧产业发展三年扶持政策，以"一牛一猪"为重点，新建一批标准化规模养殖场，打造讷河农业"半壁江山"。建有饲养2 000只以上肉鸡开发区24个、1万只以上养鸡场9处；年饲养蛋鸡5 000只以上170户，年出栏肉鸡2 000只以上160户；饲养大鹅200只以上320户。养500—1 000头仔猪场、1 000—2 000头直线育肥开发区22个，生猪总数538万头。股份制牧场280个、养羊专业村屯640个、养殖大户2 484户。

六、特色养殖

渔业

讷河素有"棒打狍子瓢舀鱼，野鸡飞到饭锅里"之美誉。天然水面12.1万亩，32座大小型水库、41处人工塘坝、117个自然泡泽、480处人工池塘，面积45.6万亩，占土地总面积的4.57%；尼尔基水库境内面积33万亩。自然鱼类13科63种。引进名优养殖鱼类12种，年产绿色A产品6 500吨。已利用精养面积2.2万亩、驯养4 540亩、综合养鱼5 860亩、名特优6 500亩、无公害6 720亩、河蟹6 680亩；良种推广1.2万亩、种鱼1 500亩。国家农业部健康养殖示范场一处。

2005年后，坚持合理利用开发水域发展渔业生产；提高养殖科技含量，推广以驯化养鱼为主的先进生产技术；发展以稻、鱼、豆、猪、萍、菇、芪立体生产，发展蟹稻、泥鳅稻等有机种植和畜禽鱼综合养殖模式调整品种结构，发展"建鲤、方正鲫、武昌鱼、雅罗鱼"等名优新品种。逐步走向良性循环、自我发展的道路。讷河贯彻《中华人民共和国渔业法》和《渔业船舶检验条例》，实施渔业渔政管理，监管市辖区内江、河、湖、泡等自然水域；发放渔业捕捞许可证和渔业船舶登记证；监控渔业水域生态环境，维护渔业安全生产。经过30年来的保护和休养生息，域内的江河逐渐恢复了原生态，特有的鲤、鲫、草、鲢、鲶、黑、狗、鳜鲅、重唇鱼及"三花五罗"等野生鱼类重现江湖。

柞蚕养殖

位于市东北山区的龙河、友好、孔国乡依托蚕山优势，采取企业出资、贫困户务工模式，以柞树为原料实现柞蚕养殖面积6 000亩，年养柞蚕86把，把创办蚕场、放养柞蚕作为重要的副业项目。

七、特种养殖

1980年始，饲养蓝狐、獭兔、七彩山鸡等特种动物。

1990年后，随着市场獭兔皮大衣的出现和畅销，獭兔养殖迅速发展并出现专业户。

2000年，獭兔养殖降温，蓝狐养殖开始发展。

2005年，有蓝狐养殖专业户74户，存栏7 200只。

2010年后，特种养殖业稳步发展。养殖大雁、七彩山鸡、上树鸡、溜达土鸡、火鸡、乌鸡等。同时，养殖梅花鹿、二代野猪、东北黑民猪等。

第八章　革命老区讷河的自然资源和文化资源

第一节　淡水生态湿地保护区野生物种资源基因库

黑龙江讷谟尔河湿地自然保护区属讷河市，是松嫩平原的重要组成部分、讷谟尔河冲击而成的低平原湿地。讷谟尔河湿地保护区形成了河流、灌丛、泡沼湖泊、沼泽草甸及农田等各种不同的自然环境类型，蕴藏着丰富的野生动植物资源。保护区是松嫩平原北端仅存的面积最大、保存完整的一块湿地，东北地区保留最完整的淡水生态系统。

一、湿地自然保护区的历史沿革

1999年9月，黑龙江省人民政府批准缜密规划实施，为讷谟尔河湿地建立省级湿地自然保护区打下了基础。2007年，黑龙江省人民政府批准为省级"黑龙江讷谟尔河湿地自然保护区"。

二、湿地自然保护区的地理环境

（一）地理位置

黑龙江讷谟尔河湿地自然保护区，地处松嫩平原北端、嫩江左岸、讷谟尔河下游。东临五大连池山口水库，西连嫩江，地理坐标为北纬48°18′05″；东经124°31′25″。

（二）地质地貌

保护区地貌为河谷、冲积平原。讷谟尔河以北多丘陵，岗坡较大，以南坡度渐缓。中生代讷河至辽宁盘锦一带均为浅海。经过侏罗纪时的火山活动地壳变化，白垩纪以后的地面抬升，讷河等地沉积了砂、粒岩等物质。第四纪时，双山到拉哈一带形成一个北东向的狭长湖盆，沉积了石英砂、黄黏土和灰黏土，砂粒岩。北部靠近大兴安岭边缘地带为白垩纪地层，分布着花岗岩、页岩；青色草原种畜场靠近小兴安岭边缘地带为白垩纪地层，分布着新生代的玄武岩等；讷谟尔河以北的丘陵地带主要沉积有新生代和中生代的泥岩、砂岩和砂粒岩等。

（三）保护区的土壤

讷河市位于世界三大黑土带之一，90%的土质以黑钙土为主，土壤有机质丰富，结构疏松，水土保持性能较好。区内土壤大体分为7个土类，16个亚类。

暗棕壤俗称"红砂岗"，集中分布在西北和东北部的低丘与丘陵状台地。特有的枯枝落叶层土层结构松散微酸性，适宜发展林业。

黑土包括黑土、表潜黑土和草甸黑土3个亚类。黑土主要分布在漫岗的中、上部地段，中性反映；表潜黑土，即黑黏土，主要分布在岗上平地、岗中洼地，俗称"水岗地"；草甸黑土即黑油砂土，保水力强，通透性较好，是境内绝好的土壤。

黑钙土即石灰性黑土，主要分布在南部微倾斜平原和通南沟以南地段，呈碱性反应。包括以下3个亚类：淋溶黑钙土；碳酸盐黑钙土；草甸黑钙土。

草甸土主要分布在沿江河高漫滩上和漫川谷地的低洼地段，有草甸植物覆盖，黑土层厚薄不等，呈微碱性。在低漫滩上，地下水位高，易受洪涝灾害。包括草甸土、泛滥地草甸土、碳酸盐草甸土、潜育草甸土4个亚类。

三、湿地自然保护区的气候特征

讷谟尔河自然保护区地处中高纬度，属温带大陆性季风气候，主要特点是：春季风大干旱少雨；夏季受北太平洋高压控制，温暖多雨，阳光充足；秋季低温，霜冻较早；冬季受西伯利亚高压影响，寒冷干燥，封冻期年降水量平均450.8毫米，降水日数平均94天，最长降雨116天。年平均气温0.7℃，极端最高38.9℃，最低-42.2℃。降雪期平均206天。降雪日数平均28天，年平均日照为2 747.9小时。

四、湿地自然保护区的水文

保护区内讷谟尔河流经124公里，老莱河、南阳河、石底河三条水系注入讷谟尔河，区内泡沼星罗棋布，属内陆河流湿地生态系统的自然保护区。境内流长83.5公里，平时水深2米，宽60米，夏秋汛期水深3~4米，宽溢1~2公里。保护区大部分属于成井容易的河谷平原和低平原区，分布在嫩江东岸和讷谟尔河两岸，地下水埋深1~5米，含水层为砂、砂砾石，厚度10~50米，适宜成井深度30~50米左右。

五、湿地自然保护区区域面积

总面积61 385平方米。其中：核心区18 792平方米、缓冲区22 516平方米、实验区20 077平方米。横贯讷河市，是讷谟尔河沿岸和嫩江汇流后形成的湿地复合体。

六、湿地自然保护区的保护目标

保护区内动植物资源极为丰富，被列入省和国家保护对象，以陆栖生物及其生境共同形成的湿地与水域生态系统，其中国家级珍稀濒危保护植物有黄芪、野大豆、甘草、小慈姑4种；黑龙江省级保护植物有东北龙胆、桔梗2种；国家二级野生动物有黑熊、棕熊、紫貂等；国家一类保护鸟类有东方白鹳、中华秋莎鸭、灰鹤、环颈雉等。

七、讷谟尔河湿地自然保护区的生态价值

讷谟尔河横穿湿地其中，超过70公里的主河流，两岸遍布常年积水和季节性积水泡沼。沼泽性河流，河水漫滩很大，有明显河身，常与沼泽地连成一片。有较大面积的水面和草甸沼泽湿地和较好的自然植被。是我国北方典型的泛洪河流沼泽湿地，具有内陆天然湿地的典型性、原生性、代表性和稀有性，蕴藏着极其丰富的野生动、植物资源，在珍稀濒危物种保护方面具有重要意义。通过湿地保护及恢复建设工程，有效地改善了野生动物及水生生物的栖息环境，减少人为经济活动对野生动物栖息地的干扰和破坏，为野生动物繁衍生存创造有利的环境。使保护区具有丰富的野生物种多样性，成为生物资源保护的"基因库"。

八、嫩江石

保护区的嫩江讷谟尔河流域出产非金属矿产珍珠岩、大理岩、钾长花岗岩、硅藻岩、石英岩、玄武石、石灰石、石英砂、型砂，黄、灰、白、红黏土、高岭土、瓷土、陶土等20余种。

观赏石资源也比较丰富，其中玛瑙石、蜡石、蛋白石、碧玉有一定储量。玛瑙石是保护区江河流域观赏石的代表作，业界称之为"嫩江石"。几乎嫩江及其所有支流、讷谟尔河河道漫滩、

沙岗都出产玛瑙石。

第二节　讷河旅游资源

讷河市委、市政府践行习近平总书记"两山论"，坚持点面结合，深挖蓝天黑土、冰天雪地、湖岛山林、特色农产、农宿体验等特色旅游资源，编制《讷河市全域旅游规划》，采取村集体入股、企业主导经营等方式，引进专业公司运作，打造四季精品旅游线路和旅游产品。提升讷河"秋水之城、皇后故里、抗战圣地、驿站之乡、鄂乡风情"知名度和对外影响力。打造雨亭城市湿地公园，博物馆、抗战大榆树、李兆麟工作地、讷河中心县委旧址、茂山林场、富源林场、嘎布喀草原三个景区有着丰富的红色和历史文化资源，以旅游产业为牵动、融合关联产业发展，叫响讷河红色旅游品牌。努力把讷河市建成齐齐哈尔至漠河、齐齐哈尔至五大连池的旅游节点城市。

一、红色旅游资源

讷河有着丰富的红色文化和红色旅游资源。在市委、市政府的大力打造下，逐步形成了红色文化、红色基因、红色旅游的老区红色旅游圈。

茂山林场抗日联军王钧营地、邓文山营地红色风光游　茂山地区是当年抗联的主要活动区域。有抗联王钧在"高山包"下和白桦林里的密营、邓文山"平康德"的秘密营地。青色草原种畜场的石底河旁的"狐仙堂"和"蛇仙堂"，流传着抗联打日军的民间故事；石底河水清澈甘甜，山林中的野菜野果新鲜可口。丰富的林下资源和厚重的红色文化底蕴，是发展红色旅游和生态旅游的利好资源。

永胜抗救会大榆树遗址 坐落在龙河镇永胜屯南1公里处，南邻讷谟尔河，讷河老区集资修筑砂石路，平整直通。地方流传许多抗日英雄事迹和故事，遗址修纪念碑一座。

抗战时期李兆麟将军工作地 在孔国乡大伯尔科，当年李兆麟工作的草屋还在。

讷河抗日战争纪念馆 民营企业"禹博旅游资源开发公司"出资开发兴建，建筑面积800平方米，2019年末竣工，2020年开馆。纪念馆坐落在讷河东部旅游区节点，讷五公路沿线龙河镇涌进村。辐射茂山、莽鼐、大榆树、古城遗址、李兆麟工作旧址。

中共讷河中心县委遗址 位于二克浅镇富乡村，西邻尼尔基旅游度假区。

拉哈大榆树群众集会遗址 位于拉哈第二小学院内。西500米江淮园，北6公里三江口风景区。

二、历史文化旅游资源

讷河寒地黑土，蓝天碧水，历史悠久，人文丰富，旅游资源丰厚。

莽鼐文化游 莽鼐屯，末代皇后婉容祖居地，位于龙河镇保安村。清初，顺治年间由达斡尔族郭博勒氏所建。1864年（同治三年）以来一直称呼莽鼐屯。莽鼐，达斡尔语，为"振兴"或"兴盛"之意。清代嘉庆至咸丰年间，这里出过十几名达斡尔族将军，俗称"将军屯"。原有清代"将军墓"11座，是清代官宦世家达族郭博勒氏的墓地。

嘎布卡草原鄂温克民族风情游 讷河市委、市政府努力打造以"走进讷河·相约瑟宾节"为主题，开展为期一个月的文艺会演、体育竞技、特色餐饮、产品展销等活动。2018年，成功举办了讷河市第25届瑟宾节庆典和首届"中国（讷河）鄂温克族论坛"活动。

三、特色风光游

学田红马山冒烟白特色旅游　位于学田明星村西北方3公里处尼尔基斯湖湖畔，与大架子山遥遥相望。一万多平方米的雪地摩托场地、近三千平方米的雪上自行车场地、两千平方米的儿童雪橇、冰车场地，四千平方米的雪圈、悠波球滑道场地四个区域。在赏冰乐雪的同时，还可品尝到农家乐的江水炖江鱼、小鸡炖蘑菇、山野菜等纯正的农家菜。"冒烟白"农家特色产业园，有山林黑猪、"溜达鹅""上树鸡"等特色养殖，2018年已连续两届成功举办"赏冰雪烩年猪、冰雪越野赛车"活动。

大架子山滑雪场　依托大架子山和尼尔基湖开发建设水上、岸上、雪上、冰上运动和旅游等项目，建设集运动、餐饮、娱乐、旅游、观光、休闲度假于一体的四季可游景区。是省级AAA级旅游地。

四、城区旅游

讷河市博物馆　讷河市博物馆现位于讷河市雨亭城市湿地公园西，"讷河市文化广电体育旅游中心"大楼一层。陈列面积200平方米，馆内设"历史陈列厅"，分旧石器时代、新石器时代、青铜时代、辽金时代、清代、近现代六个部分。

讷河雨亭城市湿地公园　位于讷河镇南环路东，占地45.5公顷，其中绿地和水面为43公顷。讷河人民政府分别于1958至2000年先后4次集资筹款对公园进行了大规模修整和扩建，公园规模不断扩大，基础设施日臻完善。雨亭公园内共分9个功能区。园内有珍稀动物10余种，建有古碑"小碑林"。2000年修建了十二曲石桥和仿古楼亭等设施。每年接待游客约6万人次。

第三节　讷河红色文化资源简介

一、讷河主要红色遗址遗迹

（一）中共讷河中心县委遗址

中共讷河中心县委遗址，坐落在二克浅镇富乡村（任家粉坊屯），是中共北满省委设在讷河的抗日活动中心。2009年，讷河民营企业家王贵发斥资在遗址附近建立一座纪念碑。现已成为讷河红色旅游景点和讷河市青少年革命历史传统教育基地。

（二）永胜抗救会大榆树活动遗址

永胜抗救会大榆树活动遗址，坐落在讷河市东48公里龙河镇永胜屯，旧名倭都台屯。村南1 500米讷谟尔河北岸的土坡上，生长着一颗高约14米，胸径2.2米，有300年树龄的大榆树，备受人们的呵护。1939年初东北抗联西征，是抗联的活动场所和地下联络点，倭都台成为抗日的活动中心。

中共讷河中心县委遗址　　　　永胜抗救会大榆树活动遗址

（三）李兆麟将军抗日活动遗址

李兆麟将军抗日活动遗址，坐落在讷河市东25公里处孔国乡哈里屯纪家窝棚。1939年10月，北满抗联主要负责人李兆麟亲在该屯地主纪凤楼家落脚，召集当地四家地主和群众，筹集抗联部队冬衣军粮。讷河人民将该屯改为"兆麟村"，学校命名为"兆麟学校"。

李兆麟将军抗日活动遗址

唐火犁抗联作战遗址

（四）"大战唐火犁"抗联作战遗址

唐火犁抗联作战遗址，位于讷河市老莱镇东北部11公里处，属于半山区丘陵地带，距其东北6公里处是宽裕林场。1939年10月17日，东北抗联第六军十二团王钧率领抗联战士和讷河抗日先锋队员，在唐火犁打了一场成功的以弱胜强、以少胜多的伏击战，是抗日联军的代表战例。

（五）"诱敌三马架"抗联作战遗址

三马架抗日联军作战遗址，在龙河镇现富裕村三马架屯，其屯后有一座小西山，如今仍保存着原有的村屯、山坡。是东北抗日联军战绩地。

（六）"巧战火烧于"抗联作战遗址

火烧于抗日联军作战遗址，位于孔国乡四清村二屯（火烧于）。作战地在于家大院，现为村落民房，场院已辟为耕地。是东北抗日联军战绩地。

（七）八区大榆树群众集会旧址

讷河八区大榆树群众集会旧址，坐落在拉哈镇第二小学校。抗日时期，马占山攻打拉哈街、王明贵火烧古川洋行、地下党交换情报等抗日活动均发生在此地附近。东北解放，讷河县第八区民主政府在院内广场召开群众大会，发众征兵征军粮、支援前线和开展土地改革运动。

拉哈八区群众集会大榆树

通南剿匪烈士纪念碑

（八）通南剿匪烈士纪念地

"八一五"光复后，讷河匪患不断，这些土匪中有相当一部分是国民党留在讷河的反共分子，他们到处袭扰政府，抢劫百姓，妄图颠覆和破坏刚刚成立的人民政权。县人民武装，机炮连和骑兵三十七团三连前来追剿。经过激烈战斗，消灭了匪徒，土匪头目"天圣"被击毙。战斗中连长贺天举、骑兵排长沈玉春、司号员李军壮烈牺牲。

通南人民深切怀念为新中国牺牲的烈士们，2013年讷南镇退休干部李克京在镇南修建"通南剿匪烈士"纪念碑一座。

（九）茂山抗联营地遗址

在讷河市茂山林场场部以东的3公里的原始森林中，东距大庆农场20公里，南北两侧均为林带，北侧紧邻讷河通往大庆农场的公路。1938至1939年，抗日联军第六军十二团、第三军八团在六军参谋长冯治纲率领下，从小兴安岭西征到嫩江、德都、讷河交界处的原始森林中建立抗联密营，开展抗日游击战争，茂山林场抗联营地即当时的密营之一，营地建在白桦林中，就地采伐树木为材料，搭建简易窝棚，窝棚废弃七十余年，木构件都已腐朽无存，现仅存营地旧址森林保存完好。

（十）邓文山抗日义勇军茂山营地

邓文山义勇军营地在讷河市青色草原种畜场以东1.2公里的熔岩台地上，台地上布满体积较大的火山岩，当地人称卧牛石。遗址周围，当时森林茂密，营地建立在密林中。邓文山义勇军营地是讷河市境内一处非常重要的义勇军抗日活动纪念地。

二、革命老区讷河现有红色纪念场（馆）

（一）讷河市博物馆

讷河市博物馆，现位于讷河市雨亭城市湿地公园西，"讷河市文化广电体育旅游中心"大楼一层。该馆始建于1959年，为综合地志博物馆，分资源、历史、十年成就三个部分。1964年并入讷河文化馆。管内资源标本丰富，历史文物则大部分由黑龙江省博物馆调拨。馆内精品有仿定窑白瓷、铜马蹬、六鋬铜锅等。

1997年，博物馆重建，7月1日开馆，博物馆陈列面积200平方米，馆内设"历史陈列厅"，旧石器时代、新石器时代、青铜时代、辽金时代、清代、近现代六个部分。

2009年6月再次重建，于2011年9月竣工。新馆占地1 600平方米，馆内延续"历史陈列厅"和"展厅"的陈列模式。在市委、市政府的高度重视和支持下，讷河博物馆经过50余年的积累，现已形成了自己独特的馆藏优势，现有各类藏品千余件，有硅化木和更新世晚期猛犸象、披毛犀的骨骼化石；有旧石器时代遗址出土的砍砸器、刮削器、尖状器等一批打制石器；有新石器时代遗址出土的白玛瑙、绿燧石制成的精美石镞、细石核、长石片等渔猎工具和夹砂陶、凸弦纹陶等具有北方草原新石器文化——昂昂溪文化特点的文物标本。

青铜时代文物标本也比较丰富，出土的压印篦点纹陶器代表了青铜时代早期文化；出土的红衣陶代表了青铜时代晚期文化；铜镞、弓弭、骨椎、角器、骨鱼镖等反映青铜时代北方草原民族发达的渔猎畜牧经济。

辽金时代遗址出土的仿定窑白瓷、铜马蹬、六鋬铜锅、双鱼铜镜、铁铧犁、铁车辖、石臼、轮制陶、铁镰、陶网坠、铁枪头、铠甲片等，反映了金代比较发达的农业经济和军事防御设施。

清代的展品主要有中国末代皇后婉容家族墓地的阿那保墓碑和威远将军墓碑、英兴阿将军墓碑碑文拓片和出土的清代瓷器、银器、玉器、玛瑙鼻烟壶、服饰等具有很高历史价值和艺术价值的文物标本。

近代部分，着重开发讷河抗日战争和解放战争时期的历史遗存，陈列着抗日联军在1939年使用过的缝纫机和大刀等；1956年民主政府建立时的印章等。讷河博物馆以新的风貌迎接四面八方前来参观的游客。建馆以来，约有数十余万人次前来参观，并受到前来参观的国家、省、市领导的好评。讷河博物馆已成为讷河市中小学校和机关企事业单位，进行乡土历史教育和爱国主义教育基地，讷河人民文化教育中心。

（二）革命老区讷河的纪念碑、烈士陵园

讷河烈士陵园　讷河市烈士陵园位于雨亭城市湿地公园内西北侧，建于1979年10月，占地面积8 793.6平方米。讷河市烈士陵园原名革命公墓，位于城北郊外，1955年7月1日，经讷河县人民政府

批准，于同年8月15日正式落成。在革命公墓前，讷河县各界人士立"革命烈士永垂不朽"碑一座，被县政府列为烈士纪念建筑物保护单位。1979年10月迁至城南雨亭公园内，更名"烈士陵园"。

陵园内长眠着692位革命烈士，其中：抗日战争、解放战争时期牺牲的革命烈士423人，抗美援朝时期牺牲的革命烈士212人，奔赴讷河采风牺牲的"青年人民艺术家"王大化的生平事迹纪念碑矗立在陵园。

1999年12月，齐齐哈尔市全民国防教育小组批准该烈士陵园为"国防教育基地"；讷河市委、市政府将其列为本市"爱国主义教育基地"。

抗日烈士纪念碑　1990年9月3日，中共讷河县委员会、讷河县人民政府为纪念抗日战争时期，为解放讷河而与日本帝国主义侵略者，进行英勇顽强斗争的抗联战士、坚贞不屈的义勇军官兵、奋勇直前的爱国群众而立。纪念碑位于讷河市雨亭公园西侧正门内，烈士陵园门南小广场东侧。底部为五级台阶式碑基，中间是高0.8米、东西长1.9米、南北宽1.3米的碑座；上面是东西长1.8米、南北宽1.2米，高3.0米的碑身；碑身上面是高1.05米、东西长1.4米、南北宽1.2米的塑像底座；最顶部是高1.9米具象征意义的汉白玉三人塑像。碑座、碑身、塑像底座均为砖混结构，外贴黑色大理石面。碑身正面刻有抗联名将、原黑龙江省委书记陈雷亲手题词"抗日英雄纪念碑"，背面刻着中共讷河县委、人民政府敬谒的碑文。

第四节　讷河精英人物简介

讷河人民传承中华民族所固有的热爱祖国、热爱家乡的光荣传统。

清代，讷河走出就职居官至将军、都统、二品以上的文武官员达30余人。为抵御外敌入侵，保卫祖国边疆，率部转战南北，给入侵者以沉重打击，维护了祖国的统一；抗日战争时期，讷河人民在中国共产党的领导下，在中共讷河中心县委的带领下，配合东北抗日联军与日寇作战，涌现出一大批抗日英雄人物。在保卫祖国、保卫家乡、建设家乡的战斗中，大批优秀儿女参军参战，从讷河打到海南岛，转战朝鲜三千里江山。有600多名烈士为了世界和平和祖国安宁献出了宝贵生命；在社会主义建设时期涌现出一大批先进模范人物。讷河人杰地灵、人才辈出。略计，1978年以前，讷河县成长起来的地师级以上干部和副教授以上的高级知识分子80余名，县团级以上干部100余名；改革开放40年来，讷河更是优秀人才辈出。这里走出省部级干部4名；中国人民解放军少将以上军官5名；中国海洋石油总公司总经理、全球500强跨国企业SMC（中国）的领导者；以及两次当选全国人大代表、全国劳动模范、五一劳动奖章获得者、全国系统先进26人；省级劳动模范47人。他们是76万勤劳善良、聪明智慧、勇于奋斗、甘于奉献讷河人的杰出代表。

裴景仁　字荣斋，汉族，1895年生于讷河建华村。1922年，沈阳高等师范学校毕业，赴黑龙江第一初级师范学校任教。1929年加入中国国民党。1933年，焚毁国民党党证自行脱党。1945年5月，携眷返籍。次年2月出任讷河联合中学教员。此后，历任齐齐哈尔中学副校长、中学教师进修学院院长、师范专科学校校长等职。曾当选为黑龙江省政协第二届委员，第三、四届常委，齐齐哈尔历届人代会和第三、四、五、六届人民委员会委员，市政协历届委员会委员和第二、三届委员会副主席。执教57载，他是黑龙江声望较高的教育家，被赠予"裴几何"之雅号。

巴达荣嘎　别名德古永，达斡尔族，1917年生于讷河。1945年日本广岛理科大学毕业回国工作。1982年加入中国共产党，离休前任内蒙古社会科学院图书馆副馆长、副研究员、全国政协委员。除达斡尔语外，通晓满、汉、日、蒙、俄、英6种语言文字。

马庆福　1917年12月生于呼兰县，1936年迁居讷河县老莱镇胜利村，1948年加入中国共产党，1950年带领6户贫农组织起老莱河畔第一个互助组。1951年互助开荒300垧，种植小麦获得大丰收，荣获国家农业部金星奖章。同年成立了全省第一个农业生产合作社——金星农业生产合作社。后历任老莱公社胜利大队党总支书记、公社副社长、党委副书记等职，被选为中共讷河县第六、七届县委委员、中共嫩江地区第一届委员会委员、第四届全国人民代表大会代表。他15次出席省劳模大会，两次出席全国农业会议和"群英会"，黑龙江省的著名农业劳动模范，曾两次进京参加国庆典礼，受到毛主席的亲切接见。胜利大队被誉为省农业先进集体。1978年1月26日病逝，享年61岁。

砂驼　鄂温克族，1926年8月生于讷河县兴旺乡兴旺村。1945年参加革命工作，1946年加入中国共产党，1985年时任内蒙古师范大学党委书记。1988年6月任内蒙古自治区人大常委会副主任。

李和　汉族，1926年10月生于讷河县孔国乡兆麟村。1945年参加县民主大同盟，1947年10月加入中国共产党。1985年时任黑龙江省委组织部部长、兼省纪律检查委员会常委、省人大常委会委员。1988年1月15日于哈尔滨市病逝，终年62岁。

谢杞宗　1928年生于讷河县，电影特级摄影师，中国电影家协会会员。1949年毕业于华北人民革命大学，后参军任第二野战军摄影记者。1952年调入"八一"电影制片厂任新闻记者和动画摄影、特技摄影师兼组长。曾三次入朝摄影。参加新闻纪录片《重庆中美特种技术合作所》《成渝铁路开工初期》《铁路运输线》等片拍摄工作。参加了《黑山阻击战》《狼牙山五壮士》《林海雪原》《农奴》《风雨下钟山》《千里跃进大别山》《大决战》等故事片的特技摄影。

刘文才　汉族，1930年生于六合镇兴农村，1946年9月参加东北民主联军，1947年加入中国共产党。曾参加辽沈、平津、衡包、柳州等著名战役，立大功2次，1985年时任上海第二军医大学校务部政委。

袁山　汉族，1930年生于团结忠义村，1947年参加革命工作，1948年5月加入中国共产党。1985年时任中国人民解放军五七六五一部队政委。

朱福林　汉族，1930年生于孔国兆麟村，1946年参加革命工作，1949年加入中国共产党。1985年时任国家财政部综合计划司副司长。

黄渭　汉族，1931年生于讷河县的知识分子家庭。1947年参加东北民主联军，致力于诗文，19岁时被誉为"战士诗人"。作品有诗歌《雷锋之歌》、歌曲《长白山战士之歌》等。1985年时任长春市文联专业作家，长体隶书创始人。有《黄渭诗歌、书法选集》出版，曾赴日本举办个人书法展，部分作品收入《世界艺魂·莎士比亚·黄渭合辑》。

于庆和　汉族，1932年生于讷河县通南镇，1948年参加革命工作，同年11月加入中国共产党。1985年时任全国总工会书记处书记、教育部部长。1995年离休，担任中国关心下一代工作委员会副主任。

张德庆　汉族，1932年生于讷河镇东北街，1947年在讷河联中参加东北民主联军。1949年11月加入中国共产党。1947至1953年参加解放战争、抗美援朝战争。曾任中国人民解放军团长、副师长、师长等职，1985年时任旅大警备区司令员，1988年被授予少将军衔，1993年离休。

涂敏　又名涂吉祥、卓日格图，鄂温克族，1932年生于讷河兴旺詹仁屯，1947年任内蒙古军政大学通讯员、东北军区军体育部教员等职。1954年加入中国共产党。1962年10月毕业于空军高级航校，任空军某师作战参谋、师参谋长，空军如皋站站长。1980年10月任南京军区后勤部参谋长，1983年任后勤部部长。率先提出永久性军事外场指挥设施方案和创建空军后勤指挥自动化系统，获军队科技进步二等奖和国家科技进步三等奖。1988年被授予空军少将军衔，1993年离休。

刘国卿　汉族，1933年生于拉哈镇，1948年参军任讷河第三十六后方医院护士。1955年考入南京药学院药学专业，毕业后留校任教授。1965年加入中国共产党，任教授、博士生导师。1968年参加总后勤部卫生部"523"抗疟疾研究小分队。1980年1月赴意大利米兰药理研究所神经化学室做访问学者。系中国医药学会常务理事、制药工业专业委员会主任委员、国家食品药品监督管理局评审中心专家、《药学学报》和美国药学杂志主编。他从事药学教学和科研工作50年，培养了药理学硕士研究生35人、博士生25人。在精神药理与脑血管药理方面有独特建树，20世纪60年代筹建神经药理实验室，70年代研制镇痛药"祖师马甲素"、抗癫痫新药"抗癫香素片"，"六五"期间参加国家科技攻关项目"生脉散制剂"的研究开发，获国家卫生部等四部委奖状。个人发表药理学方面的论文206篇、专著多部。是享誉国内外的药理学专家。

马广俊　汉族，1936年生于太和乡黎明村。1956年讷河一中毕业被选送解放军第一军械学校学习,1959年毕业留校任教。1960年入华东工学院学习,1974年调总后勤部军械部工作。1980年五机部任齐齐哈尔建华厂检验处长。1984年调国家机械弹药局兵器科学院,作研究员。1996年退休被中国兵器工业集团聘为研究员、兵工弹药专家。

张守贵 汉族,1937年生于讷拉哈镇,1964年加入中国共产党。以哈尔滨工业大学优秀毕业生留校参加工作,1985年在教育部规划研究室工作,高教十级。译有《石油热采模拟》《蒸汽驱采油数学模拟研究》和《Hc热物性计算机程序》。

刘振山 字长青,别名刘建山,汉族,1938年生于二克浅红旗村。1961年考入军校,1966年加入中国共产党,9月毕业于海军大连水面舰艇学院航海系。历任海军司令部参谋、警卫连连长、军务处副处长、管理处处长。1988年4月任海军电子工程学院副院长,海军大校军衔。

周广学 汉族,1939年生于讷河县向阳屯。1959年应征入伍,同年荣立三等功,次年加入中国共产党,1974年调军事研究室任军事课教员。1983年1月22日下午,他和军事教研室同志组织军医系八二级学员到靶场进行手榴弹投掷训练。学员沈彤由于精神紧张,拉了弦的手榴弹落在右脚边。千钧一发之际,周广学奋不顾身地冲上前去,用尽全力抱住沈彤转身扑向预备掩体,就在倒下的瞬间手榴弹爆炸,学员沈彤得救,他身负重伤,伤势过重与当日下午7时牺牲,时年43岁。1月26日《羊城晚报》报道了周广学的英雄事迹。1月30日第一军医大学隆重举行追悼大会。大学党委批准他为革命烈士,中国人民解放军总后勤部为他追记一等功。1月31日《解放军报》以头版头条报道他的英雄事迹,赞誉他为"具有高度自我牺牲精神的好教员""在建设社会主义精神文明热潮中涌现出来的王杰、刘英俊式的英雄"。

杜景海　汉族，1939年生于讷南平房村，1958年1月入伍。1959年加入中国共产党。1958至1985年10月任六○○八部队班长、司务长、沈阳军区组织部干事、副部长、军区纪委副部长。1985年11月先后任辽宁省铁岭军分区政委、赤峰守备区政治部主任、沈阳军区政治部纪检部部长、军区纪委副书记等职。1992年10月，任黑龙江省军区副政委，少将军衔。

周东坡　汉族，1941年生于讷南新化村。1964年毕业于东北大学畜牧系。1986年任齐齐哈尔师范学院副教授，1991年晋升为教授。1993年受聘中科院沈阳应用生态所，指导博士生。任黑龙江省轻工办协会、生物工程学会常务理事。1987年被评为黑龙江省优秀科技工作者，享受国务院特殊津贴。多年致力于微生物的生物工程育种、微生物分类与食品微生物等方面的研究。先后通过生物工程手段培育出了赖氨酸高产菌种1个（Q4413）、啤酒酵母新种1个（SBXJI6）和单细胞蛋白的系列菌种；发现细菌的新属1个、新种2个；发现中国新纪录的半知菌属、菌各1个（抗癌药紫杉醇产生菌株2株）。"七五"计划以来主持完成国家教委及黑龙江省、齐齐哈尔市重大攻关与重点科研项目10余项。申报国家专利3项，作为第一主持人获黑龙江省科技进步奖2项、三等奖2项，获省教委与齐齐哈尔市科技进步一等奖2项、二等奖2项，省优秀教学成果二等奖1项。出版专著《微生物原生质融合》等。

彭福宽　汉族，1942年生于讷河县同义村，1964年毕业于黑龙江商学院，1966年加入中国共产党。1985年时任商业部商管司副司长。

张向春　汉族，1942年生于讷南新化村。1959年在巨和乡参加工作。1960年入伍，1963年加入中国共产党，先后任参谋长、科长、团参谋长。1979年12月解放军军事学院毕业。1980年先后任团长、师参谋长。1989年任黑龙江省农垦总局军事部部长（正师级），大校军衔。

常远利 汉族，1944年生于讷河镇。1968年于讷河一中参军入伍，在装甲兵工程学院学习，期间加入中国共产党。1975年毕业，任装甲兵指挥学院教训队副教授、教授。撰写的论文有《装甲机械部队人才现状与侦察指挥专业学》《试论如何培养学员的改造思维能力》《对大型岛屿联合进攻作战装甲兵侦察行动的探讨》等。参与编写的《机械化步兵战术系列教材》获全军教学成果一等奖。被收入《中国军队院校名师录》《中华百年人物篇·现代卷》。

刘成林 汉族，拉哈镇人。1960年从讷河一中考取黑龙江大学物理系，1968年分配国防科委包头研究所工作。1970年先后在中科院西安光机所、机械工业部北京光电技术研究所、部仪表局从事科研工作，成为中国自动化控制系统的高级工程师、科学家。参与研究设计了天安门广场、毛主席纪念堂的射灯；与同事研制的"激光能量分部测试仪"，解决了我国激光事业中的难题，获部二等奖和北京市科技二等奖；发明的"神龙牌封闭式凝结水回收器"获2000年香港国际新产品新技术博览会奖，并获美国科技博览会颁发的国际发明奖。被收入《中国当代科技发明家大辞典》和《国际华人发明家大辞典》。

张宝昌 1949年生于讷河，大专学历、上校军衔，讷河市老区建设促进会会长。历任镇党委副书记、书记等职，被县委、县政府授予"特等劳动模范"荣誉称号。1992年3月任讷河市武装部政委，讷河人武部成为沈阳军区先进单位，本人两次被授予沈阳军区"优秀军官"荣誉称号。获中国老促会"全国优秀老区工作者"荣誉称号，2010年11月28日在中国老区建设促进会成立20

周年总结表彰大会上，受到了党和国家领导人的亲切接见并合影留念，事迹收录在中国老促会《老区群英谱》。

耿维明 鄂温克族，1949年生于兴旺索伦村。1968年下乡老莱农场当知青。1973年8月入哈尔滨工业大学学习，1976年8月分配航天工业部某基地任技术员、工程师。1989年3月任江苏省标准计量局综合计划处处长。参与编著了《工业企业通用计量信息系统设计与应用》和《全国CMMS应用技术文集》等书。他的《LS-83仪器仪表管理信息系统》《航天工业部计量仪表综合信息管理系统》研究成果获航天工业部科技进步三等奖；在学术刊物上发表学术论文十余篇。

尹维毅 汉族，1949年生于讷河镇。1972年被推荐入东北重型机械学院学习。1975年12月毕业分配北京重型机器厂锻冶科，任技术员、工程师。1985年12月调国家机械工业部任重矿局、重型机械局、第二装备司、重大装备司高级工程师，核装备专家。1997年12月任中国国际工程咨询公司核电资讯评估中心能源项目部经理，主持起草了《我国百万千瓦级水堆核电站设备制造国产能力的报告》，为我国核电的发展提供了咨询和依据，受到核能界院士及专家的肯定。1993年由于其在"十五"国家重大技术设备大型乙烯、化肥、煤化成套设备国产化研制中做出重大贡献，获机械工业部荣誉证书和国务院重大装备科技奖。

刘凤翥 汉族，1950年生于讷河镇。1968年2月入伍，翌年加入中国共产党，任战士、排长、副指导员。1978年被选送装甲兵学院学习，毕业留校任哲学教员。1989年毕业于南京政治学院政治系，后任石家庄陆军指挥学院教授。著有《马克思主义哲学方法》《军人伦理学》《军人恋爱与家庭》《马克思主义基本原理》等百余篇论文，少将文职人员。

傅成玉 汉族，1951年生于讷河镇日新村。毕业于东北石油学院地质系，后获美国南加州大学石油工程硕士学位。曾先后在大庆油田、辽河油田和华北油田工作。现任中国海洋石油总公司（简称中海油）董事长、总经理兼首席执行官。2005年在国务院直属企业中利润排名第四位、总资产排第十一位，被评为A级信誉企业，在亚洲企业50强中排名第八位。傅成玉被美国《时代》周刊评为2005年14位最有影响力人物之一。

谭志娟 女，汉族，1957年生于同义村。1987年加入中国共产党。1993年毕业于东北农业大学农学系研究生班，讷河市农技推广中心主任，高级农艺师。1991年大豆硼钼微复肥增产研究获省农科院优秀科技成果一等奖和省农业科技进步二等奖。1993年论文《发挥大豆生产优势加速农业建设》《选准突破口发展高产优质高效农业》被评为省科协二等优秀论文。其攻关的松嫩平原北部黑土区马铃薯高产栽培技术课题，获农业部丰收计划二等奖。1999年撰写的《搞好农业社会化服务，促进高产优质高效农业发展》选入《中国农业发展文库》。2001年获农业部水稻丰收计划二等奖；2002年获省丰收计划奖。连续两届当选全国人大代表，获全国农业技术推广先进个人，享受国务院特殊津贴。

王贵发 1960年生于嫩江县，1981年迁居讷河。2004年相继创立了讷河市贵发建筑工程公司和华艺房地产开发公司，2007年，被市委聘为讷河市老促会名誉会长。他一直致力于讷河老区建设和扶弱济贫的慈善事业，先后捐助老区孤寡老人、残疾人、贫困学生、修建革命历史遗迹和社会公益事业投入资金达1 400多万元；2009年，投资修建"中共讷河地下县委"遗址纪念碑，2015年，投资100万元扶持龙河镇"永胜抗救会大榆树活动遗址"所在村新农村建设。荣获第十五届全国劳动模范和五一奖章、黑龙江省"光彩之星""中国扶贫开发典型人物"并塑铜像收藏在山西博物馆。

罗振亚　1963年7月生于讷河县。哈尔滨师范大学中文系、山东师范大学中文系毕业后任哈尔滨大学教师、人文学院副院长，黑龙江省政协委员。1990年晋升为教授，享受国家特殊津贴。后任南开大学文学院教授、博士生导师。中国作家协会会员，兼中国当代文学研究会理事、中国文艺理论学会理事等职务，2005年入选教育部"新世纪优秀人才"。

刘宏宇　汉族，1963年生于讷河镇，中共党员。1985年毕业于哈尔滨医科大学，继续攻读硕士、博士研究生。1999年赴德国进修，回国后获博士学位。现任哈医大附属第四医院副院长，胸心血管外科主任。中国医师协会心血管外科分会委员，教育部博士点科研基金项目评审专家，黑龙江省科委自然基金评审专家及基本医疗保险专家组专家、省老年医学研究委员会心胸外科首席中青年专家；亚洲心血管外科学会会员、哈尔滨市医学会理事兼胸心血管外科专业委员会副主任，《现代心血管外科》编委。2003年博士后导师。在心外科治疗领域及冠心病治疗、心脏移植、瓣膜外科、微创心脏外科等四项技术处于全国领先地位。

周善贵　汉族，1971年生于讷河同义乡。1988年考入吉林大学物理系，1992年9月入研究所院深造，1995年研究生毕业获物理学硕士学位。同年考入北京大学技术物理系攻读博士学位，1996年获北京大学"光华奖学金"，1998年7月获物理学博士学位并从事教学和科研工作，2000年发表《奇特原子核结构及新集体转动功能模式研究》《奇核旋称反转的实验研究》论文，获教育部中国高校自然科学奖一等奖。2002年获北京大学医学骨干基础课一等奖。

邓正茂 汉族，1971年生于讷河镇，1987年参加工作，历任讷河石油公司警卫、站长等职。1999年7月16日，石油公司一台油槽车行驶到龙华村铁路道口时，由于道路颠簸发生燃油泄漏喷出，紧急时刻邓正茂从驾驶室爬上车顶排险。泄露的汽油被排气管引燃发生爆炸，把他掀起两米多高烧焦。附近的企业和居民保住了，他却献出了年仅28岁的生命。12月8日黑龙江省政府批准他为烈士，2001年1月3日中共讷河市委追认他为中国共产党党员。

张继岩 女，汉族，1972年生于讷河镇。1990年于讷河一中以"黑龙江省理科状元"考入中国人民解放军第四军医大学临床专业。2000年毕业于中国军事医学科学院基础医学研究所免疫学专业，获医学博士学位。其博士论文《急性髓系白血病细胞中IL-6的生物学效应与信号传导机制》被评为院优秀论文。1995年起主要从事炎症调控信号传导机制的研究。2003年5月赴美国芝加哥大学Ben-Mar癌症研究所作博士后，回国后晋升为副研究员，获第四届"中国女科学家奖"。

欧阳小平 汉族，1974年生于龙河龙西屯。1993年于讷河一中考入东北石油大学，1997年毕业在校攻读硕士。2001年就职于中石油天然气集团大庆油田设计研究院，2005年考入浙江大学流体动力与机电系统国家重点实验室攻读并获得博士学位，2005年留学英国ABCH大学读博士后。为浙江大学博士后，流体动力与机电系统国家重点实验室副教授、博士生导师。其探究方向为机电控制与航空液压；承担国家863计划基金、浙江省自然资金、钱江人才计划等科研项目及中航空工业等企业科研课题。在《Joul-Dal of Aicraft》等国内外科学杂志和会议上发表论文20余篇，并获《压电晶体数字网》等国家发明专利6项。

郑辽义 汉族，1976年12月生于河南省平顶山市，1994年入伍，讷河市消防大队拉哈中队战士。1997年11月拉哈第一粮库发生火灾，消防中队即赴火场扑火，还有10天即将退伍的郑辽义，冲到最危险地带铺设水带，附近的80吨粮仓突然坍塌将其深埋，不幸牺牲。齐齐哈尔消防支队授予他"优秀士兵"称号、追认他为中国共产党党员；黑龙江省消防总队追记二等功，1998年1月公安部追认其为革命烈士。

资料采集于《1654—1985讷河县志》《1986—2005讷河市志》《讷河市工会志》等。

第五节　革命老区讷河历史文献选粹

一、历史文献选粹

布特哈总管衙门楹联·晚清·金纯德

金纯德，时任布特哈总管。

艰巨何敢当倾守兹边堡金辽看渔翁垂钓樵子采薪酌古准今与尔旗民安岁月，事权诚亦重莫嫌此荒原榛莽放陇畔催耕乡间劝学移风易俗率他礼让度春秋。

诗词·《秋江泛舟》·民国·胡永权

胡永权，字自衡，辽宁朝阳人。曾出任《讷河县志》分撰主任。诗有《秋日感怀》等。

薄暮秋江锁野烟，桂桨频摇波底月，
扁舟荡漾泛清涟，布帆倒挂水中天。
多情野鸟来还去，风停浪静浑无际，
数点山云断又连，且系孤篷放胆眠。

二、歌谣

劝亲日士兵反正

亲日士兵兄弟们，眼看立了春，

大家提精神，何不反正杀敌人。

你们别在梦里睡沉沉，日本人，是敌人，

占东北，杀民众，用苛捐，剥削人，

夺取政权他为尊，巧使劳苦兄弟们。

日本人，心太狠，烧杀抢掠带奸淫。

处处欺压中国人，亡国仇恨似海深。

亲日士兵兄弟们，眼看到夏天，

自己打盘算，思想起来犯了难。

有心救国无有好路线，恐怕还是像以前。

哪知道，新路线，军民合作团结坚。

共产党领导强又强，一心救国把民安。

兄弟们，要听言，秘密组织全哗变。

枉人生在世间，为国杀敌占人先。

亲日士兵兄弟们，眼看立了秋，自己犯忧愁，

日本鬼子指使在外头，游击作战不知何时休。

终日心担忧，枪无冤，弹无仇，一时顾不周，

打在身，性命休，不能青史把名留。

日本猎你当走狗，机关枪督战在后头，

有心不打不敢走，死后还把臭名留。

亲日士兵兄弟们，眼看立了冬，

日本巧使一年整，自己把心横，

杀死狗官长，携枪来反正，参加抗日军，齐心向敌反冲锋。

争自由，夺失地，再不去当奴隶兵，

推翻满洲伪政府，赶走强盗留美名，

胜利旗帜查遍全中国，人们生活万年庆。

十大劝

东方天大亮，红日照纱窗，同胞起来快把兵当，当兵保家乡。

国家要用人，团结一条心。部队征兵自动来报名，工作人员多赞成！

未曾临时走，难离家门庭，听我把十劝说分明，老老少少多记心中。

第一劝我爹，听我把话说，我去当兵爹在家做活，操劳为安乐。

第二劝我妈，听我把话发。我去当兵妈妈你当家，当兵为中华。

第三劝我哥，听我把话说，我去当兵哥在家做活，千万别懒惰。

第四劝我嫂，听我把话表，我去当兵妯娌要和好，免去弟妹心内焦。

第五劝我妹，听我把话回，我去当兵你陪嫂嫂睡，劝你嫂嫂别伤悲。

第六劝我弟，听我把话提，我去当兵你好好上学去，千万别淘气。

第七劝四邻，听我把话云，我去当兵家中多分神，等我回来再报恩。

第八劝村长，听我把话讲，我去当兵家中多帮忙，有了错误要原谅。

第九劝自卫队，站岗莫要睡，免去汉奸钩土匪，勾来土匪咱吃亏。

回头劝我妻，听我说端底，侍奉二老多多加仔细，免去外人笑话你。

参军上战场

锣鼓喧天鞭炮响，青年参军上战场。

父送子，妻送郎，红缨枪，放豪光。

威风凛凛排两旁，参军的健儿雄赳赳，

气昂昂，满脸是红光，浑身是力量。

肩负人民的希望，走向光荣的战场。

鞭炮放，锣鼓响，参军上战场。

打倒反动派，大家有福享。

嘿，有福享！

团结一条心

自卫军人团结一条心，杀敌人，保家乡，努力向前，

守纪律，听命令，爱护老百姓，好人要当自卫军，爱国爱人民。

自卫军人团结一条心，你帮我，我帮你，相爱又相亲。

不分彼，不分此，如同一家人，官兵一致都平等，不打不骂人。

自卫军团结一条心，好好干，不想家，工作要安心，

学军事，学政治，提高好本领，上级任务都完成，才是好军人。

说打就打

说打就打，说干就干，练一练大盖枪刺刀手榴弹，

瞄得准来投得远，了刺刀叫他心胆寒！

抓紧时间加油练，练好本领准备战，

不打垮反动派不算好汉，打他个样儿叫他看

（以上楹联、诗词、歌谣采录于《1654—1985讷河县志》）

出荷粮

出荷粮，出荷粮，穷苦百姓遭了殃。粮食被收净，猪鸡鸭鹅被抢光。

小孩光着腚，女人没衣裳。吃的是橡子面，喝的是野菜汤。

浑身没有劲儿，饿得我脸发黄。小孩拉不下屎，憋得喊爹娘。

领点更生布，夹点蒲绒做衣裳。

狗子天天催粮谷，穷人难以度时光。

（收录在《讷河老区革命故事》抗战篇《出荷粮》中），收集整理：范中惠）

三、现代诗、词、歌曲

讷河谣

讷　河　谣

王大化　词
刘炽　曲

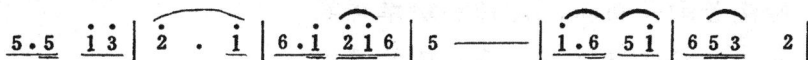

C调 2/4

讷河真漂亮，讷河真漂亮，西联嫩水绿，
讷河真漂亮，讷河真漂亮，土地黑黝黝，
讷河真漂亮，讷河真漂亮，汉奸打倒了，

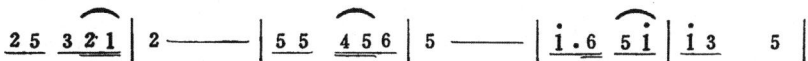

北望黑水长，哎嗨哎嗨哟，庄稼绿，白雪白，
麦穗长又长，哎嗨哎嗨哟，黄豆儿长的胖，
恶霸一扫光，哎嗨哎嗨哟，土地归人民，

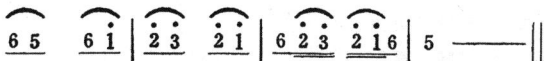

讷河一片好风光。
讷河是东北的大粮仓。
翻身的大旗到处飘扬。

（见《1654—1985讷河县志》）

渔歌子·讷河颂（二首）

李可（1968—1972），讷河县委书记。

① 草木知春剪绿衣，云快风高去雁忙。

校园风色转旖旎，游人缱绻话重阳。

蝴蝶梦，寒柳脆。尚迟疑，冷菊香。

东张西望觅新枝，一番秋色壮疏狂。

② 唤雨呼晴燕雀喧，谁信东风腊里回。

攀登跳涧猴登山，东郊寒色尚徘徊。

鸥眼盹，霜叶落。水云闲，雪花开。

南湖青草系渔船，偏偏儿女舞冰来。

七律偶成

黄洵，1951年东北人民政府教育部任职，1953年驻莫斯科大使三等秘书，1957中纪委驻教育部检查员。

历尽沧桑兴未穷，雪压疏梅花更艳。

江山仪态总从容，霜浸嘮叶染全红。

岭南苦雨夸新笋，传神彩绘谁挥笔。

塞上惊风赞劲松，巨手人民艺最工。

（以上诗词采录于《1654—1985讷河县志》）

家乡赞

家 乡 赞

王兴贤 词
黄 渭 曲

1 =C
（亲切、赞美地）

```
. . .
( 1  2  3  5 | 2  1  2  3 | 1 — | 1 — ) |
```

```
1  2  1 | 1 — | 2·3 | 1  2  6 | 5  3  5 | 1  6  5 | 5 |
讷    河      好    地         方，讷  河  好  地  方。
讷    河      好    地         方，讷  河  好  地  方。
讷    河      好    地         方，讷  河  好  地  方。
讷    河      好    地         方，讷  河  好  地  方。
```

```
6  5  6 | 6·1 | 6·1 | 5  6  3 | 2  1  2 | 5  3  2 | 2 |
她    是      我    家         乡， 我  爱  我  家  乡。
她    是      我    家         乡， 我  爱  我  家  乡。
她    是      我    家         乡， 我  爱  我  家  乡。
她    是      我    家         乡， 我  爱  我  家  乡。
```

```
.
3·3  3  2 | 3·5 | 3  5  1 | 2 | 3 — | 6·1  5 | 7  2  6 |
南倚  讷 谟 尔，  北  望 黑 龙 江，   盛  产  马 铃 薯，
工业  正 腾 飞，  冲  天 建 厂 房，   城  市  面 貌 美，
学校  遍 城 乡，  教  育 插 翅 膀，   人  才  成 倍 出，
万众  一 条 心，  奋  力 奔 小 康，   和  谐  春 光 美，
```

```
6  5  6  1 | 2 — | 3·3 | 2  3 | 3  1  7 6 · | 6  5 · 6 |
稻麦  百 里 香，  土 地  肥 沃 土  地 真 肥 沃，祖 国
公路  通 八 方，  改 革  开 放 改  革 开 放 好，富 饶
知识  变 力 量，  科 教  国 科 好  教 建 国 好，明 朝
人间  赛 天 堂，  与 时  俱 进 与  时 俱 进 好，幸 福
```

```
.          .       . .
1  2  3  5 | 2 | 1  2  3 | 1 — : || · ·
祖  国 的  北  粮  仓！
富  饶 誉  北  疆！
明  朝 更  辉  煌！
万  年  长！
```

　　王兴贤，字北辰，讷河人，1928年生。离休高级教师，两届讷河政协委员。1996年创作的诗歌《家乡赞》，由黄渭谱曲，2009年被推荐为讷河电视台专题栏目主题曲。

讷谟尔河——母亲河诗歌

徐志坚，原讷河县委副书记，讷河市人大常务委员会主任，关心下一代工作委员会常务副主任。

你没有黄河那样的雄浑，也没有长江那样的壮阔，可是，你却有着黄河长江一样的精神，也有着黄河长江一样的品格，这就是你——讷谟尔河！讷谟尔河，你是勇敢的河。从你诞生的那天起，你的面前就充满了艰险，你的征途就遍布着坎坷。冰川要把你压垮，火山要把你吞没。

狂风要把你拦阻，暴雨想使你退缩。然而，你以百折不回的毅力，以无所畏惧的气魄，乘着浩荡无际的天风，驾着所向披靡的战车，荡涤了污泥浊水，踏平了高山险壑。1.4万平方公里的挥洒，570公里的拼搏，你终于来到了你所向往的土地，来到了这秀丽的讷河！

你带来了林海的千团瑞气，你送来了太阳的炽热烈火！

讷谟尔河，你是英雄的河。当"九一八"的乌云压来的时候，你举起了救亡的战旗，掀起了抗日的狂波。

抗日的烽火在这里燃烧，抗敌的力量在这里聚合。

李兆麟将军在你的激流中饱饮战马，王明贵的队伍在你的两岸挥戈。

你有过多少壮怀激烈的故事，你留下多少动人心弦的传说。

河边的大榆树，是抗联传递情报的联络点，岸上的青纱帐，是痛歼敌人的指挥所，调虎离山，勇士奇袭北兴镇，鬼子县长毙命；声东击西，抗联计破讷河城，伪军团长被捉。巴嘎布摆渡的木船，是令敌人胆寒的战舰；周明禄凿开的冰洞，是让鬼子丧命的汤锅，袭击警察署，端掉黑狗窝，枪毙铁杆汉奸，炸毁鬼子军车，战斗一场连着一场，胜利一个接着一个，你同你的人民一道，迎来了"八一五"的喜悦"九月三"的欢歌！

讷谟尔河，你是勤劳的河！火山停歇了，山口是那样的荒凉，岩浆凝固了，石龙是多么的寂寞。而你却依然波涛滚滚，青春四射！

勤劳是你的本质，奉献是你的性格，你每时每刻都在为人民造福，你把一点一滴都奉献给了祖国，你用甘甜的乳汁，滋润着讷河大地，你用辛勤的汗水，浇灌着两岸的花朵。

有了你，讷河的薯豆如山，稻海翻波；

有了你，讷河山川锦绣，风调雨和；

有了你，漫山遍野硕果累累，牛羊满坡。你呵护着我们的环境，你美化着我们的生活。高楼大厦，每块砖瓦都饱含着你的砂石，雨亭公园的湖光山色，每一处都充盈着你的清波。

你带着讷河人民的情意，投入了嫩江的激流，汇入了松花江的洪波。

新华电厂有你发出的光，大庆炼塔有你献出的热！

你为嫩江平原生辉，你使龙江大地增色。

是的，你没有黄河那样的雄浑，也没有长江那样的壮阔，可是，你却有着黄河一样的精神，长江一样的品格，你是讷河人民的旗帜，你是讷河人民的楷模，我们从心底热爱你——讷谟尔河，我们的母——亲——河！

（本诗歌发表在《星光文学》，《讷河市志》1986—2005）

讷河赋

肖士恕，曾任讷河县广播电视大学副教授、讷河市作家协会副主席、诗词协会常务副主席、《讷河诗词》主编。中国诗词学会会员，黑龙江省作家协会会员。

雄踞嫩江，傲立边陲，守望北疆。天苍苍、青纱无际；野茫茫，遍地宝藏。南襟鹤城，北依嫩江。东与德都克山毗邻接壤，西同甘南莫旗隔江相望。哈讷齐加铁路，纵贯全境，公路国道航运，畅通八方。一江四河，织成密密水系；豆麦糖畜，盛誉马铃薯乡。物华天宝，十五乡镇，青山绿水镶金嵌玉；钟灵毓秀七十万人，蓄势升腾，万里翱翔。

远溯秦汉魏晋，讷河为扶余豆莫娄人，游牧狩猎之域；近察隋唐宋元，斯邑乃室韦女真族，繁衍生息之邦。辽金系蒲峪路西北辖境。明代属元降王，受封之乡。迨至清初，设布特哈打牲处，三百余年矣，几历兴忘。

顺治初年，沙俄入寇石勒克河，进犯精奇里江。戮我达鄂同胞，毁我东北边防。清廷忙于中原定鼎，不暇挥师北抗。诏令两族人民，避乱内徙嫩江。冒死东归，古道茫茫。病死枕藉，呼号断肠。达斡尔，落户现二克浅。鄂温克，定居今兴旺乡。斯乃我讷河最早之先民也，打鱼狩猎，辟地开荒。鄂温克五处阿巴，达斡尔三所扎兰，统称八旗，佐领为长。两族同胞，亲如一家，苦乐同享。男丁十五编为兵丹，一旦有急，效命沙场。信奉萨满，强悍粗犷。广种薄收，经营粗放。放木排，烧木炭，修塘凿井，邻里相望。敖包会，赛马摔跤起歌舞，倜傥风流慨而慷。

三藩叛乱，兵败伏诛，枭雄尽随大江东去；巢覆卵毁，殃及部卒，戴罪充丁流放龙江。九百户叛兵，谪戍讷域，汉族首入；站丁无人权，不准读书做官，行不越百里，违者杀罪；生活有薄施，供应车辆牛马，耕地人五垧，苟度饥荒。宣统元年，裁驿设邮，驿卒获有民籍，辛亥功成，废除清禁，站丁人性重光。十三代绵延传宗，子孙兴旺，站上人摆脱奴役，酒醉老屋话吴王。

清末湖北大旱，民初山东闹荒，赤地千里，饥民颠沛如流水，兵灾战祸，屋空村废人逃亡。周树模，移八百口湖北贫民，安居官货店。宋小廉，迁一百户山东百姓，落户讷南乡。湖北新屯，山东头屯，是为移民聚居村落，土地耕具，居住安家，悉由官家垫付钢洋。耕耘用具免费，日常用品半偿。无米之炊有补，茅屋风雨可挡。小民知足矣，且把他乡做故乡。

光绪时，陈福龄建置讷河，四隅方城，东西南北二里二。护城壕岸，杨柳飞花，馥郁飘香。

宣统二年，东布特哈，改称直隶厅。民国初期，撤厅设县，以其位于讷谟尔河流域也，遂以讷河名之，土肥水美，泱泱大邦。

是时也，讷域人稀地广。东跨德都克山半壁，西联莫力达瓦全壤。三春迟暮，八月飞霜。积雪没胫深三尺；雉兔横驱卧狐狼。黄土陶梁酿酒；瓢舀鲤鱼棒打獐。黄精玉竹龙胆草；木耳蘑菇黄花汤。山花烂漫，草露幽香。伟矣雄哉！莽莽洪荒。

惜夫！关塞萧条，科技落后人愚昧，生计艰辛，贫穷饥饿寿不长。荒草里，野狼嚎叫猪羊悚，厩栏外，画一白圈当猎枪。邻里吵架，巫神闹鬼，老少围看；扁担木偶，敲锣耍猴，妇孺登墙。祈雨还愿，驴皮影惊醒夏夜梦；岁末休闲，蹦蹦戏唱暖风雪乡。老死不惯刷牙漱口，染病求助神佛降祥，凶年瘟疫传染，村村哭声断肠。富家子，南窗磨砚；穷人娃，北岭牧羊。灶前炊饭，麻秸吹火，夜里照明，油灯如豆亮。推磨妇，流产晕倒磨坊，小生命，刚出世遂即夭亡。祖孙三代，同拉一副木犁，汗珠泪水，随着春绿秋黄。官府横征暴敛，苛政猛于虎，地主索债催租，威逼如虎狼。肥死东家高头大马，穷得佃户破产逃荒。

九一八，祸变东北，倭奴入寇猖狂。讷河沦于敌手，烧杀屡掠夺三光。拜神社，宣扬中日同文种；授日语，逼将日寇叫亲邦。催粮谷、鞭打烙烫粮劫尽；抓劳工，鸡飞狗跳人越墙。反满抗日，十家连坐；百八好男儿，同为国殇。地狱现形，人间何世？光天化日，鬼影幢幢。特务警察张牙舞爪，到处寻捕爱国者；禁谈国事，喁语弃市，万马齐喑蝉噤唱。国事蜩螗，登楼怕见伤心月，人民受难，举头愁看四野荒。

疾风知劲草，板荡识忠良。于无声处惊雷滚，绿林英雄起苍黄。草莽里，跳出一群猛虎，赴国难，毁家卖牛买枪。平康德，奇袭讷南龙河镇，打东洋，游击沿江伏寇乡。端炮楼，鬼子魂惊胆落，袭警署，汉奸跪哭交枪。徐家围子伏击战，一计诈敌全受降，义勇军，壮志豪情，以寡敌众肝胆烈，讷河人，同仇敌忾厉，秣马厉兵筑铜墙。寇深祸急，共产党，力挽危亡。地下县委设在讷河城北；尹家粉房亮起星星火光。杂货店，掩人耳目，运筹帷幄，虎穴内假夫妻，萤火夜长。妇救会、青救会，发展迅猛。援抗联，攻讷河，屡献锦囊。抗日联军，夜枕青山，饮马嫩江。枕戈待旦青纱帐，心忧家国；闻鸡起舞篝火旁，回望故乡。火烧于，王钧智斗三百寇，三马架，使敌自残互射伤。三九年国耻日，兵分三路，攻兵营，破县衙，大获械衣粮。

八一五，倭寇降下太阳旗，讷河城，欢庆秧歌十里长。几何时，天亮又暗，外患方平，祸起萧墙。大同盟建军建政，立足未稳，光复军乘势袭来，联军大伤。王明贵，电请苏军，驰援转败，尚其悦，偃旗南遁，北顾仓皇。从此，讷河成为根据地，军民协力，创建大后方。

土地改革，农民夺回牛羊土地。移风易俗，荡涤社会毒瘴。严禁赌博，取缔巫神，却邪扶正气；打击贩毒，解散妓院，铁帚大扫黄。男女平等，婚姻自主，寡妇不再守节。兴办夜校，学习灯下，夫妻扫盲。"镇反""三反"，社会稳定，法纪严肃；私营工商，经受改造，文明经商。店员百问不厌，医生救死扶伤。干部下乡，同吃同住，无酬劳动；打柴烧炕，交钱交票，呼伯称娘。

三年内战，参军参战，当仁不让；抗美援朝，送子送郎，奋勇过江。从初级社，到人民公社，千军万马大办农业；吃忆苦饭，挂毛主席像，万众欢呼红太阳。三年灾害，讷河人民，节衣缩食，与时艰共步；十年动乱，不逐波流，革命生产，心系党中央。

三中全会，拨乱反正，以民为本，仁风浩荡；讷河人民，与时俱进，同心同德，奋发图强。四支动脉，发展经济，丰结硕果；五朵金花，产值效益，一度辉煌，三十年，改革开放，翻天覆地，杨柳春风绿了北大荒。

悠久历史，留下千秋胜迹，灵山圣水，到处蕴秀流芳。敖包山，古墓一群，风光独领；红马山，亦幻亦真，奥秘深藏。辽金古城，残垣犹在，烈马弯刀，虎视中原，空剩渔樵闲话；婉蓉祖居，燕去梁空，十一将军，秋风荒冢，伴有昏鸦斜阳。三江口，柳绿花深，引嫩惊破荒原沉梦，普渡寺，钟开晓雾，启人悟彻利索名缰。大架山，高山越野，双滑一体；健儿凌空飞舞，尼尔基，蓄水截流，灌溉发电，平湖一片汪洋。

市委、市政府高举构建和谐社会大势，绘世界蓝图，高瞻远瞩；谋讷河大计，民富市强。首倡工业立市，云天震响，举世人民一心，共建小康。唯我讷河，特色产业，根基茁壮，积淀人文雄厚；新兴企业，厚积薄发，前程一片曙光。

看今朝，政通人和，春风万里，年丰人寿；待明日，龙骧鹏举，物阜民丰，伟业煌煌，倚兴安巍峨，厚德载物；聚老区福祉，前程无量。大哉讷河，气冲霄汉，旭日东升、万丈光芒。

（《讷河市志》1986—2005）

第六节 革命老区讷河近代大事简记

1932年

7月6日，日军进攻县城，第三旅旅长朴炳珊率部奋起反击。午后朴旅撤出，县城被日军侵占。

7月12日，抗日义勇军徐子鹤部1 000余人攻打占领拉哈，后撤出。

8月6日上午，徐子鹤联合张竞渡团共7 000余人与县城日伪军激战，击毙伪旅长徐宝珍，8日撤出。

10月15日，依安县抗日义勇军李云集部联络张竞渡、徐子鹤部共3 000余人围攻拉哈，与日本警备队激战半月，歼敌百余人后撤出。

17日，混成第四旅旅长李振华潜迎马占山来讷河进行抗日活动，成立"抗日义勇军总指导部"，筹组三路义勇军围攻省城。

11月4日，第三旅长朴炳珊由克山退守讷谟尔河与日军十四师团夹河而战。日机6架投弹34枚，炸毁民房60余间，朴旅不支，出城北走。

18日，"天下红""卢明谦""天龙"5 000余人，乘夜攻打县城。

1933年

13日，山林队"老二哥"激战丁马架，击毙伪警士张青山。

1934年

1月9日，山林队"北侯"与讷河警察大队激战王家围子。

2月20日，"平康德"在讷南与伪警察激战，击毙分队长史明华。

1935年

1月16日，"平康德" 70余人在鲁家窝堡与日伪激战。

8月18日，山林队"天合""北侯" 200余人在徐家围子高粱地伏击前来围剿的拉哈伪警，击毙伪署长崔振宣等2人，缴获大批枪支弹药。

1939年

1月28日，冯治纲率抗联三军八团、六军十二团从海伦转移到朝阳山密营。一部开赴讷河县第五区发动群众，开展抗日游击。

2月，王钧率战士夜袭高家窑，处决了铁杆汉奸恶霸地主高四阎王。

3月，方冰玉在倭都台、头站、北兴村等地组织扩建抗日救国会，会员发展到百余人，周明禄为会长，刘纯、吴仲祥为副会长。

6月，头站成立了妇女救国会，会员3人，刘纯负责组织活动。

7月夜，冯治纲、王钧率十二团缴械三合屯讷河警察二中队40余人。

8月，抗联六军十二团攻下讷南，捣毁警察署。

8月15日，周明禄于倭都台、刘纯于头站加入中国共产党。

建立中共讷河中心县委，县委机关设在任家粉坊屯。

县委在五区组建青年救国军，9月，改建为人民抗日先锋队。

9月，王钧率20余名战士进驻三马架屯，遭日伪军100余人包围。王钧指挥反击，击毙伪军8人，俘虏17人，退敌数次进攻后突围。

中旬，王钧指挥抗联在三马架后小山设伏，敌人700余人兵力两路分进合击。抗联巧妙诱使两路敌人相互攻击达3个多小时惨败而终。

18日夜，冯治纲、姜福荣、王钧率三军八团、六军十二团和讷河抗日先锋队一举攻克讷河县城。撤退途中将孔国、龙河伪警署全部缴械。

10月18日，王钧率十二团和讷河抗日先锋队在唐火犁与日伪激战，毙日军28人，俘伪军30余人，烧汽车2辆，缴掷弹筒步枪和子弹等。

王钧率120余抗联战士来五区火烧于屯筹集冬装，遭遇300余人日伪军包围。击毙日伪军80余人，打伤20余人，抗联转移。

抗联六军十二团攻入九井警察署，在小门郭家屯同增援日军激战。

12月，日伪在讷河五区进行第一次大逮捕。抗日人员80人被捕，22人被枪杀于县城北门外和西门外，余者皆被判刑。

1940年

2月，方冰玉在头站秘密发展私塾教员吴仲祥为中共党员。

4月，方冰玉在克山电影院秘密发展小林为中共党员。

5月，方冰玉、刘纯在后谭家窝堡处决了为日伪军送情报的刘成信。

6月，刘景阳等从保安村公所夺得油印机1台在刘纯家建立印刷点。

9月11日，王钧率抗联袭击拉哈镇，焚毁古川洋行，击毙日军数人。

10月，抗联第三路军九支队秘书尚连生投敌叛变，密告了讷河中心县委的组织活动情况。中共讷河中心县委遭受大搜捕。

11月11日，15岁的小林于克山北兴镇赵贵屯王发家被捕，在严刑拷打和叛徒尚连生当面对质下变节，招出了中心县委主要情况。

28日，日伪军在全县进行第二次大搜捕。中心县委书记尹子魁、抗救会员及爱国群众180余人被捕。尹子魁等惨遭杀害，50余人被判刑。

12月8日，方冰玉于泰安镇被捕遭秘密杀害。讷河县委被全部破坏。

1944年

3月7日，日伪宪兵队、警察署出动伪警察50余人，到五区进行第三次大搜捕，38人被捕。6人惨遭枪杀和刑讯致死，余者皆被判刑。

秋，日军森工队到文光村逼交出荷粮，人民奋起反抗打死队员1名。

1945年

8月15日，日本帝国主义宣布无条件投降，抗日战争取得完全胜利。

19日，苏联红军进驻讷河县城建立卫戍司令部，实行军事管制。

21日，抗联负责人于天放从北安越狱来到讷河县城，拟建秘密党支部，开展反帝爱国宣传工作，筹建"民主大同盟"。

东北抗联第三路军总司令部政治部在县城在北大街建立。

9月上旬，任德福、梁成玉遵照东北抗联党委指示，协助宿野夫、张少华等人组建"民主大同盟"讷河县本部，宿野夫为主任。

9月下旬，县"民主大同盟"建立讷河人民自卫军，任德福任司令员。隶属于嫩江省人民自卫军司令部领导。

10月下旬，延安派遣金钟、张振勋等4人来讷河，将讷河人民自卫军改建为嫩江军区第二军分区。金钟任司令员，任德福任副司令员。

25日夜，尚其悦和常占春等潜入讷河县纠合"光复军"和土匪、大刀会等1 000余人攻占县城。28日下午，在苏联红军炮火的配合下击溃了这股敌伪残部，收复县城。

1946年

1月，克山保安队百余人追击逃匪路经讷河郭马架子屯，遭地主武装拦路阻击，保安队伤亡12人被迫撤出战斗。7天后讷河保安队包围郭马架子屯，激战3小时击毙反动地主8人，击溃了这支地主武装。

2月7日，中共嫩江省委和省政府移驻县城。

12日，光复军匪首韩炳歧、李英纠集嫩江光复军匪首关作舟3 000余人进攻县城。激战一昼夜光复军溃逃，自卫军乘胜追击解放山东头屯。

3月5日，省军区军政干校在讷河举行开学典礼，校长王明贵。

4月15日，在省军区军政干校举行民族英雄李兆麟将军追悼大会。

4月，丁兆麟当选为县人民政府县长。

7月，嫩江省委在讷河县建立中共讷河中心县委，冯纪新任书记。领导讷河、嫩江、甘南、富裕等县党的工作（1948年11月撤销）。

8月，县委在城乡8个街191个屯开展土地改革试点工作。

驻福民村省土改工作队警卫排和武装民兵在省委派来机炮营配合下，在刘二逛荡屯、徐海屯、杜喜君屯围剿"天圣""花蝴蝶""草上飞"等股土匪。排长沈玉春等5人牺牲，被追认为福民村5烈士。

9月，五区区委副书记梁绪和率20余名武装民兵，在宽沟子屯与土匪展开激战，在县民兵大队的增援下，击溃了土匪。

10月，地方武装和民兵在福民村歼灭"草上飞""天边好"大部分匪徒。

11月，十区民兵40余人在张大窝堡屯围剿"天边好""草上飞"残匪歼灭残匪。魏玉营等4人牺牲，该屯所在村改为"四烈村"。

省委书记刘锡伍为团长的土改工作团，来讷河十一区土改试点。

1947年

6月，支援四平战役，有934名青年参军开赴前线。

11月，嫩江省主席于毅夫率队到太和村进行平分土地工作。

1948年

省政府主席于毅夫在太和村搞公开建党试点工作。

9月5日，县委、县政府组织支前助战队。第一批770人，60台车，252匹马，95副担架；第二批590人，20台车，92匹马，80副担架。

12月，县委、县政府遵照毛主席提出的"组织起来，发展生产"的指示，在全县55 439个农户中组织了5 923个生产互助组。

1949年

7月2日至4日，县第一届运动大会在讷河、拉哈两镇举行。

10月1日，县城500余人在讷河南公园集会，夜间举行提灯会、文艺晚会，热烈庆祝中华人民共和国成立。

1950年

6月，响应抗美援朝总会号召，掀起保卫世界和平签名活动。

10月，全县有1 175人参加中国人民志愿军，1 137人参加随军基干担架队，2 432名民工、86名汽车司机和勤杂人员赴朝与侵朝作战。

省政府在讷河县建立解放军36后方医院，收治伤病员7 500名。

1951年

6月，应抗美援朝总会号召，捐东北币51亿元购买飞机大炮。

中央人民政府北方老根据地访问团，来讷河县第五区，亲切慰问革命战争时期的革命军人、残疾军人和军烈属。在龙河镇永胜村召开大会，宣读《中央人民政府致老根据地人民的信》，赠送了毛主席"发扬革命传统，争取更大光荣"的题词和纪念章。

12月27日，省劳模马庆福组织试办金星农业生产合作社。

1952年

3月8日，美机在讷河、拉哈上空撒布细菌。

10月17日，讷河县第一座少数民族学校——索伦民族小学成立。

12月6日，当时全国最大的糖厂——黑龙江省红光糖厂在拉哈建成投产。

1953年

8月20日，老莱村农民任国友培育出"胜利黄沙谷""金顶子玉米"等优良品质。比一般品种增产20%-30%，推广到省内外。

1954年

12月，牛瘟在全县绝迹。

1955年

5月22日，《中国农村的社会主义高潮》一书中，选入讷河县讷南镇平房、双泉、五福3个农业合作社的《新情况和新问题》调查报告，毛泽东主席亲自为该书写了按语。

1956年

2月，安置山东青壮年2 000名、哈尔滨市移民700户、山东移民850户。

4月16日，山东阳谷县第一批青年自愿垦荒团1 012人在讷河定居。

11月，建立太和灌区管理站。

1958年

8月24日，兴修横跨德都、克山、讷河3县的"卫星运河"。

9月2日，全县44个乡镇，成立14个人民公社。

1959年

9月6日，接收安置山东移民750户。

10月1日，讷河县博物馆开馆，分资源、历史、十年成就三部分。

1960年

7月1日，原抗联六军十二团领导人，省体育运动委员会主任王钧应讷河县委的邀请，来县向党员、干部作抗联英雄事迹报告。

1962年

老莱公社连续4年向国家交售万吨征购粮，年平均粮食总产达到3 200万斤以上，平均亩产达到133斤，受到省、地区表扬。

1963年

3月，县委响应毛主席"向雷锋同志学习"的号召，开展学雷锋、做好事活动。

1964年

4月4日至6日，中共中央东北局第一书记宋任穷、省委书记冯纪新来讷河视察工作，对讷河县农业、林业、畜牧业作了指示。

7月20日，县首批82名知青到老莱胜利、晨光两个大队插队落户。

1966年

2月15日，全县开展学习焦裕禄活动。

8月24日，讷河一中成立讷河县第一个红卫兵组织。开始"破四旧""横扫一切牛鬼蛇神"和批斗"走资本主义道路的当权派"活动。"文化大革命"在讷河全面展开。

1967年

4月24日，成立讷河县革命委员会。

1968年

9月，大批知识青年下乡到青色草原马场和老莱农场。

1969年

9月18日，欢送李万仁、马庆福赴京参加国庆观礼。

1970年

11月，110千伏齐齐哈尔至拉哈送电线路接通。

1972年

8月，为289名上山下乡返城青年安置工作。

1976年

1月，讷河各界自发组织起纪念周恩来总理逝世活动。

9月18日，全县人民代表3万余人在南公园沉痛哀悼毛主席逝世。

1977年

3月，在拉哈镇嫩江左岸修建黑龙江省北部引嫩渠首工程。

1978年

10月，县人民医院实验狗肾移植成功。

1979年

10月27日，在原县烈士馆旧址修建县烈士陵园。

1982年

4月，运动员周丽获国家级金牌5块。

1983年

5月5日，县政府在烈士陵园举行在外地扑灭山火而牺牲的讷河县籍6名解放军战士骨灰安放仪式。

9月5日，原抗联六军十二团政治处主任、省视察室主任王钧来讷，回访当年抗日根据地龙河镇、友好乡、孔国乡。

1985年

6月6日，国家地矿部副部长张铜钰来讷检查地矿工作，视察老莱黄土矿。

1986年

1月，讷河荣获省委、省政府1985年全省农业生产先进县。

10月23日，讷河县大豆出口破亿斤大关，第三次在全国夺冠。

1987年

1月9日，经省政府批准，黑龙江省少数民族鄂温克族为主体而命名的讷河县兴旺鄂温克族乡成立。

5月，大兴安岭地区发生特大森林火灾，讷河拿出当年踊跃支前的精神，派扑火队124人，医疗队7人，汽车54台，运送粮食10 400斤，捐款1 700元，制作2万斤食品支援扑火部队，接收安置灾民350人。

1988年

8月28日，抗日老战士、省委离休老干部、1946年讷河县委书记霍方侠携夫人回县访问。

9月9日，本土作者范中惠编剧的讷河第一部电视剧《飞雪》

由齐齐哈尔电视台拍摄，1989年全国交流播映，荣获东北三省庆祝建国40周年优秀电视剧创作三等奖。

12月3日，讷河县"改革之光"摄影展，在省城艺术馆举行。

1989年

4月，敖包山青铜时代古墓群确定为省级文物保护单位。

1990年

8月29日，亚运会"亚运之光"火炬专递至讷河。

完成省下达的14.9万吨粮食订购任务。麦豆入库量居全省之首。

1992年

7月15日至24日，讷河举办首届马铃薯节。

8月8日，讷河县荣登1991年全国粮食百强县金榜。

9月9日，省委、省政府确定讷河市为全省率先建立社会主义市场经济体制，率先登上经济发展新台阶"9小龙"县之一。

10月10日，市委、市政府举行讷河撤县设市庆祝大会。

1993年

8月，国家体委表彰讷河为"全国群众体育先进单位"。

1994年

5月12日，讷河市被文化部命名为"全国文化工作先进县"。

9月，讷河市创建省级卫生城。

11月30日，省政府召开新闻发布会，讷河列十强县（市）第8位。

1995年

9月1日，国家统计局、中国农村经济评价中心对全国2 300个县（市）粮食量排序产生前100名大县，讷河市粮食产量列第22

名。

1996年

1月20日，国家爱委会批准讷河为"全国卫生城市"，名列省县级第二名。

1997年

1月27日，讷河市老区建设促进会挂牌，老区工作步入正轨。

4月，二克浅镇富乡村"中共讷河中心县委遗址""永胜抗救会大榆树活动遗址"列为市重点革命传统教育基地，老促会在设立标志碑。

8月14日，兴旺鄂温克族乡举行建乡十周年庆典暨经贸洽谈会。

12月，讷河市被国务院发展研究中心等命名为"中国马铃薯之乡"。

1998年

5月，全国卫生城市检查评比，讷河市获评全国卫生城市。

6月，讷河全境连续降雨，嫩江干流、讷谟尔河流域三条河流水位猛涨，在讷河境内形成三次洪峰，成为百年一遇的洪涝灾害，造成巨大经济和财产损失，无人员伤亡。

10月，市高考被录取人数超600人，创历史之最，居齐齐哈尔市各县之首。

1999年

11月，国家计委顾问、讷河县委书记冯纪新在省、市领导陪同下回讷访问，视察市博物馆、雨亭公园等处。

2001年

6月1日，尼尔基水利枢纽工程开工。

11月8日，尼尔基水利枢纽工程嫩江一期截流成功。

2002年

8月，省文化厅厅长白亚光检查讷河文化工作。

9月，齐齐哈尔市老区建设促进会会长孙韬一行视察讷河老区建设工作。

2003年

市委、市政府调整完备市老促会班子构成，聘任处级退休干部，原市武装部政委张宝昌为会长，老促会工作步入正轨。

2004年

3月，调在职干部何静为秘书长，基本配齐齐哈尔市老促会成员。

6月，省、市老区建设促进会领导检查指导讷河市老区建设工作。

2005年

5月，完成9万字的《黑龙江省革命老区讷河史》编写。

9月11日，尼尔基水利枢纽工程下闸蓄水。

2006年

7月，尼尔基水利枢纽工程首台发电机组并网发电。

11月14日，中国老区建设画报社高级编辑、采编室主任曹晖在省老促会副秘书长陈志忠、齐齐哈尔市老促会副会长王天才陪同下来讷河考察。

2007年

5月，讷河荣获黑龙江省老促会授予"先进集体标兵"称号。

6月24日，老促会联袂讷河民协举办讷河市首届"贵发杯民间艺术展"，历时3天，观众近万人次，莫旗、查哈阳农场嘉宾到场助阵。

7月24日，老促会会长张宝昌出席成都"全国老区宣传工作会议"。

8月，市委、市政府下发《关于成立革命老区新农村建设工作领导小组的通知》。

9月，下发《关于加强革命老区工作的意见》。

12月初，市委常委会4届16次会议纪要，就落实省委办公厅《关于转发省老促会，〈关于加强革命老区工作的意见〉的通知》文件和齐齐哈尔市委办公厅《关于转发市老促会〈关于落实厅字〔2006〕66号文件精神的实施情况〉的通知》文件精神作出相关决议。

2008年

3月，老促会印发《关于贯彻落实齐办发〔2007〕47号文件精神的通知》。

5月15日，召开全市老促会会长会议，讷河市委副书记韩枫出席。聘任贵发建筑公司董事长王贵发为市老促会名誉会长，讷河市民协主席范中惠为名誉副会长。

7月16日，举办讷河市第二届"宝达·贵发杯民间艺术展"。

9月19日，齐齐哈尔市老促会长李振东率队赴讷河考察调研，在中共讷河中心县委遗址所在地富国村，会见当年的儿童团长谭永良。

9月23日，省老促会长于万岭在齐齐哈尔市老促会领导陪同下赴讷河调研。考察会见当年中心县委书记任子奎的磕头弟兄赵凤江。

9月，齐齐哈尔市委副书记、纪委书记高环视察二克浅镇，投入资金16万元为老区村远大村解决了人畜饮水工程。

11月，老促会荣获齐齐哈尔市委、市政府"老区新农村建设先进单位"。

2009年

4月6日，市老促会名誉副会长范中惠率二克浅、龙河、孔国、九井老促会会长到绥棱县参观学习。

4月，名誉会长王贵发荣获全国五一劳动奖章、扶贫开发先进人物。

5月，秘书长何静荣获"省老区建设促进会宣传工作先进工作者"。

6月10日，讷河老促会会长张宝昌出席"全国老区宣传工作会议"。

9月1日，讷河市老促会名誉会长王贵发出席在北京召开的全国"扶贫开发先进人物"表彰大会，受到党和国家领导人的亲切接见。

9月7日，老促会与民协联办的"庆祝中华人民共和国成立60周年，讷河、莫旗、查哈阳农场民间艺术展"历时一个月在讷河收官，讷河市委副书记、人大、政协、宣传部等部门领导出席。

11月12日，王贵发出资兴建的"中共讷河中心县委遗址"纪念碑落成。齐齐哈尔市老促会、讷河四个班子领导和有关部门代表出席揭碑仪式。

11月，省长栗战书来讷河，视察引嫩渠首工程和尼尔基水利工程。

2010年

4月，省政府常务副省长杜家豪率水利厅长来讷河调研，参观尼尔基水利枢纽并参加省引嫩扩建渠首工程大江截流仪式。

6月5日，齐齐哈尔市老区建设工作会议，会长张宝昌在会上作典型发言。升平、远大村荣获"革命老区新农村建设先进村"，讷河荣获"老区建设先进县"称号。

9月6日，齐齐哈尔市老促会长李振东、副会长王天才、秘书长安承才一行赴讷河考察调研老区工作，走访同义镇升平村。

9月30日，老促会联袂市民协举办"第四届讷河市民俗摄影展"。

11月28日，市老促会会长张宝昌荣获全国优秀老区工作者，赴北京出席"中国老促会成立20周年总结表彰大会"受到党和国家领导人亲切接见。事迹录入《老区英雄谱》。

2011年

6月17日，老促会、住建局、民协联合举办的"环保杯暨第五届民俗摄影展"展出3天，作品结集出版画册《为了使生活更美好》。

9月14日，《讷河革命老区故事》（抗战篇）首发式，在市传统教育基地讷河七校举行。齐齐哈尔市老促会领导、讷河四个班子领导及作者出席。

齐齐哈尔市老促会李振东会长、王天才副会长一行来讷调研考察，走访孔国乡信义村、兆麟村、龙河镇永胜大榆树。

11月10日，讷河电视台开辟老区专题栏目"讷河老区故事大家讲"。第一集《烽火讷河地下中心县委》在中心县委遗址纪念碑前开拍。

12月1日，讷河老促会荣获黑龙江省老促会、黑龙江地区开发咨询委员会颁发的"全省革命老区发展建设工作先进集体"称号。

2012年

1月4日，讷河老促会到富乡村举行"心系老区，写书法、送春联、献爱心"活动，走访慰问当年抗战老战士赵凤江和谭永良。

3月28日，省委书记吉炳轩到拉哈镇"引嫩渠首"工程考察并与讷河市委书记马志军交流工作。

4月7日，省长王宪奎视察二克浅水稻育苗工厂，市委书记马志军、市长王平陪同。

7月15日，省长王宪奎视察老区二克浅镇玉米连片种植，市委书记马志军等陪同。

7月26日，省、齐齐哈尔市老促会领导赴讷河调研，市委书记马志军出席座谈会。市长王平陪同参观工业园区、尼尔基水库。

7月31日，抗日英烈刘耀庭之孙刘晓明在市老促会长张宝昌、龙河镇党委副书记宋金英陪同下，到永胜大榆树抗救会遗址祭奠英烈。

8月7日，经齐齐哈尔市老促会同意和市委、市政府主要领导批准，聘任老促会名誉副会长、讷河民协主席范中惠为老促会常务副会长。

8月30日，讷河市隆重举行撤县设市20周年庆祝大会。

9月5日，市老促会、市民协在雨亭公园前门举办"庆祝讷河撤县设市20周年民间艺术、民俗摄影展"。

9月21日，市环保局局长付克玲捐建"永胜大榆树抗救会遗址"纪念碑落成。市委、市政府领导和龙河党政班子及学生代表出席揭碑仪式。

12月18日，召开讷河市老区工作会议，市委、市政府及四个班子出席，市委书记马志军出席并作指示。

2013年

2月6日，市老促会组织书法家赴龙河镇涌进村举行"心系老区，写书法、送春联、献爱心"活动。走访慰问了留守贫困老人。

3月7日，市政府召开"老区聚宝村精准扶贫推进会"。

9月30日，市老促会与民间文艺家协会联合举办，庆祝中华人民共和国建国64周年"第六届讷河市民俗摄影展"。

10月8日，讷南镇退休干部李克京出资修建"剿匪烈士"纪念碑。

11月，讷河市政府老区资金50万元，由交通局负责修筑永胜大榆树、富乡村"中共讷河中心县委"遗址和勇进村古城砂石村路。

12月18日，市老促会荣获齐齐哈尔市委、市政府"老区工作先进单位"。

2014年

1月8日，老促会、老干部代表赴九井镇九井村举行"心系老区，写书法、送春联、献爱心"活动，走访慰问老军人和贫困户。

4月3日，《讷河老区革命故事》（建设篇）首发式，在革命传统教育基地——讷河第七小学举行，讷河四个班子领导及作者出席。

6月29日，老促会组织部分县处级老干部瞻仰老区龙河镇和"永胜大榆树抗救会"旧址。

7月1日，市委副书记那君喆、会长张宝昌、扶贫办主任到聚宝村调研。

7月21日，齐齐哈尔市老促会"贫困老区村调研"片会在讷河召开。观看了《讷河老区风采》三集电视片、纪念甲午海战120周年讷河老区之光艺术展；参观了勤俭现代农机合作社、永胜大榆树和讷河公铁立交桥。

9月3日，召开讷河市12户优秀企业帮扶老区村对接会。

9月12日，讷河老促会组织处级老干部参观考察老区九井镇。

9月17日，教育部成教司司长谢俐来讷河考察调研成人教育工作，到讷河市职业高中实地考察调研。

2015年

1月10日，抗日烈士刘耀庭之孙刘晓明、新西兰友人凯威前往大榆树抗救会遗址祭奠先烈。老促会长张宝昌、副会长范中惠陪同。

2月14日，王贵发为龙河村"美丽乡村建设"三年投资100万元。老促会长张宝昌、名誉会长王贵发慰问龙河村留守困难户、老军人。

5月30日，老促会、关工委、老科协、总工会、共青团、文化馆联合举办"纪念抗战胜利70周年文艺晚会"。

6月12日，贵发公司扶贫对接项目"抗战大榆树活动遗址"所在地，龙河村永胜屯的"三横一纵"村路修筑和村容改造工程正式启动。讷河市委副书记那君喆、老促会会长张宝昌、龙河镇党委书记范轶辰和贵发公司施工代表参加启动开工仪式。

8月12日，讷河老促会在市内设立"抗战遗址"标志牌6处。

8月14日，省老促会领导赴讷河调研，市委副书记、市老促会领导陪同，瞻仰龙河永胜大榆树、二克浅中共讷河中心县委遗址。

8月23日，讷河老促会与讷河民协、嫩江石研究会联办庆祝抗战胜利70周年"大美讷河摄影、嫩江石综合展"活动。

9月1日，纪念抗战胜利70周年，老促会组织部分市级离退休老干部，到老莱唐火犁屯，开展"再走抗联路，重温抗战岁月"活动。

10月14日，市老促会、机关工委会同莫旗老促会赴阿荣旗老促会参观考察老区工作。参观了阿荣旗鑫海社区老年养护中心、呼伦贝尔东北抗联纪念馆、王杰纪念馆、朝鲜族东光村和朝鲜民族博物馆。

10月27日，老促会、党史办赴省老促会沟通讷河抗日纪念馆事宜。

12月28日，市老促会会长张宝昌、副会长范中惠、党史办主任邓国华，赴北安考察革命屯抗日纪念馆，赴克东、克山学习老区工作经验。

2016年

1月9日，老促会组织民协和书法家到聚宝村写送春联。

1月10日，市老促会、民协组织民俗摄影家到宽裕林场考察采风，寻找当年抗联的秘密营地并听取山林管理人员讲述抗联故事。

4月25日，讷河市委副书记那君喆、老促会会长张宝昌、扶贫办等到孔国乡兆麟村调研考察精准扶贫工作和笙得利生物科技公司。

5月20日，市老促会会长张宝昌、副会长范中惠出席中国老促会在湖南张家界召开的"纪念红军长征胜利80周年弘扬老区精神座谈会"。讷河第十一次荣获老区宣传工作三等奖。

6月26日，市老促会会长张宝昌出席老莱镇聚宝村与老莱农场六分厂举办"场村共建"，纪念中国共产党建党90周年报告会。

7月25日，市老促会与民协举办"讷河老区之光"综合艺术展。

7月26日，黑龙江省、齐齐哈尔市老促会领导赴讷河考察调研。讷河市四个班子领导、讷河老促会会长张宝昌陪同，观看了"老区之光"综合艺术展、参观工业园区、冒雨瞻仰了富乡村中共讷河中心县委遗址。

8月26日，讷河老促会副会长、中国民间文艺家协会会员、讷河民协主席范中惠出席"中国民协深入学习贯彻习近平总书记文艺座谈会重要讲话精神"哈尔滨研讨班。

9月6日，老促会组织部分县处级离退休老干部到孔国、龙河考察。

12月17日，齐齐哈尔市老促、讷河、泰来老促会等一行8人代表黑龙江老区人民赴京参加央视台7频道2 017春节"温暖同行"全国老区大联欢节目录制，受到国家老促会会长王健亲切接见。

2017年

1月23日，讷河老促会会长张宝昌、名誉会长王贵发春节前夕赴龙河镇龙河村慰问老复员军人、留守贫困户和讷河敬老院。

6月2日，市老促会长会张宝昌、秘书长何静出席中国老促会在井冈山举行的"全国宣传工作会议"，讷河第12次获全国老区宣传工作奖。

9月1口，莫旗老促会前往讷河参观考察，讷河老促会领导陪同考察永胜大榆树抗救会遗址、李兆麟工作旧址和中共讷河中心县委遗址。

10月11日，中扶公司董红总经理一行到讷河考察老区电商扶贫项目。考察北风米业、笙得利公司、东北老三、天丰面业等讷河知名企业。

10月30日，全市老促会会长会议在二克浅召开。

11月21日，会长张宝昌应讷河二校之邀，为教师讲讷河抗战史。

2018年

2月8日，讷河老促会，民协赴龙河镇龙河村举行"心系老区，写书法、送春联、献爱心"活动。慰问留守老人并现场写春联。

3月6日，召开讷河老区史编纂工作会议，市委宣传部、总工会、党史办、档案局相关领导参加。成立《讷河市革命老区发展史》编委办公室。

4月13日，召开老促会工作会议，主管老区工作的乡镇领导出席。

6月3日，市老促会会长张宝昌、商务局副局长杨扬出席在北京举行的"革命老区三年百县电商精准扶贫攻坚增收工程首期培训班"暨启动仪式和项目洽谈对接。

6月9至10日，老促会、总工会、民协、石协举办讷河市纪念改革开放40周年"劳动者最光荣"民间艺术、藏石综合展。

7月19日，组织40名讷河籍退伍老兵参观东北老三、北风公司等。

9月30日，老促会组织部分市级离退休老干部，视察扶贫攻坚情况。二克浅镇党委书记范轶辰、副书记李金喜、副镇长宋杨铭等陪同。

11月26至27日，齐齐哈尔市老区医疗健康扶贫现场会在泰来举行，讷河老促会、卫计局、人民医院、中医院及4个乡镇卫生院、副市长带队参会。

12月，市老区建设基金投入20万元，孔国隆昌村修2公里砂石路。

后 记

习近平总书记曾说："历史是一面镜子，它照亮现实，也照亮未来。了解历史、尊重历史才能更好把握当下，以史为鉴、与时俱进才能更好走向未来。"

中国老区建设促进会于2017年6月启动编纂《全国革命老区县发展史》丛书。讷河与省市同步成立编委会，随即展开搜集挖掘整理素材工作，翌年进入撰写，历时两年杀青。第二至四章由何静执笔；第一、五至七章由范中惠执笔，二人合作序言和后记。主审周巍；主编张宝昌；统稿范中惠。经讷河、齐齐哈尔市专家审读，省老促会及相关部门审定。

编纂过程中，坚持以习总书记关于革命老区的系列重要讲话精神为指导，坚持以讷河的党史、革命史为依据，坚持以讷河老区和人民的奋斗史为重点；坚持以党的十八大以来讷河老区取得的巨大成就和发展变化为亮点着墨。内容贴近老区实际，做到历史的真实性、事件的准确性与内容的可读性相统一。拜访了讷河知名作家、史学者、当事人、知情人等。形成初稿后，广泛征求意见。邀请当时的主要领导人阅审，提出了宝贵的意见与建议。经过十余次修改、补充、完善，最终问世。

其间，得到了国家、省、市老促会，讷河市委、市政府，市委宣传部，党史办，档案馆，文体广电旅游局，总工会，农业局，民政局，武装部等大力支持以及热心群众提供线索。在此，一并表示诚挚的谢意！

由于缺乏经验，加之能力不足，资料及篇幅所限，纰漏与谬误之处在所难免，恳请读者批评指正。

编者

2019年8月9日